Catherine Kerr
0473 949

Cours d'Hébreu biblique

Cours d'Hébreu biblique

par

Dany Pegon

en collaboration
avec **Bernard Huck**

ÉDITIONS DE L'INSTITUT BIBLIQUE

ÉDITIONS EXCELSIS

2001

COURS PAR CORRESPONDANCE

Il est possible d'apprendre l'hébreu biblique avec ce manuel, et **d'obtenir le corrigé de chaque leçon**, grâce aux cours par correspondance mis en place par l'Institut Biblique de Nogent. Un suivi personnalisé de votre formation vous est ainsi offert.

Pour le prix du cours veuillez contacter directement l'Institut Biblique.

D'autres cours par correspondance sont aussi proposés : Grec, Introduction à l'Ancien Testament et au Nouveau, Doctrine, Histoire de l'Église et Étude Biblique.

Pour tout renseignement, veuillez vous adresser à :

Institut Biblique – 39, Grande Rue – 94130 Nogent-sur-Marne

☎ : 01.45.14.23.70

39, Grande Rue – 94130 Nogent-sur-Marne – France
ISBN-13 : 978-2-903100-28-5 / ISBN-10 : 2-903100-28-4

Éditions Excelsis
B.P. 11 – 26450 Cléon d'Andran – France
Site Internet : www.XL6.com
ISBN-13 : 978-2-911260-74-2 / ISBN-10 : 2-911260-74-0

Couverture : Jacques Maré – IOTA Création
Mise en page : Excelsis SARL

Dépôt légal : novembre 2006
Imprimé en France par IMÉAF – 26160 La Bégude de Mazenc
N° d'impression: 60714

Préface

Il m'est bien agréable de présenter ce nouveau *Cours d'hébreu biblique*, entièrement rédigé et composé par madame Dany Pegon, professeur d'hébreu à l'Institut Biblique de Nogent. Madame Pegon, licenciée d'hébreu de l'Institut National de Langues et Civilisations Orientales, bénéficie d'une vue d'ensemble de la langue que nous n'avons pas toujours dans nos Instituts Bibliques et Facultés de Théologie. Cet avantage et notre échange de vues à propos du cours d'hébreu que j'ai donné à Nogent-sur-Marne pendant dix-huit ans ont produit ce volume. Si le plan général est classique (lecture – groupe nominal et suffixes personnels – verbes forts – verbes gutturaux et verbes faibles), il y a ici ou là des originalités pédagogiques propres à l'auteur, ou reprises de mon cours, dont je suis redevable pour un certain nombre à mes maîtres, notamment le professeur Henri Blocher.

Le produit fini veut satisfaire essentiellement des exigences pédagogiques, tant il est vrai que la principale difficulté de l'apprentissage en hébreu biblique est bien de cet ordre. Nous formons tous nos vœux pour que ce but soit atteint et que les générations d'étudiants en théologie qui se lèvent puissent plus vite et plus facilement assimiler les bases indispensables à la maîtrise de cette langue que Dieu a choisie pour se révéler aux hommes. Et un grand merci à madame Pegon pour le travail considérable qu'elle a fourni : les nombreux tableaux tenant compte de toutes les formes employées dans la Bible, les versions dont toutes les phrases sont tirées du texte sacré, le lexique final hébreu-français et français-hébreu, et surtout la composition de base de l'ensemble sur ordinateur. Ce manuel a déjà bien rendu service, nous souhaitons qu'il poursuive sa tâche, au service de Celui qui a inspiré ces textes magnifiques, sa Parole, le « Tanach ».

Bernard HUCK

Professeur à la Faculté Libre de

Théologie Évangélique, Vaux-sur-Seine

Remerciements

Je tiens ici à remercier le professeur Bernard Huck et la Direction de l'Institut Biblique de Nogent pour la confiance qu'ils m'ont accordée, ainsi que les élèves de cet Institut et de la Faculté Libre de Théologie Évangélique de Vaux-sur-Seine qui, par leurs remarques et leurs questions, ont permis à ce cours d'être corrigé et amélioré.

Avertissements

1 – Dans les listes de vocabulaire, les **mots hébreux précédés de deux traits verticaux apparaissent plus de 70 fois** dans la Bible hébraïque.

Les mots qui ne sont pas signalés par ces deux traits sont moins fréquents.

Pour les racines verbales, nous avons adopté la démarche suivante :

Lorsqu'une racine verbale apparaît plus de 70 fois, toutes formes confondues, la forme Qal est signalée (même si les occurences de cette forme n'atteignent pas 70) ou, à défaut, la forme la plus fréquente.

2 – À la fin de chaque leçon, la liste de vocabulaire commence par la colonne de droite. Il n'a pas été possible de garder ce principe dans le lexique hébreu-français, puisque nous tournons les pages de la droite vers la gauche !

3 – Ce cours est vendu avec un CD. Pour chaque mot ou texte hébreu enregistré, la page et le paragraphe sont indiqués. À partir de la leçon 4, seul le texte hébreu des exercices est lu.

Leçon 1

Introduction - L'alphabet

L'hébreu fait partie des langues de la famille appelée « sémitique » à laquelle appartiennent aussi l'araméen, l'arabe et l'éthiopien. Les découvertes du XIXe et du XXe siècles ont permis de lui adjoindre l'akkadien (ou assyro-babylonien) et l'ougaritique.

C'est un dialecte cananéen. Le cananéen ancien nous est connu par quelques textes retrouvés à Tell-Al-Amarna en Haute Égypte. Ces textes, qui datent du XIVe siècle avant Jésus-Christ, sont rédigés en babylonien, mais des gloses marginales donnent la traduction cananéenne de certains mots. On peut constater que l'hébreu possède beaucoup de traits caractéristiques marquant une continuité avec le cananéen de ces gloses.

L'hébreu semble avoir cessé d'être parlé en Palestine à la fin du IIe siècle de notre ère pour connaître une renaissance extraordinaire à la fin du XIXe siècle.

Il s'écrit de **droite à gauche** et possède un **alphabet consonantique** de **vingt-deux lettres** qui ne se relient pas entre elles. L'ordre dans lequel l'alphabet se présente aujourd'hui ne semble pas avoir varié depuis l'origine. Par contre, sa forme actuelle, les caractères dits « carrés » (car ils peuvent, en général, s'inscrire dans un carré), n'est pas primitive, elle a été adoptée à l'époque de la déportation des Juifs en Babylonie (VIe siècle avant Jésus-Christ). Sa forme ancienne était semblable à l'écriture phénicienne.

Il existe aussi une écriture cursive pratiquée en Israël aujourd'hui.

Les lettres hébraïques peuvent servir de signes numériques.

La notation des voyelles est apparue très tard. Ces voyelles, qui ne sont pas indispensables pour la lecture, jouent cependant un rôle très important dans la grammaire hébraïque.

Il est bien sûr impossible de reconstituer la prononciation de l'hébreu à l'époque biblique ou aux différentes périodes de son histoire. Nous adopterons la prononciation en cours dans l'Israël actuel.

Écriture carrée	Écriture hébraïque ancienne	Écriture carrée simplifiée	Nom	Prononciation	Valeur numérique (voir page 23)
א	𐤀	א	*alef*	—	1
ב	𐤁	ב	*bet*	b ou v	2
ג	𐤂	ג	*guimel*	g	3
ד	𐤃	ד	*dalet*	d	4
ה	𐤄	ה	*hé*	h (aspiré)	5
ו	𐤅	ו	*vav*	v	6
ז	𐤆	ז	*zaïn*	z	7
ח	𐤇	ח	*ḥet*	ḥ (ch allemand)	8
ט	𐤈	ט	*tet*	t	9
י	𐤉	י	*yod*	y	10
כ ך	𐤊	כ ך	*kâf*	k ou kh	20
ל	𐤋	ל	*lamed*	l	30
מ ם	𐤌	מ ם	*mem*	m	40
נ ן	𐤍	נ ן	*noun*	n	50
ס	𐤎	ס	*samekh*	s	60
ע	𐤏	ע	*ayin*	‘ (son guttural)	70
פ ף	𐤐	פ ף	*pé*	p ou f	80
צ ץ	𐤑	צ ץ	*tsadé*	ts	90
ק	𐤒	ק	*qof*	q	100
ר	𐤓	ר	*rech*	r (roulé)	200
ש	𐤔	ש	*chine*	ch ou s	300
ת	𐤕	ת	*tav*	t	400

kh = j espagnol

Remarques :

– Un point diacritique permet de distinguer deux prononciations de la lettre ש :
s = שׂ ch = שׁ

– Les lettres א et ע ne se prononcent plus.

– Le ה est aspiré et le ח ressemble au *ch* allemand (comme dans *Buch*). Par ailleurs, la prononciation israélienne ne distingue plus entre le ח et le כ.

– À la fin d'un mot, les lettres צ , פ , נ , מ , כ s'écrivent ץ , ף , ן , ם , ך

– Il ne faut pas confondre : ם et ס   ז et ו   ח et ה   ר et ד   צ et ע
ב et כ   ח et ת

Les « bégadkéfat ».

Ce terme mnémotechnique désigne les six consonnes : ת, פ, כ, ד, ג, ב qui peuvent porter un point à l'intérieur appelé « **daguesh léger** ». Dans ce cas, elles ont une prononciation « explosive ». En fait, la prononciation moderne de trois d'entre elles seulement se trouve affectée :

b = בּ   v = ב
k = כּ   kh = כ
p = פּ   f = פ

C'est en ajoutant « é » et « a » à ces six consonnes qu'on a formé le mot « bégadkéfat » :
ת aפ éכ ד aג éב.

Exercices :

• **Apprendre** l'alphabet par cœur en prononçant à haute voix le nom des lettres.

• **Recopier** Genèse 1,1-3 en écriture carrée simplifiée, en ne notant que les lettres de l'alphabet (chaque verset se termine par le signe ׃).

Leçon 2

Les voyelles

1. Le besoin d'un système vocalique.

À l'origine, l'hébreu ne notait pas les sons vocaliques. Il fallait donc être un lecteur averti pour savoir si une consonne devait être lue sans voyelle ou accompagnée des sons a, é, i, o, ou. Lorsque l'hébreu cessa d'être une langue parlée, il fallut venir en aide au lecteur moins familier de la langue à déchiffrer. C'est ainsi qu'apparurent d'abord les « **matres lectionis** » ou « **mères de lecture** » destinées à marquer certains sons vocaliques.

2. Les matres lectionis.

Ce sont des consonnes utilisées pour la notation des voyelles.

Ainsi :

ו notait **o** ou **ou**

י notait **i** ou **é**

ה notait **a** ou **é** ou **o** en fin de mot

א notait le son **a**

Lorsque ces consonnes sont utilisées pour noter des voyelles, elles n'ont bien sûr plus de valeur consonantique. Dans ce cas, elles sont **quiescentes**, c'est-à-dire qu'on ne les prononce pas. Elles ont été conservées dans le texte, même après l'invention d'un système vocalique plus élaboré.

Exemples : שׁוֹמֵר *gardant* se lit « chomer ».

Mais il arrive très souvent que le ו n'ait pas été noté pour signaler le o. Ainsi nous trouvons de nombreuses fois שֹׁמֵר (sans ו , mais avec la vocalisation plus tardive). Dans ce cas, la prononciation est identique ainsi que le sens du mot.

De même, גלולים *idoles* se lit « guiloulim ». Dans ce cas, le ו note le son **ou** (mais nous trouverons aussi très souvent גִּלֻּלִים , sans matres lectionis).

3. Le système vocalique.

Le procédé consistant à utiliser des matres lectionis devint vite insuffisant puisqu'une même consonne pouvait noter des voyelles différentes. Il fallait inventer un système plus précis qui permette de distinguer non seulement entre les différents sons vocaliques mais aussi entre voyelles brèves et voyelles longues (entre le **a** bref et le **a** long, par exemple).

C'est vers le VIIe siècle de notre ère que des savants juifs (les **massorètes**, de « massorah » = tradition), des écoles de Tibériade, ont fixé la lecture traditionnelle du texte biblique à l'aide d'un système de points et de traits, placés surtout au-dessous des consonnes. Ces signes sont appelés « **points-voyelles** ».

<u>Tableau des voyelles</u> :

Son	Voyelles longues			Voyelles brèves		
	Forme	Nom	שֵׁם	Forme	Nom	שֵׁם
a	□ָ	qamats gadol	קָמָץ גָּדוֹל	□ַ	pattaḥ	פַּתָּח
é	□ֵי □ֵ	tséré	צֵירֶה	□ֶ	seggol	סֶגּוֹל
i	□ִי	ḥiriq gadol	חִירִיק גָּדוֹל	□ִ	ḥiriq	חִירִיק
o	□וֹ □ֹ	ḥolam	חוֹלָם	□ָ	qamats qatane	קָמָץ קָטָן
ou	□וּ	chourouq	שׁוּרֶק	□ֻ	qoubbouts	קֻבּוּץ

Remarques :

– Le symbole □ représente n'importe quelle consonne de l'alphabet.

– On lit d'abord la consonne, puis sa voyelle. Exemple : ba (et non « ab » !) = בָּ
– Dans un mot, une voyelle est toujours affectée à une consonne et une consonne ne peut porter qu'une seule voyelle.
– La dernière lettre d'un mot est rarement vocalisée.

4. L'accent tonique.

L'accent tonique est bien marqué. Il est le plus souvent placé sur la dernière syllabe du mot.

Exemples : *grand* גָּדוֹל *année* שָׁנָה

Mais il se trouve quelquefois placé sur l'avant-dernière syllabe.

Exemples : *enfant* יֶלֶד *jeune homme* נַעַר *livre* סֵפֶר

Dans ce cas, nous le signalerons par le signe : □֫. Exemple : יֶ֫לֶד

C'est l'accent tonique qui conditionne, suivant sa place dans le mot, la présence de voyelles brèves ou de voyelles longues.

Exercices :

• **Épeler** les consonnes et les voyelles des mots suivants et les lire à haute voix :

צֶ֫דֶק יוֹם יָד טוֹב הַר בַּ֫יִת אֶ֫רֶץ אִישׁ אָח כֹּהֵן מַ֫יִם לֵב
אָב בַּת אֹ֫הֶל אָדוֹן שָׁנָה שֵׁם קוֹל עַם נֶ֫פֶשׁ עִיר אָדָם
עֵת חֹ֫דֶשׁ זָהָב כֶּ֫סֶף כֹּל בֵּן עוֹלָם עֵץ גּוֹי יָם שָׂדֶה אָרוֹן
שַׂר מָקוֹם פֶּה דָּם לֶ֫חֶם.

• **Recopier** les mots ci-dessus en écriture carrée simplifiée.

Remarque :

Cet exercice ne comporte pas de qamats qatane (□ָ) qui se prononce « o ».

Leçon 3

Les chevas - Les syllabes

1. Les chevas.

On distingue :

a) Le cheva simple ◌ְ qui peut être :

> – <u>Vocal</u>. On le prononce **é** ou **e** comme dans le français *dé* ou *de*.
>
> On le rencontre : • au début d'un mot.
> • à l'intérieur d'un mot après une voyelle longue ou un autre cheva.

Le cheva vocal commence toujours la syllabe.

Exemples : *Jérémie* יִרְמְיָהוּ *Samarie* שֹׁמְרוֹן *Jérusalem* יְרוּשָׁלַ͏ִם

> – <u>Muet</u>. On ne le prononce pas.
>
> On le rencontre à l'intérieur d'un mot après une voyelle brève.

Le cheva muet ferme la syllabe.

Exemples : *table* שֻׁלְחָן *combat, bataille* מִלְחָמָה

b) Les chevas composés ◌ֲ (a) ◌ֱ (é) ◌ֳ (o).

Ce sont des chevas simples qui ont été « colorés » par une des trois voyelles brèves :

◌ַ ◌ֶ ◌ָ

Exemples : *Jacob* יַעֲקֹב *vérité* אֱמֶת *tentes* אֳהָלִים

> – Les chevas composés se rencontrent le plus souvent sous les lettres :
>
> א ה ח ע

Le cheva simple vocal et les chevas composés sont des sons vocaliques très brefs, souvent appelés « semi-voyelles ».

Chaque consonne non quiescente porte une voyelle ou un cheva. La dernière lettre d'un mot ne porte pas de cheva muet, sauf la lettre finale ך (kh). Contrairement à toutes les autres consonnes, elle est vocalisée en fin de mot, soit d'un cheva muet (□ְ), exemple : *roi* מֶ֫לֶךְ, soit d'un qamats (□ָ), exemple : *ton cheval* סוּסְךָ , plus rarement d'un seggol (□ֶ).

Le pronom personnel de la 2ᵉ personne du féminin singulier porte également un cheva muet sous sa dernière consonne : *toi, tu* אַתְּ

Tableau des chevas :

Son	Forme	Nom	שֵׁם
–, é, e	□ְ	cheva	שְׁוָא
a	□ֲ	ḥataf pattaḥ	חֲטַף פַּתָּח
é	□ֱ	ḥataf seggol	חֲטַף סֶגּוֹל
o	□ֳ	ḥataf qamats	חֲטַף קָמָץ

2. Les syllabes.

La division en syllabes des mots hébreux est un problème épineux qui a donné lieu à des descriptions grammaticales divergentes. Celle qui suit répond à un besoin essentiellement pédagogique.

Il y a dans le mot hébreu autant de syllabes que de voyelles (le cheva simple et les chevas composés ne sont pas considérés comme des voyelles).

Exemples :

mots d'une syllabe : *arbre* עֵץ *frontière* גְּבוּל *main* יָד

mots de deux syllabes : *eau* מַ֫יִם *année* שָׁנָה *monde* עוֹלָם

mots de trois syllabes : *combat* מִלְחָמָה *famille* מִשְׁפָּחָה *quatre* אַרְבָּעָה

Il existe des syllabes ouvertes et des syllabes fermées.

a) Syllabe ouverte :

Une consonne + une voyelle (et éventuellement une lettre quiescente).

Exemples :

mots d'une syllabe ouverte : *non, ne... pas* לֹא *car, que* כִּי *en lui* בּוֹ

mots de deux syllabes ouvertes : *loi* תּוֹרָה *année* שָׁנָה *champ* שָׂדֶה

b) Syllabe fermée :

Une consonne + une voyelle + une consonne. La 2e consonne porte soit un cheva muet, soit un cheva composé, ou rien si elle se trouve en fin de mot.

Exemples :

mots d'une syllabe fermée : *cœur* לֵב *peuple* עַם *main* יָד

mots de deux syllabes fermées : *table* שֻׁלְחָן *désert* מִדְבָּר *Jacob* יַעֲקֹב

Remarque :

La syllabe, ouverte ou fermée, peut éventuellement commencer par 2 consonnes si la 1re porte un cheva.

Exemple : *frontière* גְּבוּל

Bien sûr, beaucoup de mots sont composés à la fois de syllabes ouvertes et de syllabes fermées !

Exemples : יְרוּ/שָׁ/לַ/יִם ← יְרוּשָׁלַ֫יִם   יִרְ/מְיָ/הוּ ← יִרְמְיָהוּ

f o o o   o o f

3. Les syllabes et l'accent tonique.

> – <u>Dans une syllabe fermée</u> :
>
> – La voyelle est brève quand la syllabe n'est pas accentuée.
>
> – La voyelle est longue quand la syllabe est accentuée.

Exemples : *table* שֻׁלְחָן *désert* מִדְבָּר *jeune homme* נַ֫עַר *Jacob* יַעֲקֹב

> – <u>Dans une syllabe ouverte</u> :
>
> – La voyelle est longue quand la syllabe n'est pas accentuée.
>
> – La voyelle est généralement brève quand la syllabe est accentuée.

Exemples : *roi* מֶ֫לֶךְ *parole* דָּבָר *chair* בָּשָׂר

Donc, lorsqu'un qamats se trouve dans une syllabe fermée non accentuée, il s'agit d'un qamats qatane.

Exemple : *sagesse* חָכְמָה = ḥokhma

Notamment dans la combinaison □ֳ □ָ (o o)

Exemples : *Noomi* נָעֳמִי *midi* צָהֳרַ֫יִם

Lorsqu'un qamats est suivi d'un cheva et que l'on veut bien distinguer le qamats qatane du qamats gadol, on fait suivre ce dernier du signe □ֽ (<u>méteg</u> = frein).

Exemples : *sagesse* חָכְמָה = ḥokhma

elle était sage חָֽכְמָה = ḥakhema

Exercices :

• **Lire** à haute voix les noms propres suivants **et les transcrire en caractères latins.**

רָחֵל יִשְׂרָאֵל אָדָם אַבְרָהָם יְרוּשָׁלַיִם יִצְחָק בִּנְיָמִין לוֹט
לָבָן יוֹסֵף לֵאָה נַפְתָּלִי דָּן זְבוּלֻן לֵוִי שִׁמְעוֹן שָׂרַי הָגָר
יִשְׁמָעֵאל יַעֲקֹב.

• **Recopier** en écriture carrée simplifiée les noms ci-dessus, puis les diviser en syllabes en indiquant à chaque fois les syllabes ouvertes et les syllabes fermées ainsi que les différents chevas.

v m

Exemple : יִרְ/מְיָ/הוּ

o o f

o = syllabe ouverte f = syllabe fermée v = cheva vocal m = cheva muet c = cheva composé

Leçon 4

Le daguesh léger, le daguesh fort et le mappik

Le daguesh est un point dans une consonne. Il peut être léger ou fort.

1. Le daguesh léger.

Il ne se trouve que dans une « bégadkéfat » : בּ , גּ , דּ , כּ , פּ , תּ

=> au commencement d'un mot (sauf s'il y a une liaison particulière avec le mot précédent et que celui-ci se termine par une voyelle longue).

Exemples : *porte* דֶּלֶת *grand* גָּדוֹל *maison* בַּיִת
loi תּוֹרָה *ici* פֹּה *argent* כֶּסֶף

mais : *La terre était informe et vide* וְהָאָרֶץ הָיְתָה תֹהוּ וָבֹהוּ

Remarquer qu'il n'y a pas de daguesh léger dans le mot תֹהוּ, car le mot précédent, avec lequel il est relié, se termine par une voyelle longue.

=> dans le corps d'un mot après un cheva muet.

Exemples : *désert* מִדְבָּר *jugement* מִשְׁפָּט *demeure, tabernacle* מִשְׁכָּן

2. Le daguesh fort.

Il peut se trouver dans n'importe quelle consonne, **sauf** dans les gutturales :

ע ח ה א et ר

Le daguesh fort se trouve normalement dans le corps d'un mot et après une voyelle le plus souvent brève.

Exemples : *héros, guerrier* גִּבּוֹר *charge* מַשָּׂא *voici* הִנֵּה

Mais il arrive qu'il soit placé en début de mot dans certaines expressions. Dans ce cas il est appelé **daguesh conjonctif**.

Exemple : *qu'il est bon !* מַה־טּוֹב

Ces mots sont reliés par le signe □□□־□□ appelé **maqqef**, sorte de trait d'union qui relie étroitement deux mots entre eux.

Le daguesh fort indique le redoublement de la consonne :

juste צַדְדִיק ← צַדִּיק *voici* הִנְנֵה ← הִנֵּה

צַד et הִנ sont des syllabes fermées : on peut déduire qu'**une consonne affectée d'une voyelle brève suivie d'un daguesh fort forme une syllabe fermée.**

Exemples : גִּב/בּוֹר ← גִּבּוֹר צַד/דִּיק ← צַדִּיק

f f f f

> <u>Rappel</u> :
>
> – Seules les lettres ב ג ד כ פ ת peuvent porter un daguesh léger. Mais elles peuvent aussi porter un daguesh fort !
>
> – On ne met jamais de daguesh fort dans les lettres ר א ה ח ע.

3. Le mappik.

Il ne se trouve que dans le הּ final, pour indiquer qu'il doit se prononcer.

Le הּ marqué d'un mappik est employé comme suffixe pour désigner le possesseur de la <u>3e personne du féminin singulier</u>.

Exemples : *son cheval* סוּסָהּ (mais : *jument* סוּסָה)

On le rencontre aussi dans certaines racines verbales.

Exemples : *être haut* גָּבָהּ *s'étonner* תָּמָהּ

Exercices :

• **Recopier** les mots suivants et distinguer les daguesh et le mappik à l'aide des lettres L (léger), F (fort) et M (mappik) placées au-dessus du mot :

חֻקָּה מִשְׁפָּט חֲמִשָּׁה בְּרִית אַשּׁוּר חִזְקִיָּהוּ אַתָּה צִיּוֹן
בְּנָהּ כִּסֵּא.

• **Diviser** ces mots en syllabes en précisant si elles sont ouvertes ou fermées.

Leçon 5

Les autres signes massorétiques

Nous connaissons déjà le système de vocalisation, le rôle des daguesh et du mappik, ainsi que le maqqef (□□□¯□□) et le méteg (□̩). Ce dernier signe, généralement destiné à empêcher une prononciation inexacte ou précipitée, a des applications très diverses autres que celles mentionnées à la leçon 3.

L'un des buts des nombreux autres signes massorétiques est de fixer les nuances de la lecture juive traditionnelle (cantilation) du texte sacré.

Mais il est certain qu'ils aident aussi le lecteur à mieux comprendre un verset, car ils servent à ponctuer la phrase et marquent la place de l'accent tonique dans le mot.

1. Les autres signes massorétiques.

Chaque verset de l'Ancien Testament se termine par les signes ׃□̩

– ׃ se nomme **sof passouq** (= *fin de verset*)

– □̩ se nomme **sillouq** et se trouve sous la syllabe tonique du dernier mot du verset.

Il y a en tout vingt-six accents qui se divisent en deux groupes :

– dix-huit accents disjonctifs : ils séparent le mot du mot suivant.

– huit accents conjonctifs : ils unissent le mot au mot suivant.

<u>Les accents disjonctifs les plus importants sont</u> :

– Le **sillouq** : □̩ (voir ci-dessus).

– L'**etnaḥ** (= *pause*) : □̭. Il divise le verset en deux parties. Il est placé sous la syllabe tonique du dernier mot du demi-verset.

<u>Important</u> : En pause (fin ou milieu du verset), les voyelles du mot peuvent s'allonger et le ton reculer.

Exemples : *eau* מָ֑יִם ← מַ֫יִם *bienveillance* חָ֑סֶד ← חֶ֫סֶד

ta bienveillance חַסְדֶּ֑ךָ ← חַסְדְּךָ

Autres accents disjonctifs :

– Le **ségolta** : □֒ – Le **zaqef qatane** : □֔

– le **rébia** : □֗ – Le **zaqef gadol** : □֕

Ils se placent au-dessus d'une syllabe accentuée.

Les accents conjonctifs les plus importants sont :

– Le **mounaḥ** : □֣ – le **merka** : □֥

À titre d'exemple, nous pouvons lire les deux 1ers versets du livre de la Genèse, en repérant tous ces signes dans le texte.

Les livres de Job, Proverbes et des Psaumes présentent un autre système d'accentuation.

2. Autres particularités du texte biblique.

On trouve quelquefois dans le texte biblique des lettres imprimées en plus gros ou en plus petits caractères, renversées, suspendues ou encore des lettres finales en milieu de mot ! Ces particularités peuvent avoir des significations diverses, certaines nous sont connues, d'autres non.

Exemples :

En Lévitique 11,42, le ו du mot גָּחוֹן est écrit en gros pour signaler que nous sommes à la moitié du Pentateuque en ce qui concerne le nombre des lettres. Dans le même livre, au chapitre 13 et au verset 33, le ג du mot וְהִתְגַּלָּח signale que nous sommes aussi à la moitié du Pentateuque, mais en ce qui concerne le nombre des mots !

Dans les mots בְּרֵאשִׁית (Genèse 1,1) ou מִשְׁלֵי (Proverbes 1,1), les lettres ב et מ mettent en relief le début du livre. Des lettres en gros caractères peuvent aussi apparaître au début d'un paragraphe important.

À 9 reprises nous rencontrons un נ renversé (Nombres 10,35-36, Psaumes 107,23-28,40) et 4 fois des lettres suspendues (exemple : Psaumes 80,14). Nous trouvons aussi des lettres plus petites (exemple : Ésaïe 44,14). Toutes ces particularités ont certainement eu leurs raisons d'être, mais elles nous restent inconnues pour la plupart. Les explications données actuellement ne sont pas toujours acceptables.

3. Les signes numériques.

Nous avons déjà vu que les lettres hébraïques peuvent servir de signes numériques (voir tableau page 8). En effet, pour citer un verset en hébreu on utilise des lettres et non des chiffres.

Exemples : Lévitique 23,43 = וַיִּקְרָא כג , מג

Psaumes 145,14 = תְּהִלִּים קמה , יד

Les combinaisons numériques où le nom de Dieu pourrait apparaître sont écartées, par souci de ne pas profaner ce nom divin . Ainsi les nombres 15 et 16 sont notés respectivement טו (9 + 6) et טז (9 + 7), ce qui permet d'éviter les combinaisons יה et יו qui représentent une partie du tétragramme divin.

Exercices :

• **Lire** à haute voix les cinq premiers versets du livre de la Genèse dans la Bible hébraïque en repérant les signes massorétiques étudiés dans la leçon.

• **Recopier** ces cinq versets en écriture carrée simplifiée en n'omettant aucun des signes étudiés jusqu'ici.

Ne pas noter les signes non étudiés !

Leçon 6

Le nom

1. Le genre.

En hébreu, il existe deux genres, le **masculin** et le **féminin**.

a) Le masculin.

Un nom du genre masculin n'a pas de terminaison particulière au singulier.

Exemples : *jugement* מִשְׁפָּט *homme* אִישׁ *arbre* עֵץ *chérubin* כְּרוּב

b) Le féminin.

Sont en général au féminin :

=> Les noms terminés au singulier par ָה (syllabe tonique).

Exemples : *femme* אִשָּׁה *mur* חוֹמָה *loi* תּוֹרָה

mais : *nuit* לַיְלָה est du masculin, car la syllabe לָה n'est pas accentuée !

=> Les noms terminés au singulier par ת.

Exemples : *porte* דֶּלֶת *alliance* בְּרִית *sœur* אָחוֹת *vérité* אֱמֶת

mais : bien qu'étant terminés par ת, les mots *maison* בַּיִת et *olivier* זַיִת sont du masculin !

Certains noms, bien que n'ayant pas de terminaison féminine, sont du genre féminin :

=> Les noms des parties du corps qui vont par deux.

Exemples : *main* יָד *oreille* אֹזֶן *pied* רֶגֶל

=> Les noms de villes et de pays.

Exemples : *pays* אֶ֫רֶץ *Jérusalem* יְרוּשָׁלַ֫יִם *ville* עִיר

=> Ainsi que d'autres comme : *pierre* אֶ֫בֶן *feu* אֵשׁ

D'autres noms dans la Bible sont des deux genres.

Exemples : *temps, époque* עֵת *nord* צָפוֹן *souffle, âme* נֶ֫פֶשׁ *peuple* עַם

2. Le nombre.

La plupart des noms masculins ont un pluriel en □ִים

Exemples : *arbres* עֵצִים *chérubins* כְּרוּבִים *jugements* מִשְׁפָּטִים

Le mot *eau* מַ֫יִם est toujours au pluriel !

La plupart des noms féminins ont un pluriel en □וֹת.

Exemples : *portes* דְּלָתוֹת *murs* חוֹמוֹת

Remarquer le changement de vocalisation dans דְּלָתוֹת et la disparition du ה dans חוֹמוֹת !

Attention ! Il existe de nombreux pluriels irréguliers :

– Certains noms <u>masculins</u> ont au pluriel une terminaison féminine.

Exemples :

voix קוֹלוֹת ← *voix* קוֹל

noms שֵׁמוֹת ← *nom* שֵׁם

peaux עֹרוֹת ← *peau* עֹר

tables שֻׁלְחָנוֹת ← *table* שֻׁלְחָן

murs קִירוֹת ← *mur* קִיר

lampes נֵרוֹת ← *lampe* נֵר

nuits לֵילוֹת ← *nuit* לַיְלָה

– Certains noms <u>féminins</u> ont au pluriel une terminaison masculine.

Exemples : (en poésie : שָׁנוֹת) *années* שָׁנִים ← *année* שָׁנָה

villes עָרִים ← *ville* עִיר

Les noms des parties du corps qui vont par deux ont un « pluriel » en ◌ַיִם

Exemples : *mains* יָדַיִם *oreilles* אָזְנַיִם *pieds* רַגְלַיִם

Ce genre de « pluriel » est appelé **duel.**

– Pluriels particuliers :

hommes אֲנָשִׁים ← *homme* אִישׁ

femmes נָשִׁים ← *femme* אִשָּׁה

filles בָּנוֹת ← *fille* בַּת

sœurs אֲחָיוֹת ← *sœur* אָחוֹת

maisons בָּתִּים ← *maison* בַּיִת

oliviers זֵתִים ou זֵיתִים ← *olivier* זַיִת

Bien sûr, tout ce qui est « irrégulier » et « particulier » n'est pas épuisé dans cette leçon ! Le genre et le pluriel des noms vous seront donnés au fur et à mesure de l'étude de la langue.

La formation du féminin et du pluriel des adjectifs est semblable à celle des noms.

Exemples : טוֹבוֹת טוֹבִים טוֹבָה ← *bon* טוֹב

אַדִּירוֹת אַדִּירִים אַדִּירָה ← *puissant, majestueux* אַדִּיר

גְּדוֹלוֹת גְּדוֹלִים גְּדוֹלָה ← *grand* גָּדוֹל

Vous pouvez remarquer que l'adjonction d'un suffixe provoque la chute du qamats de la 1re consonne, qui est remplacé par un cheva simple vocal : גָּדוֹל ← גְּדוֹלָה.

En hébreu, *masculin* se dit : זָכָר (ז'), *féminin* : נְקֵבָה (נ'), *singulier* : יָחִיד (י') et *pluriel* רַבִּים (ר'). Ces abréviations seront employées dans les listes de vocabulaire.

Exercices :

- **Lire** les phrases ou les expressions suivantes à haute voix.

א. תּוֹרוֹת אֱמֶת: מִשְׁפָּטִים יְשָׁרִים: לְכֻלָּם שֵׁמוֹת יִקְרָא:

ב. תִּבָּנֶה חוֹמוֹת יְרוּשָׁלָיִם: מַיִם אַדִּירִים: עָרִים גְּדוֹלֹת:

ג. עֲלֵי־זַיִת וַעֲלֵי־עֵץ שֶׁמֶן: עַם גָּדוֹל וָרָם: וְאַרְבָּעָה שֻׁלְחָנוֹת לָעוֹלָה:

ד. אָחוֹת לָנוּ קְטַנָּה: חוֹמָה הָיוּ עָלֵינוּ גַּם־לַיְלָה גַּם־יוֹמָם:

וַיַּעַל עָלָיו כְּרוּבִים:

- **Recopier** ces phrases en indiquant le genre et le nombre des mots soulignés.

Vocabulaire :

pierre	אֶבֶן נ׳ אֲבָנִים
puissant, majestueux	אַדִּיר
oreille	אֹזֶן נ׳ אָזְנַיִם
sœur	אָחוֹת נ׳ אֲחָיוֹת
homme	אִישׁ ז׳ אֲנָשִׁים
vérité	אֱמֶת נ׳
terre, pays	אֶרֶץ נ׳ אֲרָצוֹת
feu	אֵשׁ נ׳
femme	אִשָּׁה נ׳ נָשִׁים
maison	בַּיִת ז׳ בָּתִּים
alliance	בְּרִית נ׳
fille	בַּת נ׳ בָּנוֹת
grand	גָּדוֹל
porte	דֶּלֶת נ׳ דְּלָתוֹת
olivier	זַיִת ז׳ זֵתִים (זֵיתִים)
mâle (masculin)	זָכָר
mur	חוֹמָה נ׳
bon	טוֹב
main	יָד נ׳ יָדַיִם
unique (singulier)	יָחִיד
Jérusalem	יְרוּשָׁלַיִם
droit	יָשָׁר

chérubin	כְּרוּב ז׳
nuit	לַיְלָה ז׳ לֵילוֹת
eau	מַיִם ז׳ ר׳
jugement, droit	מִשְׁפָּט ז׳
souffle, âme	נֶפֶשׁ נ׳ ou ז׳ נְפָשׁוֹת
femelle (féminin)	נְקֵבָה
lumière, lampe	נֵר ז׳ נֵרוֹת
ville	עִיר נ׳ עָרִים
peuple	עַם ז׳ ou נ׳ עַמִּים
arbre	עֵץ ז׳
peau	עוֹר ז׳ עוֹרוֹת
temps, époque	עֵת נ׳ ou ז׳ עִתִּים
nord	צָפוֹן נ׳ ou ז׳
voix	קוֹל ז׳ קוֹלוֹת
mur	קִיר ז׳ קִירוֹת
nombreux (pluriel)	רַבִּים
pied	רֶגֶל נ׳ רַגְלַיִם
table	שֻׁלְחָן ז׳ שֻׁלְחָנוֹת
nom	שֵׁם ז׳ שֵׁמוֹת
année	שָׁנָה נ׳ שָׁנִים
loi	תּוֹרָה נ׳

Leçon 7

La conjonction de coordination וְ

La consonne ו est employée comme conjonction de coordination (*et*). Dans ce cas, elle est préfixée, c'est-à-dire accolée, au mot qui la suit.

Exemples : *David et Saül* דָּוִד וְשָׁאוּל *Abraham et Isaac* אַבְרָהָם וְיִצְחָק

Ainsi, lorsque le ו est préfixé à un mot commençant par une « bégadkéfat » (ת פ כ ד ג ב), le daguesh léger tombe puisque cette lettre n'est plus la première du mot.

Exemples : *Nephtali et Dan* נַפְתָּלִי וְדָן *un roi et un prêtre* מֶלֶךְ וְכֹהֵן

Notez qu'en hébreu l'article indéfini, singulier ou pluriel, n'existe pas.

Exemples : *des rois* מְלָכִים *un roi* מֶלֶךְ

<u>Vocalisation de la conjonction de coordination</u> ו :

En général, le ו, conjonction de coordination, est vocalisé d'un cheva : וְ.

<u>mais</u> :

a) Le וְ (vé) devient וּ (ou) :

=> devant un mot commençant par פ , מ , ב.

Exemples : *un homme et un roi* אִישׁ וּמֶלֶךְ *un fils et une fille* בֵּן וּבַת

=> devant une consonne vocalisée d'un cheva vocal.

Exemples : *des tables et des chérubins* שֻׁלְחָנוֹת וּכְרוּבִים
Saül et Samuel שָׁאוּל וּשְׁמוּאֵל

b) Le וְ devient וִ devant un mot commençant par יְ, et dans ce cas le י perd son cheva et devient muet :

Exemples : *Samarie et Jérusalem* שֹׁמְרוֹן וִירוּשָׁלִַם

justes et droits צַדִּיקִים וִישָׁרִים

c) Devant un mot commençant par une consonne affectée d'un cheva composé, le ו prend la voyelle qui compose ce cheva composé :

Exemples : *toi et moi* אַתָּה וַאֲנִי *bienveillance et vérité* חֶסֶד וֶאֱמֶת

un homme et un vaisseau אִישׁ וָאֳנִיָּה

d) Il arrive aussi que le ו soit vocalisé וָ quand deux mots analogues sont étroitement associés et forment un groupe :

Exemples: *du pain et de l'eau* לֶחֶם וָמַיִם

nuit et jour לַיְלָה וָיוֹם

Exercices :

• **Vocaliser,** en recopiant les expressions suivantes, la conjonction de coordination (ne pas oublier que certains daguesh ou cheva tombent, sous l'influence de cette conjonction !).

Ne pas utiliser la vocalisation וָ .

אַבְרָהָם ויִשְׁמָעֵאל . עֵצִים ואֲבָנִים . לֶחֶם ומַיִם .
אִישׁ ואִשָּׁה . עֵינַיִם ואָזְנַיִם . שָׂדוֹת ובָתִּים . עָנָן ואֵשׁ .
בָּנִים ובָנוֹת . שָׁלוֹם ואֱמֶת . דָּוִד ואֲנָשִׁים . נֶחְמָד וטוֹב .
צְדָקָה ומִשְׁפָּט . כְּרָמִים וזֵיתִים . אֲנָשִׁים ונָשִׁים ויְלָדִים .
יְהוּדָה ויְרוּשָׁלִַם . כְּבָשִׂים ופַר . חָלָב ודְבַשׁ .
גּוֹיִם ומְלָכִים . צַדִּיק ויָשָׁר . פָּרִים וכְבָשִׂים .

• **Traduire** les expressions ci-dessus.

Vocabulaire :

אַבְרָהָם			Abraham
אֲנִי			je, moi
אֳנִיָּה	נ		vaisseau
אַתָּה	ז		tu, toi (masculin)
בֵּן	ז	בָּנִים	fils
גּוֹי	ז	גּוֹיִם	peuple, nation
דְּבַשׁ	ז		miel
דָּוִד			David
דָּן			Dan
חָלָב	ז		lait
חֶסֶד	ז		bienveillance, bonté
יְהוּדָה			Juda
יוֹם	ז	יָמִים	jour
יֶלֶד	ז	יְלָדִים	enfant
יִצְחָק			Isaac
יִשְׁמָעֵאל			Ismaël
כֶּבֶשׂ	ז	כְּבָשִׂים	agneau
כֹּהֵן	ז	כֹּהֲנִים	prêtre
כֶּרֶם	ז	כְּרָמִים	vigne, vignoble
לֶחֶם	ז		pain, nourriture
מֶלֶךְ	ז	מְלָכִים	roi
נֶחְמָד			agréable, précieux
נַפְתָּלִי			Nephtali
עַיִן	נ	עֵינַיִם	œil
עָנָן	ז	עֲנָנִים	nuage, nuée
פַּר	ז	פָּרִים	taureau
צַדִּיק			juste
צְדָקָה	נ		droiture, justice
שָׁאוּל			Saül
שָׂדֶה	ז	שָׂדוֹת	champ, campagne
שָׁלוֹם	ז		paix
שְׁמוּאֵל			Samuel
שֹׁמְרוֹן			Samarie

Leçon 8

Les pronoms personnels - Le verbe : introduction

1. Les pronoms personnels.

Pluriel		Singulier	
nous	אֲנַחְנוּ , נַחְנוּ	je, moi	אֲנִי , אָנֹכִי
vous masculin	אַתֶּם	tu, toi masculin	אַתָּה
vous féminin	אַתֵּנָה , אַתֶּן	tu, toi féminin	אַתְּ
ils, eux	הֵם , הֵמָּה	il, lui	הוּא
elles	הֵנָּה , הֵן	elle	הִיא

En hébreu, les pronoms personnels peuvent aussi se présenter sous forme de suffixes. Nous le verrons plus tard.

Pour certains de ces pronoms personnels, la Bible offre une variante. Dans le tableau ci-dessus la forme la plus fréquente est placée en premier (à partir de la droite, bien sûr !).

2. Le verbe.

En hébreu, le verbe se compose d'une racine trilittère, c'est-à-dire comprenant 3 consonnes, appelées aussi « radicales ». C'est une des caractéristiques de la langue. La vocalisation de cette racine ainsi que l'adjonction de certaines lettres (préfixées, suffixées ou insérées entre les consonnes de la racine) marquent la forme, le temps et la personne.

Exemples : *tu écriras* תִּכְתֹּב , *il a écrit* כָּתַב ← כ ת ב

j'ai gardé שָׁמַרְתִּי, *gardant* שׁוֹמֵר ← ש מ ר

Remarque :

On ne désigne pas, en hébreu, un verbe sous sa forme infinitive, comme en français (exemples : écrire, garder...), mais sous la forme de la 3e personne du masculin singulier du passé (exemples :

שָׁמַר, כָּתַב...). C'est en effet cette forme qui offre la racine à l'état absolu, sans préfixe ni suffixe ou lettre à l'intérieur du verbe. C'est donc ainsi qu'on le trouvera dans le dictionnaire. On aura : *écrire* כָּתַב (alors qu'en réalité כָּתַב signifie *il a écrit* !).

Il existe des **verbes forts** et des **verbes faibles**. Les verbes forts ont une vocalisation régulière et gardent toutes leurs consonnes au cours de la conjugaison.

Exemples : verbe fort : *j'ai écrit* כָּתַבְתִּי ← כתב

verbe faible : *je suis venu* בָּאתִי ← בוא

Nous pouvons remarquer que le verbe בוא a perdu son ו au cours de la conjugaison : c'est un verbe faible. Nous n'étudierons, pour l'instant, que les verbes forts.

En hébreu, le présent n'existe pas : c'est le participe présent qui en fait fonction. Il exprime l'action d'une manière durative.

Exemples :

moi (je suis) écrivant = j'écris (je suis en train d'écrire) אֲנִי כּוֹתֵב

lui apprenant la loi = il apprend la loi הוּא לֹמֵד תּוֹרָה

Conjugaison du verbe כָּתַב au participe présent :

Féminin pluriel	Féminin singulier	Masculin pluriel	Masculin singulier
אֲנַחְנוּ כּוֹתְבוֹת	אֲנִי כּוֹתֶבֶת (כֹּתְבָה)	אֲנַחְנוּ כּוֹתְבִים	אֲנִי כּוֹתֵב
אַתֵּנָה כּוֹתְבוֹת	אַתְּ כּוֹתֶבֶת (כֹּתְבָה)	אַתֶּם כּוֹתְבִים	אַתָּה כּוֹתֵב
הֵנָּה כּוֹתְבוֹת	הִיא כּוֹתֶבֶת (כֹּתְבָה)	הֵם כּוֹתְבִים	הוּא כּוֹתֵב

Dans la Bible, nous trouverons aussi la forme כֹּתֵב, כֹּתְבִים... (voir leçon 2)

Le verbe « être » au participe présent n'existe pas, il est sous-entendu. La proposition est alors appelée **proposition nominale.**

Exemples :

Où sont Samuel et David ?	אֵיפֹה שְׁמוּאֵל וְדָוִד
Ils sont ici	הֵם פֹּה
Israël est un grand peuple	יִשְׂרָאֵל עַם גָּדוֹל

Remarques :

– l'adjectif épithète se place toujours après le nom :

Un grand peuple עַם גָּדוֹל

– Quand on veut insister sur le prédicat, on le met en tête :

David est un bon roi דָּוִד מֶלֶךְ טוֹב

ou מֶלֶךְ טוֹב דָּוִד

Exercices :

• Version :

טוֹב־וְיָשָׁר יְהוָה׃ אֲנִי כֹּתֵב עַל סֵפֶר׃ כִּי קָדוֹשׁ אָנִי׃
כִּי אֲנִי־מֶלֶךְ עַל־יִשְׂרָאֵל׃ מִי־ אַתְּ אָנֹכִי רוּת׃

• Thème :

L'Éternel garde Israël. Où sont Isaac et Ismaël ? Noé est un homme juste.

Jérusalem est une grande ville. Des enfants mangent du miel.

Vocabulaire :

Noé	נֹחַ	où ?	אֵיפֹה
lettre, livre	סֵפֶר ז׳ סְפָרִים	manger	אָכַל
sur	עַל	Yahvé, l'Éternel	יְהוָה
ici	פֹּה	Israël	יִשְׂרָאֵל
saint	קָדוש	car, que, parce que	כִּי
Ruth	רוּת	écrire	כָּתַב
garder, observer	שָׁמַר	apprendre, étudier	לָמַד
		qui ?	מִי

Remarques :

– יְהוָה : Le nom de Dieu יהוה (l'Éternel) se prononce אֲדֹנָי (le Seigneur). La vocalisation de ce nom telle que nous la trouvons dans le texte massorétique (יְהוָה) n'a rien à voir avec le nom יהוה . Ce sont les voyelles du nom אֲדֹנָי qui lui ont été affectées afin qu'on lise אֲדֹנָי et qu'on ne prononce pas ce nom ineffable. Celui-ci se prononçait probablement Yahweh ou Yahwh à l'origine. Pour simplifier, nous ne noterons plus le ḥolam (◻̇) dans la suite.

– נֹחַ : Les consonnes ח et ע doivent, en principe, être précédées du son « a ». Si, en fin de mot, elles sont précédées d'une autre voyelle, un pattaḥ appelé « pattaḥ furtif » est alors intercalé entre la consonne ח ou ע et la voyelle précédente. Ce pattaḥ se lit avant la consonne ח ou ע. Ainsi נֹחַ se lit « Noaḥ ».

– קָדוש : Lorsque le שׁ est précédé d'une consonne affectée normalement d'un ḥolam (◻̇), nous ne notons pas ce ḥolam.

Leçon 9

L'article défini - Les pronoms démonstratifs

1. L'article défini.

L'article défini (*le, la, les*) se rend par le préfixe הַ. Il redouble la 1re consonne du mot auquel il est préfixé.

Exemples : *le livre* הַסֵּפֶר *un livre* סֵפֶר

la maison הַבַּיִת *une maison* בַּיִת

Devant un mot qui commence par une des lettres א ה ח ע ר qui ne peuvent pas porter de daguesh fort, la voyelle de l'article הַ peut s'allonger en ◌ָ ou se transformer en ◌ֶ, ou encore se maintenir telle quelle. Cela dépend de la nature de la consonne et de sa voyelle.

<u>Vocalisation de l'article</u> הַ :

En général : הַ

<u>mais</u> :

a) הָ

=> devant ר - א.

Exemples : *le pied* הָרֶגֶל *l'homme* הָאִישׁ

=> devant ע (<u>sauf</u> עָ, 1re consonne non accentuée d'un mot).

Exemples : *la ville* הָעִיר *le peuple* הָעָם

=> devant הָ (1re consonne accentuée du mot).

Exemple : *la montagne* הָהָר

b) הֶ

=> devant עָ et הָ (1res consonnes non accentuées d'un mot).

Exemples : *les villes* הֶעָרִים *la nuée* הֶעָנָן *les montagnes* הֶהָרִים

=> devant חָ ou חֳ.

Exemples : *le lait* הֶחָלָב *les mois* הֶחֳדָשִׁים

Dans tous les autres cas, l'article est הַ.

Exemples : *le mur* הַחוֹמָה *le palais* הַהֵיכָל

Tableau récapitulatif :

Vocalisation de l'article	הָ	הֶ	הַ
1re lettre du mot	א ר ע (sauf עָ) הָ	חָ חֳ עָ הָ	Dans tous les autres cas

Remarques :

– Les mots suivants changent leur 1re voyelle en ◌ָ sous l'influence de l'article :

la montagne	הָהָר	*une montagne*	הַר
le peuple	הָעָם	*un peuple*	עַם
le pays, la terre	הָאָרֶץ	*un pays, une terre*	אֶרֶץ
le coffre, l'arche	הָאָרוֹן	*un coffre*	אֲרוֹן
le taureau	הַפָּר	*un taureau*	פַּר

– Lorsqu'un nom est défini, ses déterminants le sont aussi.

Exemple : *le grand prêtre* הַכֹּהֵן הַגָּדוֹל

2. Les pronoms démonstratifs.

ceux-ci, celles-ci (ces) אֵלֶּה *celui-ci, celle-ci (ce, cet, cette)* זֶה, זֹאת

Ils se placent aussi après le nom.

Exemples : *ce bon lait* הֶחָלָב הַטּוֹב הַזֶּה *cette pierre* הָאֶבֶן הַזֹּאת

ces livres הַסְּפָרִים הָאֵלֶּה *ces villes* הֶעָרִים הָאֵלֶּה

Remarques :

– Les pronoms personnels peuvent servir de pronoms démonstratifs.

Exemple : *cet homme* הָאִישׁ הַהוּא

– L'article lui-même peut avoir le rôle de démonstratif.

Exemple : *ce jour, aujourd'hui* הַיּוֹם

Exercices :

• Version :

א. הָעִיר הַזֹּאת קְרֹבָה:

ב. וְהָאִישׁ מֹשֶׁה עָנָו מְאֹד:

ג. מִי הָאֲנָשִׁים הָאֵלֶּה:

ד. כִּי־יְהוָה אֱלֹהִים הוּא הָאֱלֹהִים הָאֵל הַנֶּאֱמָן שֹׁמֵר הַבְּרִית וְהַחֶסֶד׃

ה. וְהוּא־עֹמֵד תַּחַת הָעֵץ׃

• Thème :

1. Le pain et le lait sont sur la grande table.

2. Nous écrivons sur ces pierres.

3. Le grand prêtre et le sage fidèle apprennent la loi.

4. Israël demeure sur cette montagne.

5. Ces nouvelles villes sont très grandes.

Vocabulaire :

sage	חָכָם חֲכָמִים	Dieu	אֵל
habiter, être assis, demeurer	יָשַׁב	ceux-ci, celles-ci, ces	אֵלֶּה
très	מְאֹד	Dieu	אֱלֹהִים
Moïse	מֹשֶׁה	coffre, arche	אֲרוֹן ז' ou נ'
fidèle	נֶאֱמָן	palais, temple	הֵיכָל ז' ou נ'
se tenir debout	עָמַד	montagne	הַר ז' הָרִים
humble, doux	עָנָו	celui-ci, celle-ci, ce, cette	זֶה , זֹאת
proche	קָרוֹב	nouveau	חָדָשׁ
sous, à la place de	תַּחַת	mois	חֹדֶשׁ ז' חֳדָשִׁים

Remarque :

חָדָשׁ : Les gutturales א ה ח ע ne portent généralement pas de cheva simple vocal. Aussi l'adjonction d'un suffixe change le qamats gadol en cheva composé.

La nouvelle alliance הַבְּרִית הַחֲדָשָׁה *Le nouveau livre* הַסֵּפֶר הֶחָדָשׁ

Leçon 10

Le verbe : les formes, les modes et les temps
L'accompli

1. Les formes.

Pour les désigner, on utilise la racine פעל. Il existe 7 différentes formes de verbes :

le **pa'al** (פָּעַל), que l'on appelle aussi le **qal** (קַל, *léger*), le **nif'al** (נִפְעַל) le **pi'el** (פִּעֵל), le **pou'al** (פֻּעַל), le **hif'il** (הִפְעִיל), le **hof'al** (הָפְעַל), et le **hitpa'el** (הִתְפַּעֵל).

Exemples :

enseigner, instruire	לִמֵּד	*apprendre, s'instruire*	לָמַד
être dressé, être appris	לֻמַּד		
être gardé, être protégé	נִשְׁמַר	*garder, observer*	שָׁמַר

Nous apprendrons à conjuguer ces formes au fur et à mesure des leçons. Pour l'instant, nous ne connaissons que le participe actif de la forme פָּעַל (pa'al).

2. Les modes et les temps.

L'hébreu n'emploie que 4 modes :

INFINITIF PARTICIPE INDICATIF VOLITIF

<u>Infinitif</u>	:	absolu et construit
<u>Participe</u>	:	actif et passif
<u>Indicatif</u>	:	accompli et inaccompli
<u>Volitif</u>	:	1re personne : cohortatif 2e personne : impératif 3e personne : jussif

Remarques :

L'indicatif n'emploie que deux « temps », **l'accompli** et **l'inaccompli**. En fait, ce ne sont pas vraiment des temps, car ils expriment l'aspect de l'action beaucoup plus que sa situation dans le temps.

L'accompli exprime une action terminée, ou unique, ou instantanée.
L'inaccompli exprime une action inachevée, ou prolongée, ou répétée.

Pour simplifier, nous traduirons souvent l'accompli par un passé et l'inaccompli par un futur.

3. L'accompli.

Les suffixes personnels de l'accompli sont les mêmes pour toutes les formes.

Conjugaison du verbe כָּתַב à l'accompli :

Féminin		Masculin	
	כָּתַבְתִּי		j'ai écrit
כָּתַבְתְּ		כָּתַבְתָּ	tu as écrit
כָּתְבָה		כָּתַב	il, elle a écrit
	כָּתַבְנוּ		nous avons écrit
כְּתַבְתֶּן		כְּתַבְתֶּם	vous avez écrit
	כָּתְבוּ		ils, elles ont écrit

L'accompli est formé par l'adjonction de suffixes à la forme de base כָּתַב :

– Quatre suffixes consonantiques légers (une consonne) : תִּי, תָּ, תְּ, נוּ. Ils ne sont pas accentués et s'attachent sans changement à כָּתַב.

– Deux suffixes consonantiques lourds (deux consonnes) : תֶּן et תֶּם. Ils sont accentués et changent le qamats gadol de la 1re consonne en cheva vocal. S'il s'agit d'une des gutturales א ה ח ע, on la vocalisera d'un ḥataf pattaḥ. Exemple : *vous avez mangé* אֲכַלְתֶּם.

– Deux suffixes vocaliques : ָה et וּ. Ils sont accentués et s'attachent à la forme de base en modifiant la voyelle précédente en cheva vocal ou en ḥataf pattaḥ s'il s'agit d'une des gutturales ע ח ה א. Exemple : *ils ont demandé* שָׁאֲלוּ.

Remarquer que le qamats gadol de la 1re consonne est protégé par un méteg (voir page 16).

Exercices :

• **Conjuguer** à l'accompli les verbes לָמַד עָמַד שָׁאַל

• **Version :**

א. מָה־אָמְרוּ הָאֲנָשִׁים הָאֵלֶּה׃

ב. וְלֹא־שָׁאַלְתָּ עֹשֶׁר נְכָסִים וְכָבוֹד׃

ג. כִּי אֲמַרְתֶּם כָּרַתְנוּ בְרִית אֶת־מָוֶת וְעִם־שְׁאוֹל׃

ד. אֲנַחְנוּ כֹּרְתִים אֲמָנָה וְכֹתְבִים׃

• **Thème :**

1. Les enfants ont demandé du pain et ils ont mangé.

2. Qui êtes-vous ? Nous sommes David et Isaac et nous avons étudié la loi ici.

3. L'Éternel a fait alliance avec Israël.

Vocabulaire :

quoi, qu'est-ce que ?	מַה, מָה, מֶה	pacte, alliance	אֲמָנָה נ'
la mort	מָוֶת ז'	dire, parler	אָמַר
biens, richesses	נְכָסִים ז' ר'	avec	אֵת (אֶת־)
avec	עִם	honneur, gloire	כָּבוֹד ז'
richesse	עֹשֶׁר ז'	couper	כָּרַת
séjour des morts	שְׁאוֹל ז' ou נ'	faire alliance	כָּרַת בְּרִית
demander	שָׁאַל	ne...pas	לֹא

Remarques :

– אֵת et עִם sont synonymes. Il semble que עִם soit préféré à אֵת dans les écrits postexiliques, sous l'influence de l'araméen.

– מַה : Sa vocalisation dépend, le plus souvent, de la nature de la 1re lettre du mot qui suit.

Exemples : *qu'a dit Samuel ?* מָה־אָמַר שְׁמוּאֵל *qu'est-ce que c'est ?* מַה־זֶּה

Il est normalement accompagné d'un maqqef et, comme l'article défini, suivi d'un daguesh fort dans les consonnes qui peuvent en porter un.

Leçon 11

Les prépositions בְּ, כְּ, לְ, מִן

Les prépositions בְּ , כְּ et לְ sont préfixées au nom et ont les sens suivants :

a) בְּ = *à* (sans mouvement) ; *en* ; *dans* ; *sur* ; *avec* ; *par.*

Exemples :

dans une maison	בְּבַ֫יִת	*en paix*	בְּשָׁלוֹם	*à Samarie*	בְּשֹׁמְרוֹן
par Isaac	בְּיִצְחָק	*avec une armée*	בְּחַ֫יִל	*sur un autel*	בְּמִזְבֵּחַ

b) לְ = *à* (directionnel) ; *vers* ; *pour.*

Exemples :

pour Sion	לְצִיּוֹן	*vers un pays*	לְאֶ֫רֶץ	*à David*	לְדָוִד

c) כְּ = *comme* ; *selon* ; *d'après* ; *environ.*

Exemple : *comme un homme* כְּאִישׁ

<u>Vocalisation des prépositions</u> בּ, כּ <u>et</u> ל :

=> בְּ , כְּ et לְ devant un nom indéterminé ou un nom propre. Voir exemples ci-dessus.

=> Devant un mot commençant par une consonne vocalisée d'un cheva composé, le בּ, le כּ ou le ל prend la voyelle qui le compose.

Exemples :

en vérité בֶּאֱמֶת *dans un vaisseau* בָּאֳנִיָּה

comme des hommes כַּאֲנָשִׁים *à Edom* לֶאֱדֹם

Attention ! *pour Dieu* לֵאלֹהִים ← אֱלֹהִים + לְ . Le **א** est devenu quiescent et la syllabe לֵא s'est ouverte, demandant une voyelle longue.

=> Devant un mot commençant par une consonne vocalisée d'un cheva vocal, le cheva de בְּ, כְּ ou לְ est remplacé par un ḥiriq.

Exemples :

pour Samuel לִשְׁמוּאֵל ← שְׁמוּאֵל + לְ

par la justice בִּצְדָקָה ← צְדָקָה + בְּ

Mais si la 1re lettre du mot est יְ , ce י perd son cheva.

pour Juda לִיהוּדָה *à Jérusalem* בִּירוּשָׁלַ͏ִם

Mais : *pour l'Éternel* לַיהוָה(לַאדֹנָי) ← יְהוָה + לְ

=> Devant un mot déterminé par l'article ה, la préposition prend **la voyelle et la place de l'article.**

Exemples :

pour le roi לַמֶּלֶךְ ← הַמֶּלֶךְ + לְ *dans la ville* בָּעִיר ← הָעִיר + בְּ

d) מִן = *de* (provenance).

Exemples : *de l'arbre* מִן־הָעֵץ *de la terre* מִן־הָאֲדָמָה

La préposition מִן est très souvent employée dans sa forme contractée. Dans ce cas le ן disparaît et le מ est préfixé au mot suivant. Le ן est alors remplacé par un daguesh fort dans la 1re consonne du mot.

Exemples : *de Bethléem* מִבֵּית לֶחֶם *de Samarie* מִשֹּׁמְרוֹן

Lorsque la 1re lettre du mot est une des consonnes א ה ח ע ר, le מִ devient מֵ.

Exemples : *de la maison* מֵהַבַּיִת *d'un pays* מֵאֶרֶץ

Remarques :

– Lorsque que מ est préfixée à un mot déterminé par l'article ה, celui-ci est maintenu normalement (voir exemple ci-dessus).

– יְ ne peut être redoublé et devient quiescent :

Exemple : *de Jérusalem* מִן + יְרוּשָׁלַיִם ← מִירוּשָׁלַיִם

Exercices :

• Version :

א. גַּם הָאִישׁ מֹשֶׁה גָּדוֹל מְאֹד בְּאֶרֶץ:

ב. כִּי לֹא יָשַׁבְתִּי בְּבַיִת עַד הַיּוֹם הַזֶּה:

ג. וִידַעְתֶּם כִּי אֲנִי יְהוָה אֱלֹהִים שֹׁכֵן בְּצִיּוֹן:

ד. מֶלֶךְ שׁוֹפֵט בֶּאֱמֶת דַּלִּים:

ה. בַּיָּמִים הָהֵם אֵין מֶלֶךְ בְּיִשְׂרָאֵל:

• Thème :

1. Des hommes sont sortis de Samarie.

2. Salomon aussi était assis sur un trône et jugeait avec justice.

3. Je me tenais sur la sainte montagne.

4. Jérémie écrivit au roi.

5. Il est sorti de là en paix.

Vocabulaire :

comme, selon, d'après, environ	כְּ
trône, siège	כִּסֵּא ז׳ כִּסְאוֹת
à, vers, pour	לְ
autel	מִזְבֵּחַ ז׳ מִזְבְּחוֹת
de	מִן־
jusque, jusqu'à	עַד
Sion	צִיּוֹן
demeurer, séjourner	שָׁכַן
Salomon	שְׁלֹמֹה
là, y, en cet endroit	שָׁם
juger, décider, faire justice	שָׁפַט
Edom	אֱדֹם
terre	אֲדָמָה נ׳
ne...pas, il n'y a pas	אֵין
à, en, dans, sur, avec, par	בְּ
Bethléem	בֵּית־לֶחֶם
aussi, même	גַּם
parole, chose	דָּבָר ז׳ דְּבָרִים
pauvre	דַּל דַּלִּים
force, armée	חַיִל ז׳
savoir, connaître	יָדַע
sortir	יָצָא
Jérémie	יִרְמְיָהוּ

Remarques :

– גַּם ne se place jamais en fin de phrase. Il précède le mot auquel il est lié.

Exemples : *pour cette chose aussi* גַּם לַדָּבָר הַזֶּה *lui aussi* גַּם הוּא

–יָצָא : Les verbes à 3e radicale א portent un qamats, à l'accompli, sous la 2e radicale au lieu d'un pattaḥ. Au participe présent, on aura :

יוֹצֵא יוֹצֵאת (יוֹצְאָה) יוֹצְאִים יוֹצְאוֹת

Remarquer la vocalisation du féminin singulier : un seul tséré (□וֹ□ֵאת) au lieu de deux seggol (□וֹ□ֶ□ֶת).

Leçon 12

L'état construit - La particule אֵת

1. L'état construit.

Lorsque deux noms sont liés par le sens, l'un donnant des précisions sur l'autre, on les place tout simplement l'un à côté de l'autre, de façon que le 1er soit déterminé par le 2e.

Exemples : *le roi d'Israël* מֶלֶךְ יִשְׂרָאֵל *une arche de bois* אֲרוֹן עֵץ

le pays de Juda אֶרֶץ יְהוּדָה

Ces deux noms n'en forment plus qu'un. Ils sont quelquefois reliés par un maqqef : אֶרֶץ־יְהוּדָה

Dans un état construit, l'accent se place sur le 2e terme. Le **1er terme** étant inaccentué, ses voyelles pourront se trouver modifiées. Il est dit **« à l'état construit ».**

Exemples : *la maison d'Abraham* בֵּית אַבְרָהָם *le lait des nations* חֲלֵב הַגּוֹיִם

Remarquer dans ces 2 exemples les modifications vocaliques des mots *maison* בַּיִת → בֵּית et *lait* חָלָב → חֲלֵב.

Le **2e terme** ne subit pas de modification, il est dit **« à l'état absolu »**.

Le **1er terme** étant déterminé par le 2e, il **ne prend jamais l'article**. Le 2e ne prend l'article que si le sens l'exige.

Exemples : *la voix du peuple* קוֹל הָעָם *une voix d'un peuple* קוֹל עַם

Donc, lorsque le 2e nom est déterminé, l'ensemble est déterminé.

Exemple : *le chemin de la ville* דֶּרֶךְ הָעִיר

On ne traduit pas : « Un chemin de la ville » !

Remarques :

– Lorsqu'il est en état construit, le suffixe ◌ָה du féminin singulier se transforme toujours en ◌ַת.

Exemples : *la muraille de la ville* חוֹמַת הָעִיר *la loi de l'Éternel* תּוֹרַת יְהוָה

– Lorsqu'il est en état construit, le suffixe ◌ִים du masculin pluriel devient ◌ֵי

Exemples : *les maisons de cette ville* בָּתֵּי הָעִיר הַזֹּאת

l'Éternel, le Dieu d'Israël יְהוָה אֱלֹהֵי יִשְׂרָאֵל

2. La particule אֵת.

Cette particule sert à introduire un **complément d'objet direct déterminé.**

Exemples : *il garde la ville* הוּא שׁוֹמֵר אֶת־הָעִיר

(*il garde une ville* הוּא שׁוֹמֵר עִיר)

Elle est souvent reliée au mot qu'elle introduit par un maqqef, de même que les prépositions *à, vers* אֵל ; *sur, contre* עַל ; *jusqu'à* עַד. Dans ce cas, le tséré de אֵל et de אֵת s'abrège en seggol : אֶל־ , אֶת־.

Remarque : La particule אֵת est très rare en poésie !

Un complément d'objet direct est déterminé lorsque :

– il est défini par l'article.

– il porte un suffixe possessif.

– c'est un nom propre.

Exercices :

• Version :

א. לֹא שָׁמַרְתָּ אֶת־מִצְוַת יְהוָה אֱלֹהִים׃

ב. וְיוֹתָם בֶּן־הַמֶּלֶךְ עַל־הַבַּיִת שֹׁפֵט אֶת־עַם הָאָרֶץ׃

ג. בַּת־בְּתוּאֵל אָנֹכִי בֶּן־מִלְכָּה אֲשֶׁר יָלְדָה לְנָחוֹר׃

ד. כִּי־יוֹדֵעַ יְהוָה דֶּרֶךְ צַדִּיקִים׃

ה. שָׁמַע הַמֶּלֶךְ אֶת־דְּבַר אִישׁ־הָאֱלֹהִים׃

• Thème :

1. La fille de qui es-tu ?

2. L'Éternel connaissait David, le roi d'Israël.

3. Les hommes qui observaient la loi de l'Éternel demeuraient dans les villes de Juda.

4. Déborah aussi jugeait le peuple d'Israël.

5. La muraille de Jérusalem est grande sur la montagne de Sion.

Vocabulaire :

אֵל (אֶל־)	à, vers, sur, contre	יָלַד	enfanter, engendrer
אֲשֶׁר	qui, que, ce que, dont, celui qui	מִלְכָּה	Milka
בְּתוּאֵל	Béthuel	מִצְוָה נ׳ מִצְוֹת	commandement
דְּבוֹרָה	Déborah	נָחוֹר	Nahor
דֶּרֶךְ ז׳ ou נ׳ דְּרָכִים	chemin, route	שָׁלַח	envoyer
יוֹתָם	Jotam	שָׁמַע	entendre, écouter

Remarques :

– שָׁמַע ,שָׁלַח : Au participe présent ces verbes portent un pattaḥ furtif au masculin singulier et deux pattaḥ au féminin singulier :

שׁוֹלֵחַ שׁוֹלַחַת שׁוֹלְחִים שׁוֹלְחוֹת
שׁוֹמֵעַ שׁוֹמַעַת שׁוֹמְעִים שׁוֹמְעוֹת

– Phrase ב : L'expression « עַל־הַבַּיִת » peut signifier que Jotam était régent, ou simplement « à la tête de la maison ».

– Phrase ג : Remarquer que le prédicat « בַּת־בְּתוּאֵל » est placé avant le sujet « אָנֹכִי ».

– Phrase ה : Lorsqu'il est à l'état construit, le mot דָּבָר est vocalisé דְּבַר .

– Phrase ו : Le pronom interrogatif מִי peut être employé comme génitif.

Rappel : Le verbe *être* au présent n'existe pas en hébreu.

Leçon 13

Les suffixes personnels

Ils servent à exprimer la possession.

Exemples : *ta voix* קוֹלְךָ *voix* קוֹל

ma ville עִירִי *ville* עִיר

Flexion de קוֹל :

Féminin		Masculin	
	קוֹלִי		ma voix
קוֹלֵךְ		קוֹלְךָ	ta voix
קוֹלָהּ		קוֹלוֹ	sa voix
	קוֹלֵנוּ		notre voix
קוֹלְכֶן		קוֹלְכֶם	votre voix
קוֹלָן		קוֹלָם	leur voix

Remarques :

– Sous l'influence de l'araméen, le כ des suffixes כֶם et כֶן ne porte pas de daguesh léger !

– Le point dans le הּ à la 3e personne du féminin singulier est un mappik (leçon 4, page 19). Il marque la valeur consonantique du הּ qui doit se prononcer dans ce cas.

– Les prépositions בּ, כּ et לְ portent un cheva devant un mot décliné.

Exemple : *dans sa ville* בְּעִירוֹ.

– Le suffixe personnel provoque très souvent une altération des voyelles du mot auquel il est suffixé.

Exemples :

sa bienveillance	חַסְדּוֹ	*bienveillance*	חֶ֫סֶד
mon roi	מַלְכִּי	*roi*	מֶ֫לֶךְ
ton nom	שִׁמְךָ	*nom*	שֵׁם

Flexion de שֵׁם :

Féminin	Masculin	
שְׁמִי		mon nom
שְׁמֵךְ	שִׁמְךָ	ton nom
שְׁמָהּ	שְׁמוֹ	son nom
שְׁמֵ֫נוּ		notre nom
	שִׁמְכֶם	votre nom
	שְׁמָם	leur nom

Exercices :

• Version :

א. עָבְרוּ הַגּוֹי הַזֶּה אֶת־בְּרִיתִי וְלֹא שָׁמְעוּ לְקוֹלִי׃

ב. כִּי־גָדוֹל שְׁמִי בַּגּוֹיִם אָמַר יְהוָה צְבָאוֹת׃

ג. יְהוָה מָה־אַדִּיר שִׁמְךָ בְּכָל־הָאָרֶץ׃

ד. אָמַר שְׁמוּאֵל אֶל־כָּל־יִשְׂרָאֵל הִנֵּה שָׁמַעְתִּי בְקֹלְכֶם לְכֹל אֲשֶׁר־אֲמַרְתֶּם׃

ה. וְעָלָה הָאִישׁ הַהוּא מֵעִירוֹ׃

• Thème :

1. Le peuple de Juda est fidèle à son alliance.

2. Le Dieu des cieux a entendu ta voix.

3. L'Éternel des armées garde sa bienveillance pour Israël.

4. J'ai oint mon roi dans ma ville sainte.

5. Éternel, que ton nom est grand sur toute la terre.

Vocabulaire :

הִנֵּה	voici	עָלָה	monter
כֹּל (כָּל־)	tout	צָבָא ז׳ צְבָאוֹת	armée
מָשַׁח	oindre, sacrer	שָׁמַיִם ז׳ ר׳	ciel, cieux
עָבַר	passer, transgresser		

Remarques :

– Phrase א : Certains mots au singulier en hébreu commandent parfois un verbe au pluriel.

Exemple : *Israël se tenant…* …יִשְׂרָאֵל עֹמְדִים 1 Samuel 17,3.

Dans ce cas, le mot est pris comme un collectif (comprendre : « Les hommes d'Israël se tenant... »). Bien sûr, en français, il faut accorder le verbe avec le sujet !

–Phrases א et ד : שָׁמַע peut commander l'accusatif (voir phrase ה page 51) mais aussi les prépositions ל et ב.

–Phrase ג : מַה (מָה, מֶה), pronom interrogatif, peut aussi jouer le rôle de pronom exclamatif. Exemple : *qu'il est bon !* מַה־טּוֹב

–Phrase ה : Le verbe עָלָה porte deux qamats à cause du ה. C'est un verbe faible. Nous étudierons sa conjugaison plus tard.

Leçon 14

La forme פִּעֵל

Le פִּעֵל est la conjugaison active de l'action intensive. La caractéristique du pi'el est le redoublement de la 2e radicale, c'est-à-dire la présence d'un daguesh fort dans la 2e consonne du verbe. L'intensité du sens est exprimée par l'allongement de cette consonne. Le sens du pi'el peut être aussi causatif.

Exemples : *sanctifier, consacrer* קִדֵּשׁ *être saint* קָדַשׁ

enseigner לִמֵּד *apprendre* לָמַד

1. Le participe présent (ou participe actif).

Féminin		Masculin	
pluriel	singulier	pluriel	singulier
אֲנַחְנוּ מְלַמְּדוֹת	אֲנִי מְלַמֶּדֶת	אֲנַחְנוּ מְלַמְּדִים	אֲנִי מְלַמֵּד
אַתֵּנָה מְלַמְּדוֹת	אַתְּ מְלַמֶּדֶת	אַתֶּם מְלַמְּדִים	אַתָּה מְלַמֵּד
הֵנָּה מְלַמְּדוֹת	הִיא מְלַמֶּדֶת	הֵם מְלַמְּדִים	הוּא מְלַמֵּד

Le participe présent de cette forme est caractérisé par le préfixe מְ, et un pattaḥ sous la 1re radicale.

La forme du féminin singulier peut être מְלַמְּדָה .

Exemple : וְיָדְעוּ הַגּוֹיִם כִּי אֲנִי יְהוָה מְקַדֵּשׁ אֶת־יִשְׂרָאֵל׃ Ézéchiel 37,28

2. L'accompli.

Féminin		Masculin	
	לִמַּ֫דְתִּי		j'ai enseigné
לִמַּדְתְּ		לִמַּ֫דְתָּ	tu as enseigné
לִמְּדָה		לִמֵּד	il, elle a enseigné
	לִמַּ֫דְנוּ		nous avons enseigné
לִמַּדְתֶּן		לִמַּדְתֶּם	vous avez enseigné
	לִמְּדוּ		ils, elles ont enseigné

La voyelle de la 2e radicale est ◌ֵ en syllabe fermée finale (3e personne masculin singulier), ◌ַ dans les autres cas, sauf lorsqu'un suffixe vocalique transforme la voyelle en cheva (3e personne du féminin singulier et 3e personne du pluriel).

Exemple : וְקִדַּשְׁתָּ אֶת־הַמִּזְבֵּחַ Exode 40,10

Exercices :

• Version :

א. הַשָּׁמַיִם מְסַפְּרִים כְּבוֹד־אֵל׃

ב. קִדַּשְׁתִּי אֶת־שְׁמִי הַגָּדוֹל אֲשֶׁר חִלַּלְתֶּם׃

ג. כִּי שֶׁקֶר דִּבַּרְתָּ בְּשֵׁם יְהוָה׃

ד. לֹא־חִזְּקוּ הַכֹּהֲנִים אֶת־בֶּדֶק הַבָּיִת׃

ה. אַתֶּם מְחַלְּלִים אֶת־יוֹם הַשַּׁבָּת׃

• Thème :

1. Moïse et Aaron ont sanctifié l'autel.

2. Jérusalem a violé son alliance.

3. Pharaon a raconté son rêve à Joseph.

4. J'ai élevé des fils.

5. Nous avons enseigné la justice.

Vocabulaire :

enseigner	לִמֵּד	Aaron	אַהֲרֹן
raconter, publier	סִפֵּר	fissure, brèche, ruines	בֶּדֶק ז׳
Pharaon	פַּרְעֹה	faire grandir, élever	גִּדַּל
être pur, être saint	קָדַשׁ	parler, dire	דִּבֶּר
sanctifier, consacrer	קִדֵּשׁ	fortifier, endurcir, réparer	חִזֵּק
Sabbat	שַׁבָּתוֹת ז׳ ou נ׳ שַׁבָּת	songe, rêve	חֲלוֹמוֹת ז׳ חֲלוֹם
mensonge, fausseté	שֶׁקֶר ז׳	violer, profaner	חִלֵּל
		Joseph	יוֹסֵף

Remarque :

גִּדַּל et דִּבֶּר : La vocalisation de ces deux verbes est exceptionnelle. Nous devrions avoir גִּדֵּל et דִּבֵּר, selon la vocalisation régulière. Pour le reste de la conjugaison, la vocalisation est normale.

Nous trouvons דִּבֵּר (en pause).

Trois verbes ont la voyelle ◌ֶ : *parler* דִּבֶּר, *expier* כִּפֶּר, *laver* כִּבֶּס .

Leçon 15

Les verbes ע״י ou ע״ו - Les verbes ל״ה

Pour désigner les verbes faibles, on use d'un moyen particulier. L'ancien verbe type de la conjugaison était le verbe פָּעַל *faire*. Ce verbe a été employé par les premiers grammairiens juifs sous l'influence de l'arabe. Il est encore admis de désigner les radicales d'un verbe hébreu par les lettres du verbe פָּעַל : la lettre פ désigne la 1re radicale, la lettre ע, la 2e, et la lettre ל la 3e.

Les verbes dont la 2e radicale est un ו sont donc les ע״ו (ayin-vav), ceux dont la 3e radicale est un ה sont des ל״ה (lamed-hé).

Rappel : Tous les verbes qui conservent leurs trois consonnes au cours de la conjugaison sont appelés **verbes forts**, mais ceux qui perdent une radicale sont considérés comme **verbes faibles**.

1. Les verbes ע״י ou ע״ו.

Exemples : *retourner, revenir* שׁוּב *poser, mettre* שִׂים *se lever* קוּם

Les consonnes י et ו sont des consonnes faibles : elles disparaissent à certains temps, ce qui provoque une modification vocalique.

Conjugaison des verbes ע״י et ע״ו à la forme pa'al :

a) Le participe présent :

Féminin pluriel	Masculin pluriel	Féminin singulier	Masculin singulier
קָמוֹת	קָמִים	קָמָה	קָם
שָׂמוֹת	שָׂמִים	שָׂמָה	שָׂם
שָׁבוֹת	שָׁבִים	שָׁבָה	שָׁב

Vous pouvez remarquer que le ו ou le י a disparu, et que la 1re radicale porte un qamats.

b) L'accompli :

קום	שים
קַמְתִּי	שַׂמְתִּי
קַמְתְּ קַמְתָּ	שַׂמְתְּ שַׂמְתָּ
קָמָה קָם	שָׂמָה שָׂם
קַמְנוּ	שַׂמְנוּ
קַמְתֶּן קַמְתֶּם	שַׂמְתֶּן שַׂמְתֶּם
קָמוּ	שָׂמוּ

Remarques :

– Le ◌ָ se change en ◌ַ devant les suffixes consonantiques.

– L'accent tonique se trouve toujours sur la racine, sauf avec les suffixes consonantiques lourds (2es personnes du pluriel).

– Dans la liste du vocabulaire, nous présenterons toujours le verbe sous la forme du masculin singulier de l'accompli, mais nous préciserons sa racine entre crochets.

Exemple : *se lever* [קום] קָם

2. Les verbes ל״ה.

Exemples : *monter* עָלָה   *bâtir, construire* בָּנָה   *faire, agir* עָשָׂה

La consonne ה disparaît aussi à certains temps.

Conjugaison des verbes ל"ה à la forme pa'al :

a) Le participe présent :

Féminin pluriel	Masculin pluriel	Féminin singulier	Masculin singulier
עוֹשׂוֹת	עוֹשִׂים	עוֹשָׂה	עוֹשֶׂה
עוֹלוֹת	עוֹלִים	עוֹלָה	עוֹלֶה
בּוֹנוֹת	בּוֹנִים	בּוֹנָה	בּוֹנֶה

Remarques :

– Le ה a disparu au pluriel.

– Au masculin singulier, la voyelle est seggol (◌ֶ) et non tséré (◌ֵ) comme pour les verbes forts.

b) L'accompli :

בָּנָה		עָשָׂה	
בָּנִיתִי		עָשִׂיתִי	
בָּנִית	בָּנִיתָ	עָשִׂית	עָשִׂיתָ
בָּנְתָה	בָּנָה	עָשְׂתָה	עָשָׂה
בָּנִינוּ		עָשִׂינוּ	
בְּנִיתֶן	בְּנִיתֶם	עֲשִׂיתֶן	עֲשִׂיתֶם
בָּנוּ		עָשׂוּ	

Remarques :

– Le ה se maintient uniquement à la 3ᵉ personne du masculin singulier et la consonne précédente porte un qamats.

Exemple : *il a fait* עָשָׂה

– Le ה est remplacé par un י aux 1res et 2es personnes du singulier et du pluriel.

Exemples : *j'ai fait* עָשִׂיתִי *vous avez bâti* בְּנִיתֶם

et par un ת à la 3e personne du féminin singulier.

Exemples : *elle est montée* עָלְתָה *elle a bâti* בָּנְתָה

– Le ה disparaît à la 3e personne du pluriel et c'est la 2e radicale qui porte le suffixe vocalique וּ.

Exemples : *ils ont fait* עָשׂוּ *ils sont montés* עָלוּ.

Exercices :

• Version :

א. אַתֶּם רְאִיתֶם אֲשֶׁר עָשִׂיתִי לְמִצְרָיִם:

ב. וְשַׁבְתִּי בְשָׁלוֹם אֶל־בֵּית אָבִי:

ג. וְרָאִיתִי אֶת־כָּל־מַעֲשֵׂה הָאֱלֹהִים:

ד. אָמַר אֲבִימֶלֶךְ אֶל־אַבְרָהָם מָה רָאִיתָ כִּי עָשִׂיתָ אֶת־הַדָּבָר הַזֶּה:

ה. קָרָא יַעֲקֹב שֵׁם הַמָּקוֹם פְּנִיאֵל כִּי־רָאִיתִי אֱלֹהִים פָּנִים אֶל־פָּנִים:

• Thème :

1. Nous sommes revenus à l'Éternel Dieu.
2. Les Lévites sont montés à Jérusalem et ont gardé la maison de Dieu.
3. J'ai mis le pain sur l'autel et le prêtre a sanctifié l'offrande.
4. Elles se sont levées et sont allées vers le roi.
5. Tu construis une maison pour l'Éternel.

Vocabulaire :

אָב ז׳ אָבוֹת	père, aïeul
אֲבִימֶלֶךְ	Abimélekh
בָּנָה	bâtir, construire
הָלַךְ	aller, marcher
יַעֲקֹב	Jacob
לֵוִי לְוִיִּם	Lévi, Lévite
מִנְחָה נ׳	présent, offrande
מַעֲשֶׂה ז׳	œuvre, ouvrage, acte
מִצְרַיִם	l'Égypte
מָקוֹם ז׳ ou נ׳ מְקוֹמוֹת	lieu, endroit
עָשָׂה	faire, agir
פְּנִיאֵל et פְּנוּאֵל	Peniel, Penuel
פָּנִים ז׳ ר׳	visage, face
קָם [קוּם]	se lever
קָרָא	appeler, invoquer, lire
רָאָה	voir
שָׁב [שׁוּב]	retourner, revenir
שָׂם [שִׂים]	poser, mettre

Remarques :

Phrase ד : מָה רָאִיתָ a le sens de « qu'avais-tu en vue… » ou « quelle intention avais-tu… »

Phrase ה : L'hébreu peut passer de la narration au discours direct sans transition. Il sera nécessaire, en français, d'ajouter « dit-il » dans la 2e partie de ce verset.

Leçon 16

L'inaccompli

Il se distingue par l'emploi de préfixes et de suffixes indiquant la personne ainsi que le genre et le nombre.

Tableau des préfixes et suffixes de l'inaccompli :

Féminin		Masculin
	א□□□	
תּ□□□ְי		תּ□□□
תּ□□□		י□□□
	נ□□□	
תּ□□□נה		תּ□□□ו
תּ□□□נה		י□□□ו

Les préfixes et les suffixes de l'inaccompli sont les mêmes pour toutes les formes. Seule la vocalisation des préfixes change selon la forme.

Pour un **verbe fort à la forme qal**, les voyelles des préfixes sont :

– □ֵ à la 1re personne du singulier – □ִ pour les autres personnes.

À la forme qal, la voyelle de la 2e radicale est :

– soit □ַ : inaccompli en « a » – soit □ֹ : inaccompli en « o ».

Inaccompli en « a » :

– Les verbes à 2e radicale ע , ח , ה , א

Exemples : *tu demanderas* תִּשְׁאַל *nous combattrons* נִלְחַם

– Les verbes à 3ᵉ radicale ע , ח , הּ et les verbes à 3ᵉ radicale א, mais dans ce cas la voyelle de la 2ᵉ radicale est ָ car le א est quiescent.

Exemples : *il enverra* יִשְׁלַח *tu écouteras* תִּשְׁמַע *j'invoquerai* אֶקְרָא

– Les verbes dont l'action est limitée au sujet, qu'on appellera verbes intransitifs.

Exemple : *j'étudierai* אֶלְמַד

Remarquer que la notion de « verbes transitifs » et de « verbes intransitifs » n'est pas totalement identique en français et en hébreu : le verbe « étudier », en français, est transitif, tandis que le verbe לָמַד en hébreu fait partie des verbes intransitifs, car il reste limité au sujet !

Inaccompli en « o » :

– Les verbes dont l'action est extérieure au sujet, qu'on appellera verbes transitifs. Ces verbes commandent généralement la particule אֵת lorsque le complément d'objet est déterminé.

Exemple : *Il gardera la ville* יִשְׁמֹר אֶת־הָעִיר

Conjugaison de la racine שׁמע à l'inaccompli, forme qal :

Féminin	Masculin	
אֶשְׁמַע		j'écouterai
תִּשְׁמְעִי	תִּשְׁמַע	tu écouteras
תִּשְׁמַע	יִשְׁמַע	il, elle écoutera
נִשְׁמַע		nous écouterons
תִּשְׁמַעְנָה	תִּשְׁמְעוּ	vous écouterez
תִּשְׁמַעְנָה	יִשְׁמְעוּ	ils, elles écouteront

<u>Conjugaison de la racine</u> קרא <u>à l'inaccompli, forme qal</u> :

Féminin		Masculin	
	אֶקְרָא		j'invoquerai
תִּקְרְאִי		תִּקְרָא	tu invoqueras
תִּקְרָא		יִקְרָא	il, elle invoquera
	נִקְרָא		nous invoquerons
תִּקְרֶאנָה		תִּקְרְאוּ	vous invoquerez
תִּקְרֶאנָה		יִקְרְאוּ	ils, elles invoqueront

<u>Conjugaison de la racine</u> כתב <u>à l'inaccompli, forme qal</u> :

Féminin		Masculin	
	אֶכְתֹּב		j'écrirai
תִּכְתְּבִי		תִּכְתֹּב	tu écriras
תִּכְתֹּב		יִכְתֹּב	il, elle écrira
	נִכְתֹּב		nous écrirons
תִּכְתֹּבְנָה		תִּכְתְּבוּ	vous écrirez
תִּכְתֹּבְנָה		יִכְתְּבוּ	ils, elles écriront

Remarques :

– Les suffixes □ִי et □וּ entraînent la chute de la voyelle de la 2e radicale qui est remplacée par un cheva vocal simple, ou un ḥataf-pattaḥ s'il s'agit d'une des lettres ע, ח, ה, א.

Exemple : *vous demanderez* תִּשְׁאֲלוּ.

– La 2e radicale des 2e et 3e personnes du féminin pluriel de l'inaccompli des verbes ל"א portent toujours □ֵ .

Exercices :

• Version :

א. עוֹד הֵם מְדַבְּרִים וַאֲנִי אֶשְׁמָע׃

ב. כִּי שֵׁם יְהוָה אֶקְרָא׃

ג. כִּי־תִשְׁמֹר אֶת־כָּל־הַמִּצְוָה הַזֹּאת׃

ד. אָמַר אֱלֹהִים אֶל־אַבְרָהָם וְאַתָּה אֶת־בְּרִיתִי תִשְׁמֹר׃

ה. וְאֵת שֵׁם אַהֲרֹן תִּכְתֹּב עַל־מַטֵּה לֵוִי כִּי מַטֶּה אֶחָד לְרֹאשׁ בֵּית אֲבוֹתָם׃

• Thème :

1. Tu écouteras la voix de l'Éternel.

2. Vous invoquerez mon saint nom dans ce lieu.

3. Le Dieu des cieux a dit : « Vous garderez ce commandement. »

4. L'Éternel des armées combattra avec le peuple d'Israël.

5. J'enverrai mon ange et il gardera tout le peuple.

Vocabulaire :

messager, ange	מַלְאָךְ ז׳	un	אֶחָד
encore	עוֹד	lutter, combattre	לָחַם
tête, chef	רֹאשׁ ז׳ רָאשִׁים	bâton, sceptre	מַטֶּה ז׳ ou נ׳ מַטּוֹת

Remarques :

– <u>Phrase</u> ה׳ :

Le mot אֶחָד est le chiffre un. Placé après le nom, il est adjectif.

Exemple : *un homme* אִישׁ אֶחָד.
Voir Paul JOÜON, *Grammaire de l'hébreu biblique,* § 100 a.

לְרֹאשׁ בֵּית אֲבוֹתָם : littéralement : *par chef de la maison de leurs pères (ou : ...de leur maison de pères) = par chef de tribu.*

Leçon 17

Les suffixes personnels des noms féminins et des noms pluriels

Nous avons déjà vu (leçon 13) que les adjectifs possessifs s'exprimaient en hébreu par des suffixes personnels marquant la possession. Nous allons voir dans cette leçon comment se déclinent les noms féminins et les noms pluriels.

1. Flexion des noms féminins.

Le suffixe personnel s'attache à la forme construite du nom.

Exemples : *sa loi* תּוֹרָתוֹ *la loi de l'Éternel* תּוֹרַת־יְהוָה *loi* תּוֹרָה

le commandement de Dieu מִצְוַת־הָאֱלֹהִים *commandement* מִצְוָה

mon commandement מִצְוָתִי

Remarque : Lorsqu'on ajoute un suffixe personnel, le pattaḥ (□ַ) de la forme construite redevient qamats (□ָ) comme à l'état absolu, sauf avec les suffixes lourds.

2. Flexion des noms pluriels.

<u>Tableau des suffixes des noms pluriels</u> :

Féminin		Masculin
	□□□ַי	
□□□ַיִךְ		□□□ֶיךָ
□□□ֶיהָ		□□□ָיו
	□□□ֵינוּ	
□□□ֵיכֶן		□□□ֵיכֶם
□□□ֵיהֶן		□□□ֵיהֶם

a) Pluriels ayant leur terminaison en □ִים :

Dans ce cas le ם disparaît et est remplacé par le suffixe personnel.

Exemples : *Dieu* אֱלֹהִים

ton Dieu אֱלֹהֶיךָ

paroles דְּבָרִים

mes paroles דְּבָרַי

Comme nous le savons déjà, l'adjonction de suffixes provoque une modification des voyelles. Aussi, comme exemple, nous prendrons un nom dont les voyelles sont stables :

cheval סוּס , *chevaux* סוּסִים.

– Flexion des mots סוּס et סוּסִים :

סוּסִי	mon cheval	סוּסַי	mes chevaux
סוּסֵךְ סוּסְךָ	ton cheval	סוּסַיִךְ סוּסֶיךָ	tes chevaux
סוּסָהּ סוּסוֹ	son cheval	סוּסֶיהָ סוּסָיו	ses chevaux
סוּסֵנוּ	notre cheval	סוּסֵינוּ	nos chevaux
סוּסְכֶן סוּסְכֶם	votre cheval	סוּסֵיכֶן סוּסֵיכֶם	vos chevaux
סוּסָן סוּסָם	leur cheval	סוּסֵיהֶן סוּסֵיהֶם	leurs chevaux

b) Pluriels ayant leur terminaison en □וֹת :

Les suffixes du tableau ci-dessus s'ajoutent au mot au pluriel.

Exemples : *murs* חוֹמוֹת

tes murs חוֹמוֹתַיִךְ

– Flexion des mots חוֹמָה et חוֹמוֹת :

חוֹמָתִי	ma muraille	חוֹמוֹתַי	mes murailles
חוֹמָתְךָ חוֹמָתֵךְ	ta muraille	חוֹמוֹתֶיךָ חוֹמוֹתַיִךְ	tes murailles
חוֹמָתוֹ חוֹמָתָהּ	sa muraille	חוֹמוֹתָיו חוֹמוֹתֶיהָ	ses murailles
חוֹמָתֵנוּ	notre muraille	חוֹמוֹתֵינוּ	nos murailles
חוֹמַתְכֶם חוֹמַתְכֶן	votre muraille	חוֹמוֹתֵיכֶם חוֹמוֹתֵיכֶן	vos murailles
חוֹמָתָם חוֹמָתָן	leur muraille	חוֹמוֹתֵיהֶם חוֹמוֹתֵיהֶן	leurs murailles

Remarques :

– Avec les suffixes lourds, le pattaḥ (◻ַ) de l'état construit du mot au singulier se maintient.

– L'hébreu biblique utilise quelquefois des suffixes de mot singulier pour un mot au pluriel.

Exemple : אֲבוֹתָם au lieu de אֲבוֹתֵיהֶם. Voir page 68 phrase ה.

Ceci n'est fréquent que pour la 3e personne du pluriel.

Exercices :

• Version :

א. קָרוֹב אַתָּה יְהוָ֑ה וְכָל־מִצְוֹתֶיךָ אֱמֶת׃

ב. עֵינֵי יְהוָה אֶל־צַדִּיקִ֑ים וְאָזְנָיו אֶל־שַׁוְעָתָם׃

ג. וְאַבְנֵר וַאֲנָשָׁיו הָלְכוּ בָּעֲרָבָה כֹּל הַלַּיְלָה הַהוּא׃

ד. וְעָנוּ וְאָמְר֑וּ יָדֵינוּ לֹא שָׁפְכוּ אֶת־הַדָּם הַזֶּה וְעֵינֵינוּ לֹא רָאוּ׃

ה. אֶת־נְבִיאֶיךָ הָרְגוּ בֶחָרֶב׃

• Thème :

1. Le peuple d'Israël n'a pas gardé tes commandements.

2. Juda est revenu vers l'Éternel son Dieu et a observé sa loi.

3. Jérusalem, tes prophètes ont parlé au nom de l'Éternel.

4. Vous écouterez mes paroles.

5. J'étudierai ta loi tous les jours de ma vie.

Vocabulaire :

cheval	סוּס ז׳	Abner	אַבְנֵר
répondre	עָנָה	sang	דָּם ז׳
Araba, lieu aride	עֲרָבָה נ׳	tuer, assassiner	הָרַג
cri, plainte	שַׁוְעָה נ׳	vie	חַיִּים ז׳ר׳
verser, répandre	שָׁפַךְ	glaive, épée	חֶרֶב נ׳ חֲרָבוֹת
		prophète	נָבִיא ז׳

Remarque :

– L'état construit du pluriel *jours* יָמִים est יְמֵי־.

Leçon 18

La flexion des prépositions, des particules et des adverbes

Tout comme les noms, les prépositions, les particules et les adverbes peuvent porter des suffixes personnels.

Exemples : *il m'a dit* הוּא אָמַר לִי *l'Eternel t'a choisi* בְּךָ בָּחַר יְהוָה

Certaines prépositions sont dites « à forme du singulier », car elles portent les suffixes personnels du nom singulier (voir les exemples ci-dessus). D'autres sont dites « à forme du pluriel », car elles portent les suffixes du nom pluriel.

Exemples : *elle m'a dit* אָמְרָה אֵלַי

le roi qui régnera sur vous הַמֶּלֶךְ אֲשֶׁר יִמְלֹךְ עֲלֵיכֶם

1. Les prépositions, les particules et les adverbes « à forme du singulier ».

Dans les tableaux ci-dessous, les variantes sont données en notes. Lorsque leurs apparitions ne dépassent pas deux versets dans la Bible, ceux-ci sont signalés.

אֵת (אֶת־) introduisant le complément d'objet direct déterminé	près de אֵצֶל	il n'y a pas אַיִן (אֵין־)	où ? אֵי , אַיֵּה
אֹתִי	אֶצְלִי	אֵינֶנִּי	
אֹתְךָ [2] אֹתָךְ		אֵינְךָ אֵינֵךְ	אַיֶּכָּה
אֹתוֹ אֹתָהּ	אֶצְלוֹ אֶצְלָהּ	אֵינֶנּוּ אֵינֶנָּה	אַיּוֹ
אֹתָנוּ		אֵינֶנּוּ	
אֶתְכֶם [3]		אֵינְכֶם	
אֹתָם [4] אֹתָן [5]	אֶצְלָם	אֵינָם [1]	אַיָּם

1) aussi : אֵינֶמּוֹ (Psaumes 73,5 et 59,14) 2) une fois : אִתְּכָה (Nombres 22,33), en pause : אִתָּךְ et אִתָּכָה (Exode 29,35) 3) une fois : אוֹתְכֶם (Josué 23,15) 4) une fois : אוֹתְהֶם (Ézéchiel 23,45), et aussi אֶתְהֶם 5) aussi : אִתָּנָה (Exode 35,26 ; Ézéchiel 34,21), אֶתְהֶן, et une fois אוֹתְהֶן (Ézéchiel 23,47).

entre בֵּין	à cause de בִּגְלַל	en, dans, sur, avec בְּ	avec אֵת (אֶת־)
בֵּינִי		בִּי	אִתִּי 6
בֵּינְךָ 16 בֵּינֵךְ	בִּגְלָלְךָ בִּגְלָלֵךְ	בְּךָ 13 בָּךְ	אִתְּךָ 7 אִתָּךְ 8
בֵּינוֹ 17		בּוֹ בָּהּ	אִתּוֹ 9 אִתָּהּ
בֵּינֵינוּ		בָּנוּ	אִתָּנוּ 10
בֵּינֵיכֶם	בִּגְלַלְכֶם	בָּכֶם	אִתְּכֶם 11
בֵּינֵיהֶם		בָּהֶם 14 בָּהֶן 15	אִתָּם 12

בֵּין : La flexion de cette préposition est mixte : elle porte quelquefois le suffixe d'un nom au singulier, exemple : בֵּינִי ; et d'autres fois le suffixe d'un nom au pluriel, exemple : בֵּינֵיכֶם.

6) quelquefois : אוֹתִי ! 7) en pause : אִתָּךְ, quelquefois אוֹתְךָ et אוֹתָךְ 8) une fois : אִתֵּךְ (Ésaïe 54,10) et אוֹתָךְ 9) quelquefois : אִתּוֹ 10) aussi : אוֹתָנוּ (Genèse 34,9 ; Jérémie 21,2) 11) aussi : אֶתְכֶם (Jérémie 38,5 ; Job 32,6) 12) aussi : אוֹתָם 13) aussi : בְּכָה et en pause : בָּךְ 14) aussi : בָּהֵמָּה et בָּם 15) aussi : בָּהֵן et בָּהֵנָּה 16) en pause : בֵּינֶךָ, aussi בֵּינֶיךָ (Genèse 16,5) 17) aussi : בֵּינָו (Josué 3,4 ; 8,11).

assez, suffisamment דַּי (דֵּי־)	autour, en faveur de בַּעַד et בְּעַד	pour, à cause, pour le prix de בַּעֲבוּר	point, sans que, sans, hors בִּלְתִּי
	בַּעֲדִי 18	בַּעֲבוּרִי	בִּלְתִּי
דַּיֶּךָ	בַּעַדְךָ 19 — בַּעֲדֵךְ	בַּעֲבוּרְךָ — בַּעֲבוּרֵךְ	בִּלְתֶּךָ
	בַּעֲדוֹ — בַּעֲדָהּ	בַּעֲבוּרָהּ	
	בַּעֲדֵנוּ 20		
	בַּעַדְכֶם		
דַּיָּם	בַּעֲדָם	בַּעֲבוּרָם	

18) aussi : בַּעֲדֵנִי (Psaume 139,11) 19) en pause : בַּעֲדֶךָ (Ésaïe26,20)

20) aussi : בַּעֲדֵינוּ (Amos 9,10).

tout כֹּל (כָּל־)	comme כְּ	il y a יֵשׁ (יֶשׁ־)	voici, voilà הִנֵּה
			הִנְנִי 21
כֻּלְּךָ — כֻּלֵּךְ 27		יֶשְׁךָ	הִנְּךָ 22 — הִנָּךְ
כֻּלּוֹ 28 — כֻּלָּהּ 29		יֶשְׁנוֹ	הִנּוֹ
כֻּלָּנוּ			הִנְנוּ 23
כֻּלְּכֶם	כָּכֶם	יֶשְׁכֶם 24	הִנְּכֶם
כֻּלָּם 30 — כֻּלָּנָה 31	כָּהֶם 25 — כָּהֵן 26		הִנָּם

21) en pause : הִנֵּנִי et הִנֶּנִּי (Genèse 22,7 ; 27,18) 22) une fois : הִנְּכָה (2 Rois 7,2), en pause : הִנֶּךָּ (Psaume 139,8) 23) aussi : הִנֶּנּוּ, en pause : הִנֵּנוּ (Job 38,35) 24) une fois : יֶשְׁכֶם (Deutéronome 13,4) 25) une fois : כָּהֵמָּה (Jérémie 36,32) 26) aussi : כָּהֵנָּה 27) aussi : כֻּלֵּךְ (Ésaïe 14,29 et 31) 28) aussi : כֻּלֹּה 29) une fois : כֻּלָּא (Ézéchiel 36,5) 30) une fois : כֻּלָּהֶם (2 Samuel 23,6) 31) une fois : כֻּלָּהֵנָה (1 Rois 7,37).

au-devant de לִקְרַאת	à cause de, en faveur de לְמַעַן	à, pour לְ	comme כְּמוֹ
לִקְרָאתִי	לְמַעֲנִי	לִי	כָּמוֹנִי
לִקְרָאתְךָ 36	לְמַעַנְךָ	לְךָ 33 לָךְ	כָּמוֹךָ 32
לִקְרָאתוֹ לִקְרָאתָהּ		לוֹ לָהּ	כָּמוֹהוּ כָּמוֹהָ
לִקְרָאתֵנוּ		לָנוּ	כָּמוֹנוּ
לִקְרַאתְכֶם	לְמַעַנְכֶם	לָכֶם לָכֶנָה	כְּמוֹכֶם
לִקְרָאתָם		לָהֶם 34 לָהֶן 35	כְּמוֹהֶם

32) aussi : כָּמֹכָה (Exode 15,11) 33) aussi : לְכָה (Genèse 27,37 ; 2 Samuel 18,22), en pause : לָךְ 34) aussi : לָהֵמָּה (Jérémie 14,16), et לָמוֹ 35) aussi לָהֵנָּה
36) en pause : לִקְרָאתֶךָ .

encore עוֹד	en face, vis-à-vis, devant נֹכַח	devant, en face, vis-à-vis נֶגֶד	de, plus que מִן (מִן־)
עוֹדִי 43		נֶגְדִּי	מִמֶּנִּי 37
עוֹדְךָ עוֹדָךְ		נֶגְדְּךָ 42	מִמְּךָ 38 מִמֵּךְ
עוֹדֶנּוּ עוֹדָהּ 44	נִכְחוֹ	נֶגְדּוֹ נֶגְדָּהּ	מִמֶּנּוּ 39 מִמֶּנָּה
עוֹדֵינוּ			מִמֶּנּוּ
		נֶגְדְּכֶם	מִכֶּם
עוֹדָם		נֶגְדָּם	מֵהֶם 40 מֵהֶן 41

37) aussi : מֶנִּי et מִנִּי 38) aussi : מִמֶּךָּ 39) aussi : מֶנְהוּ (Job 4,12)
40) aussi : מִנְהֶם (Job 11,20) et מֵהֵמָּה (Jérémie 10,2 ; Ecclésiaste 12,12)
41) aussi : מֵהֶן (Ézéchiel 16,47) et מֵהֵנָּה 42) en pause : נֶגְדֶּךָ
43) aussi : עוֹדֶנִּי 44) aussi : עוֹדֶנָּה (1 Rois 1,22).

avec עִם	
	עִמִּי 45
עִמָּךְ	עִמְּךָ 46
עִמָּהּ	עִמּוֹ
	עִמָּנוּ
	עִמָּכֶם
	עִמָּם 47

45) aussi : עִמָּדִי 46) aussi : עִמְּכָה (1 Samuel 1,26), en pause : עִמָּךְ
47) aussi : עִמָּהֶם .

2. Les prépositions, les particules et les adverbes « à forme du pluriel ».

devant, avant לִפְנֵי־	sans, outre, hormis בִּלְעֲדֵי־	à, vers, contre אֶל	après אַחֲרֵי־
לְפָנַי 54	בִּלְעָדַי 53	אֵלַי 50	אַחֲרַי 48
לְפָנֶיךָ	בִּלְעָדֶיךָ	אֵלֶיךָ אֵלַיִךְ 51	אַחֲרֶיךָ אַחֲרַיִךְ 49
לְפָנָיו לְפָנֶיהָ		אֵלָיו אֵלֶיהָ	אַחֲרָיו אַחֲרֶיהָ
לְפָנֵינוּ		אֵלֵינוּ	אַחֲרֵינוּ
לִפְנֵיכֶם		אֲלֵיכֶם	אַחֲרֵיכֶם
לִפְנֵיהֶם		אֲלֵיהֶם 52 אֲלֵיהֶן	אַחֲרֵיהֶם אַחֲרֵיהֶן

48) en pause : אַחֲרָי 49) en pause : אַחֲרָיִךְ (Ruth 1,16) 50) en pause : אֵלָי
51) en pause : אֵלָיִךְ 52) très souvent : אֲלֵהֶם ; une fois : אֵלֵימוֹ (Psaume 2,5)
53) en pause : בִּלְעָדָי (Genèse 41,16 ; Ésaïe 45,6) 54) en pause : לְפָנָי .

sous, en bas, à la place de תַּחַת	sur עַל (עַל־, עֲלֵי־)	jusque עַד (עַד־, עֲדֵי־)	autour סָבִיב (סְבִיב־)
תַּחְתַּי 57	עָלַי 54	עָדַי	
תַּחְתֶּ֫יךָ	עָלֶ֫יךָ עָלַ֫יִךְ 55	עָדֶ֫יךָ	סְבִיבֶ֫יךָ סְבִיבַ֫יִךְ
תַּחְתָּיו תַּחְתֶּ֫יהָ 58	עָלָיו עָלֶ֫יהָ	עָדָיו עָדֶ֫יהָ	סְבִיבָיו סְבִיבֶ֫יהָ
תַּחְתֵּ֫ינוּ	עָלֵ֫ינוּ		
תַּחְתֵּיכֶם	עֲלֵיכֶם עֲלֵיכֶן	עֲדֵיכֶם	
תַּחְתָּם 59 תַּחְתֵּיהֶן	עֲלֵיהֶם 56 עֲלֵיהֶן		

54) en pause : עָלָ֑י 55) en pause : עָלָ֑יִךְ, une fois : עָלָ֑יְכִי (Psaume 116,7)
56) aussi : עָלֵימוֹ 57) aussi : תַּחְתֵּ֫נִי en pause : תַּחְתָּ֑י
58) une fois : תַּחְתֶּ֫נָּה (Genèse 2,21) 59) aussi : תַּחְתֵּיהֶם .

Exercices :

- **Version :**

א. כֹּה אָמַר פַּרְעֹה אֵינֶנִּי נֹתֵן לָכֶם תֶּבֶן׃

ב. הִנֵּה כֻלְּכֶם בְּנֵי יִשְׂרָאֵל׃

ג. וַאֲנִי הִנְנִי מְחַזֵּק אֶת־לֵב מִצְרַיִם׃

ד. אֵינְךָ יוֹדֵעַ מַה־דֶּרֶךְ הָרוּחַ׃

ה. וְהִנֵּה הַמַּלְאָךְ הַדֹּבֵר בִּי יֹצֵא וּמַלְאָךְ אַחֵר יֹצֵא לִקְרָאתוֹ׃

• Thème :

1. Le prophète leur a dit : « L'Éternel vous a choisis parmi les nations. »

2. Le Dieu d'Abraham nous a écoutés et nous a sauvés.

3. Le roi t'enverra vers le sage de ta ville.

4. Il a construit une maison pour son Dieu et l'a consacrée.

5. J'ai vu ce que l'Égypte vous a fait.

Vocabulaire :

ainsi, de cette manière	כֹּה	autre	אַחֵר
comme	כְּמוֹ	après, derrière	אַחֲרֵי
cœur	לֵב ז׳ לִבּוֹת	où ?	אֵי et אַיֵּה
à cause de, en faveur de	לְמַעַן	près de	אֵצֶל
devant, avant	לִפְנֵי	à cause de	בִּגְלַל
au-devant de	לִקְרַאת	choisir, élire	בָּחַר
régner, être roi	מָלַךְ	entre	בֵּין
en face, vis-à-vis, devant	נֶגֶד	sans, outre, hormis	בִּלְעֲדֵי
devant, en face, vis-à-vis	נֹכַח	point, sans que, sans, hors	בִּלְתִּי
donner, livrer, mettre	נָתַן	pour, à cause	בַּעֲבוּר
autour	סָבִיב	autour, en faveur de	בַּעַד et בְּעַד
racheter, délivrer, sauver	פָּדָה	parler, dire	דִּבֵּר
souffle, vent, esprit	רוּחַ נ׳	assez, suffisamment	דַּי
paille	תֶּבֶן ז׳	il y a, il est	יֵשׁ (יֶשׁ־)

Remarques :

– לִפְנֵי est une préposition composée du mot *visage, face* פָּנִים à l'état construit, préfixé de la préposition ל.

– בָּחַר : Ce verbe se construit avec l'accusatif, avec בְּ, avec לְ, rarement avec עַל.

– Phrase א : אֵין (אֵין־), adverbe de non-existence, *il n'y a pas*, *il n'est pas*, est opposé à יֵשׁ (יֶשׁ־), adverbe d'existence, *il y a*, *il est*. Ces deux adverbes s'emploient dans des phrases nominales ou avec des participes présents.

– Phrase ה : Le verbe דָּבַר se construit avec בְּ, עַל, ou אֶל.

Lorsqu'il se trouve préfixé à un participe présent, l'article הַ a valeur de pronom relatif.

Exemple : הַדּוֹבֵר, littéralement : « le parlant » = qui parle. Remarquer que le participe présent a souvent valeur de substantif.

Exemple : הַשּׁוֹמֵר = « le gardant » = celui qui garde = le gardien.

Leçon 19

Le verbe הָיָה

Il sert à exprimer le verbe « être » aux autres temps qu'au présent, mais aussi le verbe « avoir ».

1. Le verbe « être ».

Nous avons déjà vu que le verbe « être » au présent n'existe pas, la phrase est alors nominale (voir page 33). Par contre, le verbe הָיָה permet de l'exprimer aux autres temps.

Exemples : וּדְבַר־יְהוָה הָיָה יָקָר בַּיָּמִים הָהֵם 1 Samuel 3,1
La parole de l'Éternel était rare en ce temps-là.

כֹּה יִהְיֶה זַרְעֶךָ Genèse 15,5
Telle sera ta descendance.

<u>Conjugaison du verbe</u> הָיָה :

Inaccompli	
אֶהְיֶה	
תִּהְיִי	תִּהְיֶה
תִּהְיֶה	יִהְיֶה
נִהְיֶה	
	תִּהְיוּ
תִּהְיֶינָה	יִהְיוּ

Accompli	
הָיִיתִי	
הָיִית	הָיִיתָ
הָיְתָה	הָיָה
הָיִינוּ	
	הֱיִיתֶם
הָיוּ	

Le verbe הָיָה fait partie des verbes ל״ה. Vous pouvez donc déjà noter l'inaccompli de cette catégorie de verbes !

2. Le verbe « avoir ».

Il s'exprime à l'aide de la locution : הָיָה לְ (littéralement : « être à »). Dans une phrase nominale, seule la préposition לְ est utilisée. Dans certains cas, לְ, הָיָה et הָיָה לְ seront traduits par « il y a », « il y avait », « il y eut ».

Exemples : וְגַם־לְלוֹט הַהֹלֵךְ אֶת־אַבְרָם הָיָה צֹאן־וּבָקָר וְאֹהָלִים׃

Genèse 13,5

Loth, qui accompagnait Abram, avait aussi du petit et du gros bétail, ainsi que des tentes.

וּבְכָל־אֶרֶץ מִצְרַיִם הָיָה לָחֶם׃ Genèse 41,54

Mais dans tout le pays d'Égypte, il y avait du pain.

וְדָוִד בֶּן־אִישׁ אֶפְרָתִי הַזֶּה מִבֵּית לֶחֶם יְהוּדָה וּשְׁמוֹ יִשַׁי
וְלוֹ שְׁמֹנָה בָנִים

1 Samuel 17,12

Or David était fils de cet Éphratien de Bethléhem de Juda, nommé Isaï, qui avait huit fils.

Remarques :

– Dans une phrase nominale positive, on rencontre quelquefois יֵשׁ.

Exemple : *Nous avons un vieux père.* יֶשׁ־לָנוּ אָב זָקֵן Genèse 44,20

– Dans une phrase négative, il faut employer לֹא avec l'accompli et l'inaccompli, et אֵין dans une phrase nominale.

Exemples : *Nous n'aurons pas de descendance.* זֶרַע לֹא יִהְיֶה־לָּנוּ Jérémie 35,9

Elle n'a pas de descendance. זֶרַע אֵין לָהּ Lévitique 22,13

Exercices :

• Version :

א. לֹא־יִהְיֶה לְךָ אֱלֹהִים אֲחֵרִים עַל־פָּנָי׃

ב. וְיַד־אֱלֹהֵינוּ הָיְתָה עָלֵינוּ׃

ג. וְלוֹ־הָיָה בֵן וּשְׁמוֹ שָׁאוּל בָּחוּר וָטוֹב וְאֵין אִישׁ מִבְּנֵי
יִשְׂרָאֵל טוֹב מִמֶּנּוּ׃

ד. לְדָוִד וּלְזַרְעוֹ וּלְבֵיתוֹ וּלְכִסְאוֹ יִהְיֶה שָׁלוֹם עַד־עוֹלָם מֵעִם יְהוָה׃

ה. לְעָשִׁיר הָיָה צֹאן וּבָקָר הַרְבֵּה מְאֹד׃

• Thème :

1. La main de l'Éternel était sur moi.

2. Abraham avait du gros et du petit bétail ainsi que des richesses en très grand nombre.

3. Ta descendance aura la paix dans ce pays.

4. Nous étions les serviteurs de Pharaon.

5. Israël sera ton nom.

Vocabulaire :

rare, précieux	יָקָר	tente	אֹהֶל ז׳ אֹהָלִים
Isaï	יִשַׁי	Éphratien, Éphraïmite	אֶפְרָתִי
Lot	לוֹט	jeune homme	בָּחוּר
de la part de, d'entre	מֵעִם	bœuf, gros bétail	בָּקָר ז׳
serviteur, esclave	עֶבֶד ז׳ עֲבָדִים	Daniel	דָּנִיֵּאל et דָּנִאֵל
éternité, siècles	עוֹלָם ז׳	être, exister	הָיָה
riche, le riche	עָשִׁיר ז׳	beaucoup	הַרְבֵּה
menu bétail, chèvres	צֹאן ז׳ ou נ׳	vieux	זָקֵן
huit	שְׁמֹנָה ז׳	semence, descendance	זֶרַע ז׳

Remarques :

– Autre vocalisation de אֹהָלִים : אֳהָלִים

– Phrase ג : בָּחוּר est le participe passif du verbe *choisir, élire* בָּחַר, et signifie littéralement *choisi, élu*. L'expression בָּחוּר וָטוֹב peut être traduite *jeune et beau*, ou *particulièrement beau*.

La préposition מִן préfixée (מִ◻) ou déclinée (מִמֶּנִּי...) sert aussi à exprimer la comparaison dans le sens d'une supériorité, une prééminence.

Exemple : *Voici, tu es plus sage que Daniel* הִנֵּה חָכָם אַתָּה מִדָּנִאֵל Ézéchiel 28,3

– Phrase ד : Le mot עוֹלָם (ou עֹלָם) signifie aussi *univers, monde*.

עַד־עוֹלָם : *à jamais, toujours*.

– Phrase 4 : L'état construit de *serviteurs, esclaves* עֲבָדִים est : עַבְדֵי.

Leçon 20

Les nombres cardinaux

En hébreu, chaque nombre a une forme masculine et une forme féminine.

Remarque importante : pour les nombres 3 à 10, la forme féminine s'emploie avec les noms masculins et la forme masculine avec les noms féminins. C'est pourquoi dans le tableau ci-dessous, la forme féminine se trouve dans la colonne « Masculin » et vice versa.

Nombres 1 à 10 :

	Féminin	Masculin
un	אַחַת	אֶחָד
deux	שְׁתַּיִם	שְׁנַיִם
trois	שָׁלֹשׁ	שְׁלֹשָׁה
quatre	אַרְבַּע	אַרְבָּעָה
cinq	חָמֵשׁ	חֲמִשָּׁה
six	שֵׁשׁ	שִׁשָּׁה
sept	שֶׁבַע	שִׁבְעָה
huit	שְׁמֹנֶה	שְׁמֹנָה
neuf	תֵּשַׁע	תִּשְׁעָה
dix	עֶשֶׂר	עֲשָׂרָה

Exemples : *trois fils* שְׁלֹשָׁה בָנִים *trois portes* שָׁלֹשׁ דְּלָתוֹת

Nombres 11 à 19 :

	Féminin	Masculin
onze	אַחַת עֶשְׂרֵה	אַחַד עָשָׂר
douze	שְׁתֵּים עֶשְׂרֵה	שְׁנֵים עָשָׂר
treize	שְׁלֹשׁ עֶשְׂרֵה	שְׁלֹשָׁה עָשָׂר
quatorze	אַרְבַּע עֶשְׂרֵה	אַרְבָּעָה עָשָׂר
quinze	חֲמֵשׁ עֶשְׂרֵה	חֲמִשָּׁה עָשָׂר
seize	שֵׁשׁ עֶשְׂרֵה	שִׁשָּׁה עָשָׂר
dix-sept	שְׁבַע עֶשְׂרֵה	שִׁבְעָה עָשָׂר
dix-huit	שְׁמֹנֶה עֶשְׂרֵה	שְׁמֹנָה עָשָׂר
dix-neuf	תְּשַׁע עֶשְׂרֵה	תִּשְׁעָה עָשָׂר

Remarques :

– Contrairement aux autres nombres, le nombre un, אַחַת et אֶחָד, se place après le nom qu'il détermine.

Exemples : *un homme* אִישׁ אֶחָד *une loi* תּוֹרָה אַחַת

– Devant un nom, le nombre deux, שְׁנַיִם et שְׁתַּיִם se trouve à l'état construit et s'écrit : שְׁנֵי et שְׁתֵּי.

Exemples : *deux fils* שְׁנֵי בָנִים *deux femmes* שְׁתֵּי נָשִׁים

– Lorsqu'il se trouve devant un nom indéterminé, le nombre est rarement à l'état construit. Par contre, si le nom est déterminé, l'état construit est obligatoire.

Exemples : *les trois villes* שְׁלֹשׁ הֶעָרִים

ces trois hommes שְׁלֹשֶׁת הָאֲנָשִׁים הָאֵלֶּה

– Dans le groupe des nombres féminins 11 à 19, le premier nom étant étroitement lié au second prend une forme réduite qui est le plus souvent semblable à celle de l'état construit. Pour les nombres 13 à 19 de la colonne « Masculin », la forme de l'état construit est très rare.

Exemples : *quinze* חֲמֵשֶׁת עָשָׂר Juges 8,10

dix-huit שְׁמֹנַת עָשָׂר Juges 20,25

L'état construit des chiffres 3 à 10 se trouvent ci-dessous et à la page suivante.

Les dizaines de 20 à 90 :

vingt	עֶשְׂרִים
trente	שְׁלֹשִׁים
quarante	אַרְבָּעִים
cinquante	חֲמִשִּׁים
soixante	שִׁשִּׁים
soixante-dix	שִׁבְעִים
quatre-vingts	שְׁמֹנִים
quatre-vingt dix	תִּשְׁעִים

On exprime les nombres intermédiaires 21 à 99 en unissant les deux composants par la conjonction וְ. Le plus souvent, c'est la dizaine qui précède.

Exemple : plus rarement : אֶחָד וְעֶשְׂרִים *vingt et un* עֶשְׂרִים וְאֶחָד

Nombres des centaines de 100 à 900 :

cent	מֵאָה (מֵאוֹת)
deux cents	מָאתַיִם
trois cents	שְׁלֹשׁ מֵאוֹת
quatre cents	אַרְבַּע מֵאוֹת
cinq cents	חֲמֵשׁ מֵאוֹת
six cents	שֵׁשׁ מֵאוֹת
sept cents	שְׁבַע מֵאוֹת
huit cents	שְׁמֹנֶה מֵאוֹת
neuf cents	תְּשַׁע מֵאוֹת

<u>Nombres des mille de 1000 à 9000</u> :

mille	אֶלֶף (אֲלָפִים)
deux mille	אַלְפַּיִם
trois mille	שְׁלֹשֶׁת אֲלָפִים
quatre mille	אַרְבַּעַת אֲלָפִים
cinq mille	חֲמֵשֶׁת אֲלָפִים
six mille	שֵׁשֶׁת אֲלָפִים
sept mille	שִׁבְעַת אֲלָפִים
huit mille	שְׁמֹנַת אֲלָפִים

neuf mille תִּשְׁעַת אֲלָפִים n'est pas utilisé dans la Bible.

Exemple : בְּנֵי עַזְגָּד אֶלֶף מָאתַיִם עֶשְׂרִים וּשְׁנָיִם׃ Esdras 2,12

Pour *dix mille* nous trouvons : עֲשֶׂרֶת אֲלָפִים , רְבָבָה , רִבּוֹ , רִבּוֹא

Pour *vingt mille* : עֶשְׂרִים אֶלֶף , רִבֹּתַיִם , שְׁתֵּי רִבּוֹת , שְׁתֵּי רִבּוֹא

<u>Nombres multiplicatifs</u> :

On rencontre les formes *au quadruple* אַרְבַּעְתָּיִם *au septuple* שִׁבְעָתַיִם

Ces nombres sont à apprendre dans le cadre du vocabulaire !

Exercices :

• Version :

א. בְּחֶבְרוֹן מָלַךְ עַל־יְהוּדָה שֶׁבַע שָׁנִים וְשִׁשָּׁה חֳדָשִׁים וּבִירוּשָׁלַםִ מָלַךְ
שְׁלֹשִׁים וְשָׁלֹשׁ שָׁנָה עַל כָּל־יִשְׂרָאֵל וִיהוּדָה׃

ב. בַּיּוֹם הַהוּא יִהְיוּ חָמֵשׁ עָרִים בְּאֶרֶץ מִצְרַיִם מְדַבְּרוֹת שְׂפַת כְּנַעַן׃

ג. וְהִנֵּה שֶׁבַע שִׁבֳּלִים עֹלוֹת בְּקָנֶה אֶחָד בְּרִיאוֹת וְטֹבוֹת׃

ד. וְהָיוּ יָמָיו מֵאָה וְעֶשְׂרִים שָׁנָה׃

ה. אֲשֶׁר עוֹד־בִּקְשָׁה נַפְשִׁי וְלֹא מָצָאתִי אָדָם אֶחָד מֵאֶלֶף מָצָאתִי
וְאִשָּׁה בְכָל־אֵלֶּה לֹא מָצָאתִי׃

• Thème :

1. Ses jours furent de six cent trente deux ans.

2. Saül a régné quarante ans sur tout Israël.

3. Le prophète lui a dit : « Tu régneras sur les dix tribus d'Israël. »

4. Elqana avait deux femmes.

5. Ces trois sages ont enseigné la loi à Jérusalem.

Vocabulaire :

trouver	מָצָא	homme	אָדָם
Azgad	עַזְגָּד	Elqana	אֶלְקָנָה
roseau, tige d'épis	קָנֶה ז׳	chercher, désirer, vouloir	בִּקֵשׁ ‖
bâton, tribu	שֵׁ֫בֶט et שֵׁבֶט ז׳ שְׁבָטִים	gras, engraissé	בָּרִיא
épi	שִׁבֹּ֫לֶת נ׳ שִׁבֳּלִים	Hébron	חֶבְרוֹן ‖
lèvre, langue	שָׂפָה נ׳ ou ז׳ שְׂפָתוֹת	Canaan	כְּנַעַן ‖

Remarques :

– Lorsqu'il est précédé d'un nombre compris entre 2 et 10 (inclus), le nom se met au pluriel. À partir de 11, il reste très souvent au singulier.

Exemples : *sept fils et trois filles* שִׁבְעָה בָנִים וְשָׁלוֹשׁ בָּנוֹת

quatorze jours אַרְבָּעָה עָשָׂר יוֹם

– Phrase א : Le sujet de מָלַךְ (*il*) n'apparaît pas dans le verset. Il s'agit de David.

– Phrase ה : Dans le verbe בִּקְשָׁה, la 2e radicale ק devrait porter un daguesh fort. En fait, « le redoublement réel est assez souvent réduit au redoublement virtuel quand la consonne a shewa. » Paul JOÜON, *Grammaire de l'hébreu biblique*, § 52 b.

Leçon 21

Le ו conversif

Il est aussi appelé **vav consécutif** ou encore **vav inversif**.

Nous avons vu dans la leçon 10 que les « temps » hébreux ne situaient pas tout d'abord l'action du verbe dans le temps, mais évoquaient plutôt **son aspect** (action achevée ou non, unique ou instantanée, etc.).

Pour indiquer une série d'actions qui se succèdent dans le temps ou qui découlent les unes des autres, l'hébreu use d'un procédé original :

1. Si la série des actions se situe dans le passé, le premier verbe se met à l'accompli et ceux qui suivent à l'inaccompli, préfixés d'un ו conversif.

Exemple : וּמֹשֶׁה עָלָה אֶל־הָאֱלֹהִים וַיִּקְרָא אֵלָיו יְהוָה מִן־הָהָר
Exode 19,3
Moïse monta vers Dieu ; l'Éternel l'appela de la montagne.

Lorsqu'il est préfixé à un inaccompli, le ו conversif est vocalisé d'un pattaḥ, sauf s'il s'agit de la 1re personne du singulier. Dans ce cas, il portera un qamats.

Exemple : וָאֶקְרָא בְּקוֹל גָּדוֹל Genèse 39,14
J'ai crié à haute voix.

D'autre part, il est suivi d'un daguesh fort dans les préfixes ת , נ , י, sauf si le י porte un cheva simple vocal.

L'utilisation du ו conversif provoque l'allégement de certaines formes verbales : suppression du ה final des verbes ל"ה, transformation de la dernière voyelle en voyelle brève, disparition du י de la forme hif'il aux formes verbales non suffixées.

Exemples : *il fut, il était* וַיְהִי *Il sera* יִהְיֶה

Il dit (passé simple !) וַיֹּאמֶר *Il dira* יֹאמַר

Ces deux expressions וַיְהִי , וַיֹּאמֶר se rencontrent très souvent dans la Bible, nous vous invitons à les retenir dès maintenant !

Remarques :

– Cette forme verbale est la forme privilégiée de la narration, le « temps historique ».

– La première forme verbale à l'accompli, qui introduit normalement une suite de verbes à l'inaccompli préfixés d'un ו conversif, peut ne pas apparaître dans le contexte et se situer plus haut dans la narration.

Exemple : וַיִּזְכֹּר אֱלֹהִים אֶת־נֹחַ Genèse 8,1
Dieu se souvint de Noé.

2. Si la série des actions se situe dans le futur, le premier verbe est à l'inaccompli (mais il peut ne pas apparaître dans le contexte immédiat) et les autres à l'accompli, préfixés d'un ו conversif vocalisé comme le ו conjonctif. Il est donc plus difficile de distinguer le ו conversif du ו conjonctif. C'est le « temps » du ou des verbes qui précèdent dans le récit, qui permettra de faire la distinction.

Exemple : וְשָׁמַרְתָּ אֶת־הַחֻקָּה הַזֹּאת Exode 13,10
Tu observeras cette prescription.

La seule différence est que le ton avance avec les suffixes consonantiques légers :
tu garderas וְשָׁמַרְתָּ֫ *et tu as gardé* וְשָׁמַ֫רְתָּ

Remarque :

Le verbe préfixé d'un ו conversif se place toujours en tête de la proposition.

Exercices :

• Version :

א. וַיְהִי־שָׁם עִם־יְהוָה אַרְבָּעִים יוֹם וְאַרְבָּעִים לַיְלָה לֶחֶם לֹא אָכַל
וּמַיִם לֹא שָׁתָה וַיִּכְתֹּב עַל־הַלֻּחֹת אֵת דִּבְרֵי הַבְּרִית עֲשֶׂרֶת הַדְּבָרִים׃

ב. וָאֶשְׁמַע אֶת־קוֹל אֲדֹנָי אֹמֵר אֶת־מִי אֶשְׁלַח׃

ג. וַיִּכְרֹת לָהֶם הַמֶּלֶךְ דָּוִד בְּרִית בְּחֶבְרוֹן לִפְנֵי יְהוָה וַיִּמְשְׁחוּ
אֶת־דָּוִד לְמֶלֶךְ עַל־יִשְׂרָאֵל׃

ד. וַיִּשְׁפֹּט שְׁמוּאֵל אֶת־יִשְׂרָאֵל כֹּל יְמֵי חַיָּיו׃

ה. וְזָכַרְתָּ כִּי־עֶבֶד הָיִיתָ בְּמִצְרָיִם וְשָׁמַרְתָּ וְעָשִׂיתָ אֶת־הַחֻקִּים הָאֵלֶּה׃

• Thème :

1. Samuel était dans le temple de l'Éternel. Dieu l'appela et lui dit : « Tu seras prophète en Israël. »

2. David régna sur tout Israël, il jugea le peuple avec justice et observa la loi de l'Éternel.

3. Jacob demeura à Haran avec Laban. Il lui demanda : « Où est ton menu bétail ? »

4. Le prophète revint à Jérusalem et envoya un messager vers le roi.

5. Ils montèrent à Mitspa et oignirent David comme roi sur Israël.

Vocabulaire :

Laban	לָבָן	Seigneur	אֲדֹנָי
table (sur laquelle on écrit)	לוּחַ ז׳ לֻחֹת	se souvenir	‖ זָכַר
Mitspa	מִצְפָּה	usage, loi, droit	‖ חֹק ז׳ חֻקִּים
boire	‖ שָׁתָה	coutume, loi	‖ חֻקָּה נ׳
		Haran	חָרָן

Remarques :

– <u>Phrase</u> א : Le sujet de וַיְהִי, qui n'apparaît pas dans le verset, est Moïse. L'état construit de *paroles* דְּבָרִים est דִּבְרֵי.

– <u>Phrase</u> ה : Les trois ו sont conversifs !

Leçon 22

Les infinitifs

Il existe en hébreu deux sortes d'infinitifs : l'**infinitif absolu** et l'**infinitif construit**. Ils se distinguent par leur forme et par leur emploi syntaxique. Cette leçon aura pour objet les infinitifs absolu et construit des verbes forts de la forme qal.

1. L'infinitif absolu.

=> Dans les verbes forts à la forme qal, il aura toujours pour schème □ָ□ֹ□. Il est donc invariable.

=> L'infinitif absolu n'a pas d'équivalent en français. Cette forme verbale sert à renforcer la réalité de l'action exprimée par le verbe.

=> Il est, le plus souvent, préposé (quelquefois postposé) à une forme personnelle de la même racine.

Exemples :

זָכֹר תִּזְכֹּר אֵת אֲשֶׁר־עָשָׂה יְהוָה אֱלֹהֶיךָ לְפַרְעֹה וּלְכָל־מִצְרָיִם
Deutéronome 7,18
Souviens-toi de ce que l'Éternel, ton Dieu, a fait au Pharaon et à toute l'Égypte. (version Darby)

שָׁמוֹעַ שָׁמַעְתִּי אֶפְרַיִם Jérémie 31,18
J'ai très bien entendu Éphraïm... (version Darby)

אֹמְרִים אָמוֹר Jérémie 23,17
Ils disent continuellement... (version Darby)
Ils osent dire... (version Bible à la Colombe)

=> Il peut s'employer comme équivalent d'une forme personnelle, impératif, futur, passé, présent, ou comme équivalent d'une forme précédente.

Exemple : וַיֹּאמֶר מֹשֶׁה אֶל־הָעָם זָכוֹר אֶת־הַיּוֹם הַזֶּה Exode 13,3

Moïse dit au peuple : Souvenez-vous de ce jour.

2. L'infinitif construit.

L'infinitif construit est la forme la plus fréquente de l'infinitif. C'est un véritable nom verbal. En tant que nom verbal, il peut :

a) se trouver à l'état construit :

Exemple : עַד־מְלֹךְ דָּוִיד 1 Chroniques 4,31

Jusqu'au règne de David.

b) être employé avec les prépositions ב , כ , ל , מִן :

α) Avec ל, l'infinitif construit correpond à notre infinitif en français. Il peut être sujet, complément d'objet, complément de but :

Exemple : לִשְׁמֹר אֶת־דֶּרֶךְ עֵץ הַחַיִּים Genèse 3,24

Pour garder le chemin de l'arbre de vie.

C'est avec cette préposition que l'infinitif construit est le plus employé.

β) avec ב, il pourra être traduit par un gérondif (participe présent précédé de la préposition « en »), ou par *quand*, *lorsque*, suivi du verbe accordé au sujet :

Exemple : וַיְהִי בִּשְׁמוֹר יוֹאָב אֶל־הָעִיר 2 Samuel 11,16

Or, Joab, en observant la ville...

γ) Avec כ, il sera traduit par *comme*, *quand*, *lorsque*, suivi du verbe accordé au sujet :

Exemple : וַיְהִי כִשְׁמֹעַ הָעָם אֶת־קוֹל הַשּׁוֹפָר Josué 6,20

Lorsque le peuple entendit le son du cor...

δ) Avec מִן, il correspond aussi à notre infinitif en français, mais avec un sens négatif ou de restriction :

Exemple : כִּי־אֹתִי מָאֲסוּ מִמְּלֹךְ עֲלֵיהֶם 1 Samuel 8,7

C'est moi qu'ils rejettent, pour que je ne règne plus sur eux.
(littéralement : *c'est moi qu'ils rejettent de régner sur eux*)

c) prendre les suffixes personnels :

Exemple : וַיְהִי כְּשָׁמְעִי אֶת־הַדְּבָרִים הָאֵלֶּה Néhémie 1,4

Lorsque j'entendis ces paroles...

L'adjonction des suffixes personnels entraîne des changements de vocalisation.

<u>Tableau de la flexion de l'infinitif construit</u> (forme qal, verbe fort) :

	שָׁמְרִי	
שָׁמְרֵךְ		שָׁמְרְךָ
שָׁמְרָהּ		שָׁמְרוֹ
	שָׁמְרֵנוּ	
שָׁמְרְכֶן		שָׁמְרְכֶם
שָׁמְרָן		שָׁמְרָם

Rappel : La syllabe שָׁמְ est fermée et non accentuée, donc le qamats est bref et se prononce « o ».

Exercices :

• Version :

א. וְכָל־הָאָרֶץ מְבַקְשִׁים אֶת־פְּנֵי שְׁלֹמֹה לִשְׁמֹעַ אֶת־חָכְמָתוֹ
אֲשֶׁר־נָתַן אֱלֹהִים בְּלִבּוֹ׃

ב. כִּי תִשְׁמַע בְּקוֹל יְהוָה אֱלֹהֶיךָ לִשְׁמֹר אֶת־כָּל־מִצְוֺתָיו׃

ג. זָכוֹר אֵת אֲשֶׁר־עָשָׂה לְךָ עֲמָלֵק בַּדֶּרֶךְ׃

ד. בֶּן־אַרְבָּעִים שָׁנָה אִישׁ־בֹּשֶׁת בֶּן־שָׁאוּל בְּמָלְכוֹ עַל־יִשְׂרָאֵל
וּשְׁתַּיִם שָׁנִים מָלָךְ אַךְ בֵּית יְהוּדָה הָיוּ אַחֲרֵי דָוִד׃

ה. עַל נַהֲרוֹת בָּבֶל שָׁם יָשַׁבְנוּ גַּם־בָּכִינוּ
בְּזָכְרֵנוּ אֶת־צִיּוֹן׃

• Thème :

1. Lorsqu'il entendit les paroles du prophète, il pleura.

2. J'ai rejeté Saül pour qu'il ne règne plus sur Israël.

3. Dieu dit au peuple : « Souvenez-vous du jour du Sabbat. »

4. L'Éternel a bien entendu leur plainte.

5. J'enverrai un ange pour vous garder en chemin.

Vocabulaire :

Joab	יוֹאָב	Ich-Bochet	אִישׁ בֹּשֶׁת
mépriser, rejeter	מָאַס	certes, mais	אַךְ
fleuve	נָהָר ז׳ נְהָרוֹת et נְהָרִים	Babylone, Babel	בָּבֶל
Amalek	עֲמָלֵק	pleurer	בָּכָה
cor, trompette	שׁוֹפָר ז׳	sagesse	חָכְמָה נ׳

Remarques :

Phrase א : לִבּוֹ est la flexion du mot לֵב.

Phrase ד : Pour indiquer l'âge de quelqu'un, l'hébreu utilise l'expression *fils de* בֶּן־ , *fille de* בַּת־.

Exemple : וַיְהִי נֹחַ בֶּן־חֲמֵשׁ מֵאוֹת שָׁנָה Genèse 5,32
Noé avait cinq cents ans .
(Littéralement : *Noé était fils de cinq cents ans.*)

Leçon 23

Les modes volitifs

Les modes volitifs correspondent à notre impératif. À la 1re personne, il est appelé **cohortatif**, à la 2e personne, c'est l'**impératif** et à la 3e personne, le **jussif**.

1. Le cohortatif.

Il s'emploie pour exprimer une résolution ou un encouragement. Il se forme en ajoutant à la 1re personne de l'inaccompli un ה paragogique, c'est-à-dire ajouté, précédé de la voyelle ◌ָ accentuée, sauf en pause.

Exemples : וְאֶשְׁלְחָה אֹתְךָ אֶל־הַמֶּלֶךְ 2 Samuel 14,32
... et je t'enverrai vers le roi. (version Bible à la Colombe)
... que je t'envoie au roi. (version rabbinique)

Remarque : Le cohortatif de la 1re personne du singulier n'ayant pas de correspondant en français, il sera rendu par un futur ou par une des formules : *que je... ! Il faut que je... Je veux...*

נִשְׁלְחָה אֲנָשִׁים לְפָנֵינוּ Deutéronome 1,22
Envoyons des hommes devant nous.

2. L'impératif.

Il se forme en supprimant le préfixe personnel des 2es personnes de l'inaccompli. Pour le féminin singulier et le masculin pluriel, le premier cheva est remplacé par un ḥiriq.

Exemples : שְׁמַע יִשְׂרָאֵל יְהוָה אֱלֹהֵינוּ יְהוָה אֶחָד׃ Deutéronome 6,4
Écoute, Israël ! L'Éternel, notre Dieu, l'Éternel est un.

אֶרֶץ אֶרֶץ אָרֶץ שִׁמְעִי דְּבַר־יְהוָה׃ Jérémie 22,29
Terre, terre, terre, écoute la parole de l'Éternel !

שִׁמְעוּ אֶת־דִּבְרֵי הַמֶּלֶךְ הַגָּדוֹל Ésaïe 36,13
Écoutez les paroles du grand roi.

כִּי־שְׁמַעְנָה נָשִׁים דְּבַר־יְהוָה Jérémie 9,19

Femmes, écoutez donc la parole de l'Éternel.

Bien sûr, s'il s'agit d'un inaccompli en « o », la règle est la même.

Exemple : זְכֹר לְאַבְרָהָם לְיִצְחָק וּלְיִשְׂרָאֵל Exode 32,13

Souviens-toi d'Abraham, d'Isaac et d'Israël.

Vous remarquez aussi que, s'il y a lieu, le daguesh léger tombe. Rappel de l'inaccompli : תִּזְכֹּר.

Remarques :

– l'impératif peut aussi avoir un ה paragogique, comme au cohortatif.

– **l'impératif n'est employé qu'à la forme affirmative.**

3. Le jussif.

C'est le mode volitif de la 3e personne. Il s'emploie aussi dans certains cas comme volitif de la 2e personne. Il s'exprime par la 3e personne de l'inaccompli qui, dans ce cas, tend à prendre une forme plus brève surtout dans les verbes faibles (ל״ה , ע״י , ע״ו) et à la forme hif'il. Il est souvent suivi de la particule נָא (cette particule s'emploie aussi avec le cohortatif et l'impératif !), qui marque la déprécation.

Exemples : יִזְכָּר־נָא הַמֶּלֶךְ אֶת־יְהוָה אֱלֹהֶיךָ 2 Samuel 14,11

Que le roi se souvienne de l'Éternel, ton Dieu.

וַיֹּאמֶר אֱלֹהִים יְהִי אוֹר וַיְהִי־אוֹר׃ Genèse 1,3

Dieu dit : Que la lumière soit ! Et la lumière fut.

La négation pour le **cohortatif** et le **jussif** se rend par la particule אַל placée avant le verbe. Pour l'**impératif**, cette même particule sera suivie du jussif de la 2e personne. Voir Paul JOÜON, *Grammaire de l'hébreu biblique*, § 114 g.

Exemples : הַקּוֹנֶה אַל־יִשְׂמָח Ézéchiel 7,12

Que l'acheteur ne se réjouisse pas.

אַל־תִּשְׁלַח יָדְךָ Genèse 22,12

N'étends pas ta main.

אַל־תִּשְׁפְּכוּ־דָם Genèse 37,22

Ne répandez pas de sang.

Exercices :

• Version :

א. וְעַתָּה יִשְׂרָאֵל שְׁמַע אֶל־הַחֻקִּים וְאֶל־הַמִּשְׁפָּטִים אֲשֶׁר אָנֹכִי
מְלַמֵּד אֶתְכֶם׃

ב. וְעַתָּה לְעֵינֵי כָל־יִשְׂרָאֵל קְהַל־יְהוָה וּבְאָזְנֵי אֱלֹהֵינוּ שִׁמְרוּ
וְדִרְשׁוּ כָּל־מִצְוֹת יְהוָה אֱלֹהֵיכֶם׃

ג. כִּי־בוֹ יִשְׂמַח לִבֵּנוּ   כִּי בְשֵׁם קָדְשׁוֹ בָטָחְנוּ׃
יְהִי־חַסְדְּךָ יְהוָה עָלֵינוּ   כַּאֲשֶׁר יִחַלְנוּ לָךְ׃

ד. יְהִי יְהוָה אֱלֹהֵינוּ עִמָּנוּ כַּאֲשֶׁר הָיָה עִם־אֲבֹתֵינוּ׃

ה. וַיֹּאמֶר אֲחִיתֹפֶל אֶל־אַבְשָׁלֹם אֶבְחֲרָה נָּא שְׁנֵים־עָשָׂר אֶלֶף
אִישׁ וְאֶרְדְּפָה אַחֲרֵי־דָוִד הַלָּיְלָה׃

• Thème :

1. Ayez confiance en lui, fils d'Israël !

2. Laisse-moi choisir dix hommes et poursuivons-les toute la nuit !

3. Souviens-toi, Éternel, de ta bienveillance envers ce peuple !

4. Que l'Éternel soit avec toi et qu'il te garde en chemin !

5. N'étends pas ta main pour répandre le sang de cet homme de Dieu.

Vocabulaire :

Absalom	אַבְשָׁלוֹם
lumière	אוֹר ז׳
Ahitophel	אֲחִיתֹפֶל
avoir confiance	בָּטַח
chercher, rechercher	דָּרַשׁ
espérer, compter sur	יִחֵל
comme, autant que	כַּאֲשֶׁר
particule d'insistance (déprécative)	נָא
à présent, maintenant	עַתָּה
sainteté	קֹדֶשׁ ז׳
assemblée, multitude	קָהָל ז׳
acquérir, acheter	קָנָה
suivre, poursuivre	רָדַף
être gai, se réjouir	שָׂמַח et שָׂמֵחַ

Remarques :

– <u>Phrase</u> ג : Le ḥolam du mot קֹדֶשׁ se transforme en qamats qatane lorsque le mot est fléchi. *Ma sainteté* קָדְשִׁי.

Noter que שֵׁם קָדְשִׁי = *mon nom de sainteté* = *mon saint nom.*

Le verbe *avoir confiance* בָּטַח commande le plus souvent la préposition בְּ, mais aussi אֶל, עַל, ou לְ.

Rappel : לְךָ devient לָךְ en pause. Voir page 77.

– <u>Phrase</u> ה : Lorsque le cohortatif est suivi de la particule déprécative נָא, on pourra souvent traduire par *laisse-moi...* (faire ceci ou cela).

Le verbe *poursuivre* רָדַף est très souvent suivi de la préposition אַחֲרֵי. *Je l'ai poursuivi* רָדַפְתִּי אַחֲרָיו. Voir sa flexion page 78.

Leçon 24

Les participes - Les nombres ordinaux

1. Les participes.

On distingue le **participe actif** et le **participe passif** qui sont plutôt des adjectifs verbaux qui s'accordent avec le sujet dont ils dépendent.

Ces adjectifs verbaux peuvent être employés comme noms et ainsi être préfixés de l'article ou d'une préposition, prendre les suffixes personnels, et se trouver à l'état construit.

Notez bien qu'en hébreu, « le participe est une forme atemporelle, c'est-à-dire pouvant être employée indifféremment dans les trois sphères temporelles : présent, futur, passé. » Paul JOÜON, *Grammaire de l'hébreu biblique*, § 121 a.

a) Le participe actif.

Pour sa vocalisation, voir la leçon 8.

Exemples :

שׁוֹמֵר יִשְׂרָאֵל׃ Psaume 121,4
le « gardant » d'Israël = le gardien d'Israël = celui qui garde Israël.

וְכָל־עֲבָדָיו הַשֹּׁמְעִים אֵת כָּל־הַדְּבָרִים הָאֵלֶּה׃ Jérémie 36,24
...et tous ses serviteurs qui entendirent toutes ces paroles...
(littéralement : *et tous ses serviteurs « les entendants » toutes ces paroles...*)

יְהוָה שֹׁמְרֶךָ Psaume 121,5
L'Éternel est celui qui te garde.

לְאֹהֲבַי וּלְשֹׁמְרֵי מִצְוֹתָי׃ Exode 20,6
...envers ceux qui m'aiment et qui gardent mes commandements.

b) Le participe passif.

Sa vocalisation (forme qal, verbe fort) :

Féminin pluriel	Masculin pluriel	Féminin singulier	Masculin singulier
□ְ□וּ□וֹת	□ְ□וּ□ִים	□ְ□וּ□ָה	□ָ□וּ□

Exemples :

כַּאֲשֶׁר כָּתוּב בְּתוֹרַת מֹשֶׁה Daniel 9,13

Comme cela est écrit dans la loi de Moïse.

דִּבְרֵי הַבְּרִית הַכְּתוּבִים עַל־הַסֵּפֶר הַזֶּה׃ 2 Chroniques 34,31

Les paroles de l'alliance (qui sont) écrites dans ce livre.

כַּכָּתוּב בְּסֵפֶר תּוֹרַת מֹשֶׁה Josué 8,31

Comme il est écrit dans le livre de la loi de Moïse.

2. Les nombres ordinaux.

De *premier* à *dixième*, l'hébreu emploie un adjectif ordinal. Au dessus de *dixième*, on emploie les nombres cardinaux.

Tableau des nombres ordinaux :

	Féminin	Masculin
premier, première	רִאשׁוֹנָה (רִאשׁוֹנוֹת)	רִאשׁוֹן (רִאשׁוֹנִים)
deuxième	שֵׁנִית	שֵׁנִי (שֵׁנִיִּם)
troisième	שְׁלִישִׁית et שְׁלִישִׁיָּה	שְׁלִישִׁי (שְׁלִישִׁים)
quatrième	רְבִיעִית	רְבִיעִי (רְבִיעִים)
cinquième	חֲמִישִׁית	חֲמִישִׁי
sixième	שִׁשִּׁית	שִׁשִּׁי
septième	שְׁבִיעִית	שְׁבִיעִי
huitième	שְׁמִינִית	שְׁמִינִי
neuvième	תְּשִׁיעִית	תְּשִׁיעִי
dixième	עֲשִׂירִית	עֲשִׂירִי

Remarques :

– Seuls les pluriels qui se trouvent entre parenthèses se rencontrent dans la Bible.

– Ces mêmes formes peuvent exprimer la quantième partie.
Exemple : *le tiers* שְׁלִישִׁית.

– Ces nombres ordinaux sont à apprendre par cœur dans le cadre du vocabulaire !

Exemples :

בַּחֹדֶשׁ הָרְבִיעִי בְּתִשְׁעָה לַחֹדֶשׁ Jérémie 52,6

Le quatrième mois, le neuf du mois...

וַיְהִי בִּשְׁתֵּי עֶשְׂרֵה שָׁנָה בִּשְׁנֵי־עָשָׂר חֹדֶשׁ בְּאֶחָד לַחֹדֶשׁ הָיָה
דְבַר־יְהוָה אֵלַי Ézéchiel 32,1

La douzième année, le douzième mois, le premier du mois, la parole de l'Éternel me fut adressée...

וַיִּקְרְאוּ בְּסֵפֶר תּוֹרַת יְהוָה אֱלֹהֵיהֶם רְבִעִית הַיּוֹם Néhémie 9,3

On lut dans le livre de la loi de l'Éternel, leur Dieu, pendant un quart de la journée...

Exercices :

• Version :

א. וְסָמְכוּ כָל־הַשֹּׁמְעִים אֶת־יְדֵיהֶם עַל־רֹאשׁוֹ וְרָגְמוּ אֹתוֹ כָּל־הָעֵדָה׃

ב. סוֹמֵךְ יְהוָה לְכָל־הַנֹּפְלִים וְזוֹקֵף לְכָל־הַכְּפוּפִים׃

ג. הִנֵּה אֱלֹהִים עֹזֵר לִי אֲדֹנָי בְּסֹמְכֵי נַפְשִׁי׃

ד. וַיְהִי כָל־הַנֹּפְלִים בַּיּוֹם הַהוּא מֵאִישׁ וְעַד־אִשָּׁה שְׁנֵים עָשָׂר
אֶלֶף כֹּל אַנְשֵׁי הָעָי׃

ה. וְדִבְרֵי דָּוִיד הַמֶּלֶךְ הָרִאשֹׁנִים וְהָאַחֲרֹנִים הִנָּם כְּתוּבִים
עַל־דִּבְרֵי שְׁמוּאֵל הָרֹאֶה וְעַל־דִּבְרֵי נָתָן הַנָּבִיא וְעַל־דִּבְרֵי גָּד הַחֹזֶה׃

• Thème :

1. Gardez mes commandements comme cela est écrit dans le livre de la loi.

2. L'Éternel est celui qui me soutient.

3. Que le Seigneur soit ton aide !

4. Tu es envoyé vers le roi pour le soutenir.

5. Ces paroles sont écrites dans le livre de Samuel, le voyant.

Vocabulaire :

Nathan	נָתָן	désirer, aimer	אָהַב ‖
appuyer, mettre, soutenir	סָמַךְ	derrière, dernier	אַחֲרוֹן
assemblée, communauté	‖ עֵדָה נ׳	Gad	גָּד
secourir, aider, assister	‖ עָזַר	redresser, relever	זָקַף
Aï	עַי	voir, avoir des visions	חָזָה
lancer des pierres, lapider	רָגַם	plier, courber	כָּפַף
		tomber	נָפַל ‖

Remarques :

– <u>Phrase</u> א : Les deux ו sont conversifs !

– <u>Phrase</u> ד : En général, les noms propres ne prennent pas d'article, sauf quelques noms qui ont gardé leur valeur d'appellatif.

Exemples : *le Jourdain (le fleuve ?)* הַיַּרְדֵּן

Aï (le Monticule de ruines ?) הָעַי

Leçon 25

La forme פִּעֵל : conjugaisons - La forme פֻּעַל

Nous avons déjà abordé la forme פִּעֵל à la leçon 14 (participe actif et accompli). Nous allons compléter maintenant la conjugaison de cette forme et étudier la forme פֻּעַל , qui est le passif du פִּעֵל.

À partir de cette leçon, nous utiliserons la racine קטל pour établir des paradigmes. Elle n'est utilisée qu'au qal dans la Bible, et seulement à trois reprises. Les formes et les sens de cette racine, donnés ci-dessous et dans la suite du cours, sont donc purement théoriques !

1. La forme פִּעֵל : conjugaisons.

tuer intensément, massacrer : קִטֵּל

Infinitifs	Participe	Inaccompli	Accompli
Absolu קַטֵּל קַטֹּל construit קַטֵּל בְּקַטֵּל כְּקַטֵּל לְקַטֵּל מִקַּטֵּל	מְקַטֵּל מְקַטֶּ֫לֶת (מְקַטְּלָה) מְקַטְּלִים מְקַטְּלוֹת	אֲקַטֵּל תְּקַטֵּל תְּקַטְּלִי יְקַטֵּל תְּקַטֵּל נְקַטֵּל תְּקַטְּלוּ תְּקַטֵּ֫לְנָה יְקַטְּלוּ תְּקַטֵּ֫לְנָה	קִטַּ֫לְתִּי קִטַּ֫לְתָּ קִטַּלְתְּ קִטֵּל קִטְּלָה קִטַּ֫לְנוּ קִטַּלְתֶּם קִטַּלְתֶּן קִטְּלוּ

Jussif	Impératif	Cohortatif
יְקַטֵּל תְּקַטֵּל יְקַטְּלוּ תְּקַטֵּ֫לְנָה	קַטֵּל קַטְּלִי קַטְּלוּ קַטֵּ֫לְנָה	אֲקַטְּלָה נְקַטְּלָה

Remarques :

– **À l'inaccompli**, la voyelle du préfixe est □ְ (le préfixe de la 1re personne du singulier étant **א**, nous aurons □ֲ), celle de la 1re radicale est □ַ, et la 2e radicale sera vocalisée □ֵ, sauf avec les suffixes vocaliques où cette voyelle sera remplacée par un cheva.

Exemple : לְמַעַן אֲשֶׁר לֹא־יְלַמְּדוּ אֶתְכֶם Deutéronome 20,18
...afin qu'ils ne vous apprennent pas...

– Le participe est préfixé de מ comme tous les participes (actifs et passifs) intensifs et causatifs.

– Le daguesh fort de la 2e radicale tombe souvent lorsque celle-ci porte un cheva.
Exemple : phrase **א** page 99 : מְבַקְשִׁים.

– L'infinitif absolu □ַ□ֹ□ est rare. C'est l'infinitif construit qui est souvent employé à sa place.

2. La Forme פֻּעַל.

C'est le passif du פִּעֵל. Il est semblable en tous points au פִּעֵל, mis à part les voyelles qui seront : □ֻ□ַ□.

être tué intensément, être massacré : קֻטַּל

<table>
<tr><th>Infinitifs</th><th>Participe</th><th>Inaccompli</th><th>Accompli</th></tr>
<tr><td><u>Absolu</u>
קֻטֹּל
<u>construit</u>
קֻטַּל</td><td>מְקֻטָּל מְקֻטֶּלֶת (מְקֻטָּלָה)
מְקֻטָּלִים מְקֻטָּלוֹת</td><td>אֲקֻטַּל
תְּקֻטַּל תְּקֻטְּלִי
יְקֻטַּל תְּקֻטַּל
נְקֻטַּל
תְּקֻטְּלוּ תְּקֻטַּלְנָה
יְקֻטְּלוּ תְּקֻטַּלְנָה</td><td>קֻטַּלְתִּי
קֻטַּלְתָּ קֻטַּלְתְּ
קֻטַּל קֻטְּלָה
קֻטַּלְנוּ
קֻטַּלְתֶּם קֻטַּלְתֶּן
קֻטְּלוּ</td></tr>
</table>

Jussif	Impératif	Cohortatif
-	-	-

Exemple : כְּעֵגֶל לֹא לֻמָּד Jérémie 31,18
... comme un veau qui n'est pas dressé.

Remarques :

– Le participe a un qamats (◌ָ) sous la 2e radicale, **comme tous les participes passifs** (sauf au participe passif du qal).

– On ne rencontre qu'un seul exemple d'infinitif absolu dans cette forme, en Genèse 40,15.

Exercices :

• Version :

א. וַיְסַפֵּר הָעֶבֶד לְיִצְחָק אֵת כָּל־הַדְּבָרִים אֲשֶׁר עָשָׂה׃

ב. בַּיָּמִים הָהֵם וּבָעֵת הַהִיא נְאֻם־יְהוָה יְבֻקַּשׁ אֶת־עֲוֺן יִשְׂרָאֵל וְאֵינֶנּוּ׃

ג. וּשְׁמַרְתֶּם מִצְוֺתַי וַעֲשִׂיתֶם אֹתָם אֲנִי יְהוָה׃ וְלֹא תְחַלְּלוּ אֶת־שֵׁם קָדְשִׁי׃

ד. וְרִבְקָה שֹׁמַעַת בְּדַבֵּר יִצְחָק אֶל־עֵשָׂו בְּנוֹ׃

ה. לְךָ אָמַר לִבִּי בַּקְּשׁוּ פָנָי אֶת־פָּנֶיךָ יְהוָה אֲבַקֵּשׁ׃

• Thème :

1. L'autel et l'offrande seront sanctifiés.

2. Enseignez ma loi et mes préceptes à vos fils !

3. Il se leva et dit : « La faute de Samarie ne sera pas expiée ! »

4. Et il raconta tout ce que l'Éternel avait fait pour lui.

5. Le juste sera récompensé dans le pays.

Vocabulaire :

péché, faute	עָוֺן ז עֲוֺנוֹת ||	être cherché, être examiné	בֻּקַּשׁ
Ésaü	עֵשָׂו ||	expier	כִּפֶּר ||
être consacré, être sanctifié	קֻדַּשׁ	être pardonné, être expié	כֻּפַּר
Rébecca	רִבְקָה	être dressé, être appris	לֻמַּד
payer, récompenser	שִׁלֵּם ||	parole, ce qui est dit, oracle	נְאֻם ז ||
être payé, être récompensé	שֻׁלַּם	veau	עֵגֶל ז עֲגָלִים

Remarque :

– <u>Phrase</u> ב : Le sujet de יְבֻקַּשׁ étant עֲוֺן, il ne devrait pas y avoir אֶת. En fait, on a ici **« l'accusatif d'objet affecté avec le passif impersonnel »**. Dans une forme de passif impersonnel, la valeur transitive de la forme active correspondante se maintient. Ainsi יְבֻקַּשׁ est senti comme « *on recherchera* ». Voir Paul JOÜON, *Grammaire de l'hébreu biblique*, § 128 b.

Leçon 26

La forme נִפְעַל

Cette forme est la conjugaison réfléchie du פָּעַל (ou קַל). Mais elle est aussi employée pour le sens passif du פָּעַל. Ainsi le nif'al est le **passif-réflexif** du pa'al.

Exemples : *il a gardé* הוּא שָׁמַר

il a été gardé - il s'est gardé הוּא נִשְׁמַר

Remarque : Quand le nif'al a le sens passif, le participe fait double emploi avec le participe passif du qal.

Exemple : כָּתוּב et נִכְתָּב = *écrit.* Mais il peut y avoir différenciation de sens.

Primitivement, le nif'al dérivait du qal par préfixation de la syllabe הִן. De cette syllabe il ne reste que :

– Le נ à l'accompli et au participe. Le הִ à l'impératif et à l'infinitif.

– À l'inaccompli : – Le נ est assimilé par la 1re radicale et la redouble.

– Le ה est absorbé par le préfixe personnel.

se tuer, être tué : נִקְטַל

Infinitifs	Participe	Inaccompli	Accompli
<u>Absolu</u> הִקָּטֹל נִקְטֹל <u>construit</u> הִקָּטֵל בְּהִקָּטֵל כְּהִקָּטֵל לְהִקָּטֵל מֵהִקָּטֵל	נִקְטָל נִקְטֶלֶת (נִקְטָלָה) נִקְטָלִים נִקְטָלוֹת	אֶקָּטֵל (אִקָּטֵל) תִּקָּטֵל תִּקָּטְלִי יִקָּטֵל תִּקָּטֵל נִקָּטֵל תִּקָּטְלוּ תִּקָּטַלְנָה יִקָּטְלוּ תִּקָּטַלְנָה	נִקְטַלְתִּי נִקְטַלְתָּ נִקְטַלְתְּ נִקְטַל נִקְטְלָה נִקְטַלְנוּ נִקְטַלְתֶּם נִקְטַלְתֶּן נִקְטְלוּ

Jussif	Impératif	Cohortatif
יִקָּטֵל תִּקָּטֵל יִקָּטְלוּ תִּקָּטַלְנָה	הִקָּטֵל הִקָּטְלִי הִקָּטְלוּ הִקָּטַלְנָה	אֶקָּטְלָה נִקָּטְלָה

Remarques :

– Dans les verbes réguliers, la forme la plus fréquente pour l'infinitif absolu est celle de l'infinitif construit !

– Le préfixe א de la 1re personne du singulier de l'inaccompli est aussi souvent vocalisé d'un ḥiriq (אִ) au lieu d'un seggol (אֶ).

– Pour la racine שׁמר, l'impératif masculin singulier est הִשָּׁמֵר. Pour les autres racines, la vocalisation est celle qui est donnée dans le tableau page 113.

Exemples : וְקוֹל הַתּוֹר נִשְׁמַע בְּאַרְצֵנוּ׃ Cantique des Cantiques 2,12

Et la voix de la tourterelle se fait entendre dans notre pays.

כִּי־שִׁמְךָ נִקְרָא עַל־הַבַּיִת הַזֶּה 1 Rois 8,43

...que ton nom est invoqué sur cette maison.

שִׁמְעוּ־זֹאת בֵּית־יַעֲקֹב הַנִּקְרָאִים בְּשֵׁם יִשְׂרָאֵל Ésaïe 48,1

Écoutez ceci, maison de Jacob, vous qui portez le nom d'Israël.

Exercices :

• Version :

א. וַיֹּאמֶר־לוֹ אֱלֹהִים שִׁמְךָ יַעֲקֹב לֹא־יִקָּרֵא שִׁמְךָ עוֹד יַעֲקֹב
כִּי אִם־יִשְׂרָאֵל יִהְיֶה שְׁמֶךָ וַיִּקְרָא אֶת־שְׁמוֹ יִשְׂרָאֵל׃

ב. כִּי־כֹה אָמַר יְהוָה לֹא־יִכָּרֵת לְדָוִד אִישׁ יֹשֵׁב עַל־כִּסֵּא בֵית־יִשְׂרָאֵל׃

ג. כַּאֲשֶׁר נִשְׁפַּטְתִּי אֶת־אֲבוֹתֵיכֶם בְּמִדְבַּר אֶרֶץ מִצְרָיִם כֵּן אִשָּׁפֵט
אִתְּכֶם נְאֻם אֲדֹנָי יְהוִה׃

ד. וְגַלְתִּי בִירוּשָׁלַםִ וְשַׂשְׂתִּי בְעַמִּי וְלֹא־יִשָּׁמַע בָּהּ עוֹד קוֹל בְּכִי וְקוֹל זְעָקָה׃

ה. וַיִּגְבַּהּ יְהוָה צְבָאוֹת בַּמִּשְׁפָּט וְהָאֵל הַקָּדוֹשׁ נִקְדָּשׁ בִּצְדָקָה׃

• Thème :

1. Joseph fut vendu au serviteur de Pharaon dans le pays d'Égypte.

2. Ils volaient et vendaient les choses volées au roi d'Israël.

3. Là, j'entrerai en jugement avec eux à cause de mon peuple.

4. Vous ne serez point chassés de la ville.

5. Le désert et la terre aride se sont réjouis devant la gloire du Seigneur.

Vocabulaire :

être coupé, chassé, manquer	נִכְרַת	si, quoique, ou, mais, certes	אִם
être écrit	נִכְתַּב	pleurs, larmes	בְּכִי ז׳
être vendu, se vendre	נִמְכַּר	être haut, élevé	גָּבַהּ
être sanctifié, glorifié	נִקְדַּשׁ	se réjouir	גָּל [גּוּל et גִּיל]
être appelé, être lu	נִקְרָא	voler, dérober, enlever	גָּנַב
être entendu, être exaucé	נִשְׁמַע	cri, plainte, supplication	זְעָקָה נ׳
être gardé, prendre garde	נִשְׁמַר	ainsi, de cette manière	כֵּן
être jugé, exercer la justice	נִשְׁפַּט	désert	מִדְבָּר ז׳
se réjouir	שָׂשׂ [שִׂישׂ et שׂוּשׂ]	vendre	מָכַר
tourterelle	תֹּר et תּוֹר נ׳ ou ז׳	être volé	נִגְנַב

Remarques :

– <u>Phrase</u> א : כִּי אִם : « Après une négation, l'idée de *mais* est exprimée souvent par כִּי, souvent aussi par כִּי אִם qui a peut-être une nuance un peu plus forte. » Paul JOÜON, *Grammaire de l'hébreu biblique*, § 172 c.

– <u>Phrase</u> ג : Si le nom יהוה est déjà précédé du mot אֲדֹנָי , on écrit יֱהוִֹה : le qéré est אֱלֹהִים. Ici il est écrit יְהוִה.

– <u>Phrase</u> ד : Les deux premiers ו sont conversifs.

נִשְׁפַּט : en plus de son sens *« être jugé »*, signifie *« entrer en contestation »*, *« juger »*, *« exercer la justice »*.

Leçon 27

Le ה d'interrogation - Le ה de direction

1. Le ה d'interrogation.

Nous avons déjà rencontré plusieurs pronoms et adverbes interrogatifs :

où ? אֵיפֹה , אַיֵּה , אֵי   *qui ?* מִי

quoi, qu'est-ce que ? מֶה , מָה , מַה

Il existe encore :

pourquoi ? (לְ + מָה) לָמֶה , לָמָּה , לָמָּה   *comment ?* אֵיךְ   *quand ?* מָתַי

pourquoi ? (composé de מַה et יָדוּעַ ou דֵּעָה , *par quelle raison*) מַדּוּעַ

d'où ? מֵאַיִן

Exemples :

לָמָּה גָנַבְתָּ אֶת־אֱלֹהָי׃ Genèse 31,30
...pourquoi as-tu volé mes dieux ?

וְאֵיךְ יִשְׁמָעֵנִי פַרְעֹה׃ Exode 6,30
...comment le Pharaon m'écoutera-t-il ?

עַד־מָתַי יִהְיֶה זֶה לָנוּ לְמוֹקֵשׁ Exode 10,7
Jusqu'à quand celui-ci sera-t-il pour nous un piège ?

מַדּוּעַ עֲשִׂיתֶן הַדָּבָר הַזֶּה Exode 1,18
Pourquoi avez-vous agi ainsi...?

וְלֹא יָדַעְתִּי מֵאַיִן הֵמָּה׃ Josué 2,4
...mais je ne savais pas d'où ils étaient.

Une interrogation peut être aussi indiquée par le seul ton de la voix, comme en français.

Exemple :

Vous connaissez ? = Connaissez-vous ? = Est-ce que vous connaissez ? = אַתֶּם יְדַעְתֶּם

Ou encore, elle peut-être exprimée par un ה préfixé au premier mot de la proposition. Dans ces deux cas l'interrogation correspond à notre locution « *Est-ce que…* ».

Exemple :

וַיֹּאמֶר יְהוָה אֶל־הַשָּׂטָן הֲשַׂמְתָּ לִבְּךָ עַל־עַבְדִּי אִיּוֹב כִּי אֵין כָּמֹהוּ בָּאָרֶץ
Job 1,8
L'Éternel dit à Satan : As-tu remarqué (littéralement : *as-tu mis ton cœur sur*) *mon serviteur Job ? Il n'y a personne comme lui sur la terre.*

Vocalisation du ה interrogatif :

– En général הֲ. Voir exemple ci-dessus.

– הַ devant un cheva vocal ou une gutturale.

Exemples : וַיֹּאמֶר לָהֶם הַיְדַעְתֶּם אֶת־לָבָן בֶּן־נָחוֹר Genèse 29,5
Il leur dit : Connaissez-vous Laban, fils de Nahor ?

הַאַתָּה תִּבְנֶה־לִּי בַיִת 2 Samuel 7,5
Est-ce toi qui me bâtiras une maison… ?

Remarque : Pour l'inaccompli des ל״ה voir page 82, le verbe הָיָה.

– הֶ devant une gutturale vocalisée d'un qamats gadol.

Exemple : וּמִי יוֹדֵעַ הֶחָכָם יִהְיֶה אוֹ סָכָל Ecclésiaste 2,19
Et qui sait s'il sera sage ou insensé ?
(comparez avec 2,16 où le הֶ est article : *le sage* הֶחָכָם)

La particule interrogative הֲ a parfois une nuance exclamative. Voir Paul JOÜON, *Grammaire de l'hébreu biblique*, § 161 b.

2. Le ה de direction.

L'idée de direction peut s'exprimer par un ה paragogique précédé d'un qamats gadol : ◌ָה.

Cette syllabe finale ◌ָה n'est pas accentuée.

Exemples :

וְיָרַד הַגְּבוּל הַיַּרְדֵּנָה Nombres 34,12

La frontière descendra vers le jourdain.

הַיַּרְדֵּנָה équivaut à אֶל־הַיַּרְדֵּן ou לַיַּרְדֵּן *Le Jourdain* הַיַּרְדֵּן

שְׁלֹשָׁה פֹנִים צָפוֹנָה וּשְׁלֹשָׁה פֹנִים יָמָּה וּשְׁלֹשָׁה פֹנִים נֶגְבָּה וּשְׁלֹשָׁה פֹנִים מִזְרָחָה 1 Rois 7,25

...trois tournés vers le nord, trois tournés vers l'ouest, trois tournés vers le sud, et trois tournés vers l'est.

Remarque : Les mots *mer* יָם (quand il s'agit comme ici de la mer Méditerranée) et *désert du sud* נֶגֶב sont employés pour désigner respectivement *l'ouest* et *le sud.*

Exercices :

• **Version :**

א. אַחַר זֶה שָׁלַח סַנְחֵרִיב מֶלֶךְ־אַשּׁוּר עֲבָדָיו יְרוּשָׁלַיְמָה וְהוּא עַל־לָכִישׁ וְכָל־מֶמְשַׁלְתּוֹ עִמּוֹ׃

ב. וַיֹּאמֶר לוֹ הַאַתָּה הָאִישׁ אֲשֶׁר־דִּבַּרְתָּ אֶל־הָאִשָּׁה וַיֹּאמֶר אָנִי׃

ג. וְהָיָה זַרְעֲךָ כַּעֲפַר הָאָרֶץ וּפָרַצְתָּ יָמָּה וָקֵדְמָה וְצָפֹנָה וָנֶגְבָּה וְנִבְרְכוּ בְךָ כָּל־מִשְׁפְּחֹת הָאֲדָמָה וּבְזַרְעֶךָ׃

ד. וַיֹּאמֶר יְהוָה אֶל־קַיִן אֵי הֶבֶל אָחִיךָ וַיֹּאמֶר לֹא יָדַעְתִּי הֲשֹׁמֵר אָחִי אָנֹכִי׃

ה. וַיִּקָּבְצוּ כָל־יִשְׂרָאֵל אֶל־דָּוִיד חֶבְרוֹנָה׃

• Thème :

1. Il vola tous les ustensiles qui se trouvaient dans la maison de l'Éternel et il revint à Samarie.

2. Il lui dit : Es-tu l'homme de Dieu ? Il répondit : c'est moi.

3. Notre ville est au-delà du Jourdain, à l'est.

4. Gardent-ils la voie de l'Éternel ?

5. Dieu les a dispersés sur toute la terre, au nord, à l'ouest, au sud et à l'est.

Nota : pour rédiger le thème, utilisez le ה paragogique, quand il y a lieu, plutôt que les prépositions לְ ou אֶל !

Vocabulaire :

אוֹ	ou
אָח ז׳ אַחִים	frère
אַחַר	après, derrière, ensuite
אִיּוֹב	Job
אֵיךְ	comment ? ah ! comme !
אַשּׁוּר	Assyrie
בְּעֵבֶר	au-delà
גְּבוּל et גְּבֻל ז׳	frontière, limite
הֶבֶל	Abel
יָם ז׳ יַמִּים	mer
יָרַד	descendre, tomber, déchoir
יַרְדֵּן	le Jourdain
כְּלִי ז׳ כֵּלִים	ustensile, vase, instrument
לָכִישׁ	Lachis
לָמָּה , לָמָה , לָמֶה	pourquoi ?
מֵאַיִן	d'où ?
מַדּוּעַ	pourquoi ?
מוֹקֵשׁ ז׳	filet, piège
מִזְרָח ז׳	le levant, l'est, l'orient
מֶמְשָׁלָה נ׳	domination, puissance
מִשְׁפָּחָה נ׳	famille, race, peuple
מָתַי	quand ?
נִבְרַךְ	être béni, se bénir
נֶגֶב	midi, sud
נִמְצָא	être trouvé, se trouver
נִקְבַּץ	être recueilli, se rassembler
סָכָל	fou, insensé
סַנְחֵרִיב	Sennachérib
עָפָר ז׳	poussière
פָּנָה	se tourner
פָּרַץ	disperser, s'étendre, croître
קֶדֶם	l'est, l'orient
קַיִן	Caïn
שָׂטָן	adversaire, accusateur

Remarques :

– Ne pas confondre les pluriels *jours* יָמִים et *mers* יַמִּים !

– Phrase א : עַל a le sens de *devant*. L'état construit de מֶמְשָׁלָה est מֶמְשֶׁלֶת. Avec un suffixe possessif : מֶמְשַׁלְתּוֹ = *sa puissance*, c'est-à-dire *son armée*, ou bien *ses chefs*.

– Phrase ב : Lorsqu'elle commence une réponse, l'expression וַיֹּאמֶר sera traduite par *il répondit.*

דִּבַּרְתָּ se rapporte à הָאַתָּה. Voir Paul JOÜON, *Grammaire de l'hébreu biblique,* § 158 n.

– Phrase 1 : *Il revint* exige, en hébreu biblique, un inaccompli précédé d'un ו conversif : וַיָּשָׁב. Le qamats de la dernière syllabe est bref : « vayachov ».

Leçon 28

La forme הִפְעִיל - La forme הָפְעַל

La forme הִפְעִיל est la conjugaison active de l'action causative (c'est à dire que le sujet fait faire l'action). La forme הָפְעַל est le passif du הִפְעִיל.

Exemple : *faire régner, introniser* הִמְלִיךְ *régner* מָלַךְ
être intronisé הָמְלַךְ

1. la forme הִפְעִיל.

faire tuer : הִקְטִיל

Infinitifs	Participe	Inaccompli	Accompli
<u>Absolu</u> הַקְטֵל <u>construit</u> הַקְטִיל בְּהַקְטִיל כְּהַקְטִיל לְהַקְטִיל מֵהַקְטִיל	מַקְטִיל מַקְטֶלֶת (מַקְטִילָה) מַקְטִילִים מַקְטִילוֹת	אַקְטִיל תַּקְטִיל תַּקְטִילִי יַקְטִיל תַּקְטִיל נַקְטִיל תַּקְטִילוּ תַּקְטֵלְנָה יַקְטִילוּ תַּקְטֵלְנָה	הִקְטַלְתִּי הִקְטַלְתָּ הִקְטַלְתְּ הִקְטִיל הִקְטִילָה הִקְטַלְנוּ הִקְטַלְתֶּם הִקְטַלְתֶּן הִקְטִילוּ

Jussif	Impératif	Cohortatif
יַקְטֵל תַּקְטֵל יַקְטִילוּ תַּקְטֵלְנָה	הַקְטֵל הַקְטִילִי הַקְטִילוּ הַקְטֵלְנָה	אַקְטִילָה נַקְטִילָה

Remarques :

– À l'<u>accompli</u>, la voyelle □ִי disparaît entre la 2e et la 3e radicale (sauf aux 3es personnes, où elle est toujours accentuée) et est remplacée par la voyelle □ַ qui est accentuée, sauf avec les suffixes lourds des 2es personnes du pluriel.

– À l'<u>inaccompli</u>, le ה est assimilé par le préfixe personnel qui porte la voyelle □ַ et forme une syllabe fermée avec la 1re radicale. La voyelle □ִי apparaît toujours entre la 2e et la 3e radicale sauf avec le suffixe נָה (2e et 3e personnes féminin pluriel), et elle est toujours accentuée.

– À l'<u>impératif</u>, le ה réapparaît. La voyelle □ִי disparaît à la 2e personne masculin singulier et devient □ֵ.

– Au <u>jussif</u>, le □ִי de l'inaccompli s'abrège en □ֵ : *qu'il établisse roi* יַמְלֵךְ.
Il en est de même **avec le ו conversif** : *il établit roi* וַיַּמְלֵךְ.

Exemples :

וַיֹּאמֶר יְהוָה אֶל־שְׁמוּאֵל שְׁמַע בְּקוֹלָם וְהִמְלַכְתָּ לָהֶם מֶלֶךְ
1 Samuel 8,22
L'Éternel dit à Samuel : Écoute leur voix, tu établiras un roi sur eux.

וַיַּמְלֵךְ פַּרְעֹה נְכֹה אֶת־אֶלְיָקִים 2 Rois 23,34
Le Pharaon Néko établit roi Élyaqim.

וְגַם כָּל־שֵׁרִית יִשְׂרָאֵל לֵב אֶחָד לְהַמְלִיךְ אֶת־דָּוִיד׃ 1 Chroniques 12,39
Tout le reste d'Israël était également unanime (littéralement : *un seul cœur*) *pour établir David comme roi.*

2. La forme הָפְעַל.

C'est le passif du הִפְעִיל.

être fait tué : הָקְטַל

Infinitifs	Participe	Inaccompli	Accompli
Absolu הָקְטֵל construit הָקְטַל	מָקְטָל מָקְטֶלֶת (מָקְטָלָה) מָקְטָלִים מָקְטָלוֹת	אָקְטַל תָּקְטַל תָּקְטְלִי יָקְטַל תָּקְטַל נָקְטַל תָּקְטְלוּ תָּקְטַלְנָה יָקְטְלוּ תָּקְטַלְנָה	הָקְטַלְתִּי הָקְטַלְתָּ הָקְטַלְתְּ הָקְטַל הָקְטְלָה הָקְטַלְנוּ הָקְטַלְתֶּם הָקְטַלְתֶּן הָקְטְלוּ

Jussif	Impératif	Cohortatif
-	-	-

Remarques :

– Cette forme est semblable au הִפְעִיל sauf pour ce qui concerne les voyelles qui sont □□□הָ, le □ָ étant un qamats qatane. À la place de ce qamats qatane, on trouve quelquefois la voyelle □ֻ, surtout sous l'influence de la consonne מ (le participe מֻקְטָל est plus fréquent que מָקְטָל), et dans les verbes où la 2e radicale est redoublée comme dans les verbes פ״ן que nous étudierons plus tard.

– Le participe a un qamats (□ָ) sous la 2e radicale **comme tous les participes des formes passives.**

– L'infinitif absolu est l'infinitif absolu de la forme הִפְעִיל « passivé » par le changement de la 1re voyelle □ִ en □ָ.

– Il n'y a pas de mode volitif et l'infinitif construit n'a pas d'exemple dans les verbes réguliers.

Exemples :

בִּשְׁנַת אַחַת לְדָרְיָוֶשׁ בֶּן־אֲחַשְׁוֵרוֹשׁ מִזֶּרַע מָדָי אֲשֶׁר הָמְלַךְ עַל מַלְכוּת כַּשְׂדִּים׃

Daniel 9,1

La première année de Darius, fils d'Assuérus, de la semence des Mèdes, qui fut fait roi sur le royaume des Chaldéens... (version Darby)

וְהָאֲנָשִׁים עֹשִׂים בֶּאֱמוּנָה בַּמְּלָאכָה וַעֲלֵיהֶם מֻפְקָדִים יַחַת וְעֹבַדְיָהוּ הַלְוִיִּם

2 Chroniques 34,12

Et ces hommes faisaient le travail avec fidélité. Et sur eux étaient préposés Jakhath et Abdias, lévites... (version Darby)

Exercices :

• Version :

א. וְהִבְדַּלְתָּ אֶת־הַלְוִיִּם מִתּוֹךְ בְּנֵי יִשְׂרָאֵל וְהָיוּ לִי הַלְוִיִּם׃

ב. וַיִּקָּהֲלוּ כָּל־עֲדַת בְּנֵי־יִשְׂרָאֵל שִׁלֹה וַיַּשְׁכִּינוּ שָׁם אֶת־אֹהֶל מוֹעֵד
וְהָאָרֶץ נִכְבְּשָׁה לִפְנֵיהֶם׃

ג. וְעַתָּה כֹּה־אָמַר יְהוָה אֱלֹהֵי צְבָאוֹת אֱלֹהֵי יִשְׂרָאֵל לָמָה אַתֶּם עֹשִׂים
רָעָה גְדוֹלָה אֶל־נַפְשֹׁתֵכֶם לְהַכְרִית לָכֶם אִישׁ־וְאִשָּׁה עוֹלֵל וְיוֹנֵק מִתּוֹךְ יְהוּדָה׃

ד. וְהִקְרַבְתָּ אֶת־הַלְוִיִּם לִפְנֵי אֹהֶל מוֹעֵד וְהִקְהַלְתָּ אֶת־כָּל־עֲדַת בְּנֵי יִשְׂרָאֵל׃

ה. וְהִשְׁכַּנְתִּי עָלֶיךָ כָּל־עוֹף הַשָּׁמַיִם וְהִשְׂבַּעְתִּי מִמְּךָ חַיַּת כָּל־הָאָרֶץ׃

• Thème :

1. Ils sépareront le gros du menu bétail (Littéralement : entre le gros et le menu...).

2. Moïse convoqua les enfants d'Israël et ils s'assemblèrent devant la tente de la rencontre.

3. Ils furent établis rois sur les nations au temps du Pharaon Néko.

4. Qu'il fasse demeurer ma gloire dans la poussière !

5. Tu feras approcher de toi Aaron et ses fils.

Vocabulaire :

Assuérus	אֲחַשְׁוֵרוֹשׁ
Éliakim	אֶלְיָקִים
fidélité, vérité, probité	אֱמוּנָה נ׳
Darius	דָּרְיָוֶשׁ
séparer	הִבְדִּיל
exterminer, ruiner, retirer	הִכְרִית
faire, établir roi	הִמְלִיךְ
être établi roi	הָמְלַךְ
être établi, être préposé	הָפְקַד
convoquer, faire assembler	הִקְהִיל
faire approcher, présenter	הִקְרִיב
rassasier	הִשְׂבִּיעַ
faire demeurer	הִשְׁכִּין
bête, animal	חַיָּה
nourisson	יוֹנֵק ז׳
Jakhath	יַחַת
les Chaldéens, la Chaldée	כַּשְׂדִּים
Médie	מָדַי
réunion, rencontre	מוֹעֵד ז׳
mission, travail, ouvrage	מְלָאכָה נ׳
règne, royaume	מַלְכוּת נ׳
être assujetti, être vaincu	נִכְבַּשׁ
Néko	נְכֹה et נְכוֹ
s'assembler	נִקְהַל
Obadiah, Abdias	עֹבַדְיָהוּ et עֹבַדְיָה
jeune enfant	עוֹלָל et עוֹלֵל ז׳
oiseau	עוֹף ז׳
mal, malheur, méchanceté	רָעָה נ׳
le reste	שְׁאֵרִית et שֵׁרִית נ׳
Siloh	שִׁלוֹ, שִׁלֹה, שִׁילוֹ, שִׁילֹה
milieu	תָּוֶךְ ז׳ (תּוֹךְ־)

Remarques :

– מוֹעֵד : Ce mot désigne un point fixé pour une rencontre, soit dans le temps, soit dans l'espace. C'est pourquoi ce terme signifie aussi *solennité, fête.*

– Phrases א, ד, ה : Les ו sont conversifs.

Leçon 29

La flexion des noms (1)

La flexion d'un nom hébreu est l'ensemble des formes qu'il prend lorsqu'on lui ajoute les suffixes de genre et de nombre ainsi que les suffixes possessifs.

1. Flexion des noms à syllabes stables.

Exemples :

son petit bétail	צֹאנוֹ	←	*petit bétail*	צֹאן
ma voix	קוֹלִי	←	*voix*	קוֹל
héros, guerriers	גִּבּוֹרִים	←	*héros, guerrier*	גִּבּוֹר
ta frontière	גְּבוּלְךָ	←	*frontière*	גְּבוּל

Ces mots ne subissent aucune modifications de voyelles quand on leur ajoute un suffixe.

Les syllabes stables sont :

a) Les syllabes qui contiennent une des voyelles stables :

□ִי □ֵי □וֹ □וּ □ֹא

b) Les syllabes fermées non accentuées contenant une voyelle brève.

Exemples :

mon royaume	מַלְכוּתִי	←	*royaume*	מַלְכוּת
héros, guerriers	גִּבּוֹרִים	←	*héros, guerrier*	גִּבּוֹר
justes	צַדִּיקִים	←	*juste*	צַדִּיק

Remarque : À l'état construit, ces mots ne subissent pas non plus de modifications vocaliques.

Exemples :	*le royaume d'Assuérus*	מַלְכוּת אֲחַשְׁוֵרוֹשׁ
	les héros d'Édom	גִּבּוֹרֵי אֱדוֹם

2. Flexion des noms accentués sur l'avant-dernière syllabe.

Exemples : *semence* זֶרַע *lance* רֹמַח *garçon* נַעַר *livre* סֵפֶר *roi* מֶלֶךְ

Tous ces mots forment leur pluriel en □ְ□ָ□ִים.

Exemples : מְלָכִים סְפָרִים נְעָרִים רְמָחִים זְרָעִים

Si la 1re consonne est une gutturale, le cheva simple est remplacé par un cheva composé.

Exemples :

אֹהֶל ← אֳהָלִים (אֹהָלִים) , חֵלֶק ← חֲלָקִים , חֹדֶשׁ ← חֳדָשִׁים

A) Flexion de ces mots au singulier :

– Avec l'adjonction de suffixes possessifs, la voyelle de la 1re consonne est remplacée par une des voyelles brèves □ִ □ֶ □ָ □ַ, la voyelle de la 2e par un cheva (ou un ḥataf pattaḥ s'il s'agit de l'une des consonnes ע ח ה א).

Exemples :

זֶרַע	נַעַר	מֶלֶךְ
זַרְעִי זַרְעֲךָ זַרְעֵךְ זַרְעוֹ זַרְעָהּ זַרְעֵנוּ זַרְעֲכֶם זַרְעֲכֶן זַרְעָם זַרְעָן	נַעֲרִי נַעַרְךָ נַעֲרֵךְ נַעֲרוֹ נַעֲרָהּ נַעֲרֵנוּ נַעַרְכֶם נַעַרְכֶן נַעֲרָם נַעֲרָן	מַלְכִּי מַלְכְּךָ מַלְכֵּךְ מַלְכּוֹ מַלְכָּהּ מַלְכֵּנוּ מַלְכְּכֶם מַלְכְּכֶן מַלְכָּם מַלְכָּן

חֵלֶק	קֹדֶשׁ	פֶּסֶל
חֶלְקִי חֶלְקְךָ חֶלְקֵךְ חֶלְקוֹ חֶלְקָהּ חֶלְקֵנוּ חֶלְקְכֶם חֶלְקְכֶן חֶלְקָם חֶלְקָן	קָדְשִׁי קָדְשְׁךָ קָדְשֵׁךְ קָדְשׁוֹ קָדְשָׁהּ קָדְשֵׁנוּ קָדְשְׁכֶם קָדְשְׁכֶן קָדְשָׁם קָדְשָׁן	פִּסְלִי פִּסְלְךָ פִּסְלֵךְ פִּסְלוֹ פִּסְלָהּ פִּסְלֵנוּ פִּסְלְכֶם פִּסְלְכֶן פִּסְלָם פִּסְלָן

Remarques :

– Si la **2e consonne** est une **gutturale** (Exemple : נַ֫עַר), celle-ci porte la voyelle brève du cheva composé avec les suffixes ךָ , כֶם , כֶן.

– Si la **3e consonne** est une **gutturale** (Exemple : זֶ֫רַע), sa voyelle est □ַ avec les suffixes ךָ , כֶם , כֶן.

– Si la **3e consonne** est une des « **bégadkéfat** » (Exemple : מֶ֫לֶךְ), celle-ci porte un daguesh léger.

<u>Nature de la voyelle de la 1re consonne</u> :

1) Mots du type □ֶ֫□ֶ□ (ou □ֶ֫□ַ□ dans le cas où la 3e consonne est ע ou ח) : la voyelle de la 1re consonne est □ַ, quelquefois □ִ. Si la 1re consonne est ע , ח , ה , א , la voyelle sera toujours □ַ.

Exemples : *mon sacrifice* זִבְחִי *sa descendance* זַרְעוֹ *mon serviteur* עַבְדִּי

2) Mots du type □ַ֫□ַ□ (dans ce cas la 2e consonne est toujours ע , ח ou ה) : la voyelle de la 1re consonne est toujours □ַ.

Exemple : *son garçon* נַעֲרוֹ

Remarque : dans les mots suivants : פַּחַד זַעַף דַּעַת le cheva simple est maintenu.

Exemples : *sa terreur* פַּחְדּוֹ *sa colère* זַעְפּוֹ *ta connaissance* דַּעְתְּךָ

3) Mots du type □ֵ֫□ֶ□ : la voyelle de la 1re consonne est toujours □ִ.

Exemple : *ton livre* סִפְרְךָ *sa tribu* שִׁבְטוֹ

Si la 1re consonne est ע ח ה א , la voyelle sera □ֶ, **sauf** dans les mots suivants :

אֵמֶר חֵזֶק חֵקֶר חֵשֶׁב חֵשֶׁק עֵמֶק

où la gutturale porte toujours un □ִ.

Exemples : *leur vallée* עִמְקָם *ma part* חֶלְקִי

4) Mots du type □ֹ□ֶ□ (ou □ֹ□ַ□ dans le cas où la 2e ou la 3e consonne est une des lettres ע ח ה הּ) : La voyelle de la 1re consonne est toujours □ָ, qamats qatane qui se prononce « o ».

Exemples : *sa hauteur* גָּבְהוֹ *ta tente* אָהֳלְךָ *ma sainteté* קָדְשִׁי

Remarque : À l'<u>état construit</u>, ces mots ne subissent aucune modification vocalique.

Exemples :	*le roi de Sodome*	מֶלֶךְ־סְדֹם
	le livre de l'alliance	סֵפֶר־הַבְּרִית
	la descendance de David	זֶרַע־דָּוִד
	la hauteur des cèdres	גֹּבַהּ־אֲרָזִים

B) <u>Flexion de ces mots au pluriel</u> :

– Avec les **suffixes légers**, la 1re syllabe □ָ□ְ est maintenue.

– Avec les **suffixes lourds** הֶן , הֶם , כֶן , כֶם, la 1re syllabe est celle du mot décliné au singulier.

– Si la **dernière consonne** du mot est une des « **bégadkéfat** », elle ne porte pas de daguesh léger.

Exemples :

זְרָעִים	נְעָרִים	מְלָכִים
זְרָעַי זְרָעֶיךָ זְרָעַיִךְ זְרָעָיו זְרָעֶיהָ זְרָעֵינוּ זַרְעֵיכֶם זַרְעֵיכֶן זַרְעֵיהֶם זַרְעֵיהֶן	נְעָרַי נְעָרֶיךָ נְעָרַיִךְ נְעָרָיו נְעָרֶיהָ נְעָרֵינוּ נַעֲרֵיכֶם נַעֲרֵיכֶן נַעֲרֵיהֶם נַעֲרֵיהֶן	מְלָכַי מְלָכֶיךָ מְלָכַיִךְ מְלָכָיו מְלָכֶיהָ מְלָכֵינוּ מַלְכֵיכֶם מַלְכֵיכֶן מַלְכֵיהֶם מַלְכֵיהֶן

חֲלָקִים	חֳדָשִׁים	זְבָחִים
חֲלָקַי	חֳדָשַׁי	זְבָחַי
חֲלָקֶיךָ חֲלָקַיִךְ	חֳדָשֶׁיךָ חֳדָשַׁיִךְ	זְבָחֶיךָ זְבָחַיִךְ
חֲלָקָיו חֲלָקֶיהָ	חֳדָשָׁיו חֳדָשֶׁיהָ	זְבָחָיו זְבָחֶיהָ
חֲלָקֵינוּ	חֳדָשֵׁינוּ	זְבָחֵינוּ
חֶלְקֵיכֶם חֶלְקֵיכֶן	חָדְשֵׁיכֶם חָדְשֵׁיכֶן	זִבְחֵיכֶם זִבְחֵיכֶן
חֶלְקֵיהֶם חֶלְקֵיהֶן	חָדְשֵׁיהֶם חָדְשֵׁיהֶן	זִבְחֵיהֶם זִבְחֵיהֶן

Remarque : L'état construit s'obtient à partir de la forme suffixée de la 2e personne du pluriel, en supprimant le suffixe.

Exemples :

les serviteurs du roi	נַעֲרֵי־הַמֶּלֶךְ	*vos serviteurs*	נַעֲרֵיכֶם
des sacrifices de justice	זִבְחֵי־צֶדֶק	*vos sacrifices*	זִבְחֵיכֶם

C) Cas particulier : les mots du type □ַ֫יִ□.

– Au singulier, le י devient quiescent et la voyelle de la 1[re] consonne est □ֵ.

Exemples :

עַ֫יִן	זַ֫יִת	בַּ֫יִת
עֵינִי	זֵיתִי	בֵּיתִי
עֵינְךָ עֵינֵךְ	זֵיתְךָ זֵיתֵךְ	בֵּיתְךָ בֵּיתֵךְ
עֵינוֹ עֵינָהּ	זֵיתוֹ זֵיתָהּ	בֵּיתוֹ בֵּיתָהּ
עֵינֵ֫נוּ	זֵיתֵ֫נוּ	בֵּיתֵ֫נוּ
עֵינְכֶם עֵינְכֶן	זֵיתְכֶם זֵיתְכֶן	בֵּיתְכֶם בֵּיתְכֶן
עֵינָם עֵינָן	זֵיתָם זֵיתָן	בֵּיתָם בֵּיתָן

– <u>Au pluriel</u> : Dans בָּתִּים le י a disparu (à l'origine : בְּיָתִים) et dans זֵיתִים la syllabe de la flexion au singulier est conservée :

עֵינַיִם	זֵיתִים	בָּתִּים
עֵינַי	זֵיתַי	בָּתַּי
עֵינֶיךָ עֵינַיִךְ	זֵיתֶיךָ זֵיתַיִךְ	בָּתֶּיךָ בָּתַּיִךְ
עֵינָיו עֵינֶיהָ	זֵיתָיו זֵיתֶיהָ	בָּתָּיו בָּתֶּיהָ
עֵינֵינוּ	זֵיתֵינוּ	בָּתֵּינוּ
עֵינֵיכֶם עֵינֵיכֶן	זֵיתֵיכֶם זֵיתֵיכֶן	בָּתֵּיכֶם בָּתֵּיכֶן
עֵינֵיהֶם עֵינֵיהֶן	זֵיתֵיהֶם זֵיתֵיהֶן	בָּתֵּיהֶם בָּתֵּיהֶן

Remarque : La syllabe du mot fléchi est conservée à l'<u>état construit</u>.

Exemples :

les maisons d'Égypte בָּתֵּי מִצְרַיִם *la maison de Pharaon* בֵּית פַּרְעֹה

D) <u>Flexion du « duel »</u>.

– עֵינַיִם fait partie des mots qui se mettent au « duel ». Tous ces duels sont accentués sur l'avant-dernière syllabe. Quand ils sont déclinés, **la 1re syllabe est stable avec tous les suffixes.**

Exemples : *tes oreilles* אָזְנַיִם ← אָזְנֶיךָ

mes pieds רַגְלַיִם ← רַגְלַי

Exercices :

• Version :

א. וַיִּשְׂרֹף אֶת־בֵּית־יְהוָה וְאֶת־בֵּית הַמֶּלֶךְ וְאֵת כָּל־בָּתֵּי יְרוּשָׁלַםִ וְאֶת־כָּל־בֵּית גָּדוֹל שָׂרַף בָּאֵשׁ׃

ב. הַחֹדֶשׁ הַזֶּה לָכֶם רֹאשׁ חֳדָשִׁים רִאשׁוֹן הוּא לָכֶם לְחָדְשֵׁי הַשָּׁנָה׃

ג. הִנֵּה־נָא מָצָא עַבְדְּךָ חֵן בְּעֵינֶיךָ וַתַּגְדֵּל חַסְדְּךָ אֲשֶׁר עָשִׂיתָ עִמָּדִי׃

ד. וַיֹּאמֶר מָה רָאוּ בְּבֵיתֶךָ וַיֹּאמֶר חִזְקִיָּהוּ אֵת כָּל־אֲשֶׁר בְּבֵיתִי רָאוּ׃

ה. מָלַךְ אֱלֹהִים עַל־גּוֹיִם   אֱלֹהִים יָשַׁב עַל־כִּסֵּא קָדְשׁוֹ׃

• Thème :

1. Les pierres de cet autel seront sanctifiées pour présenter vos sacrifices.

2. L'Éternel a fait demeurer sa gloire dans notre pays.

3. Les hommes d'Israël espèrent en sa bienveillance.

4. Le Seigneur est ma force et mon partage, dit mon âme.

5. Leurs rois brûleront vos maisons et vos statues par le feu.

Vocabulaire :

אֹמֶר ז׳	parole, ordre
‖ אֶרֶז ז׳	cèdre
גֹּבַהּ ז׳	hauteur, fierté, insolence
‖ גִּבּוֹר ז׳	héros, guerrier
‖ דַּעַת ז׳ ou נ׳	connaissance, science
‖ הִגְדִּיל	agrandir, rendre grand
‖ זֶבַח ז׳	victime, sacrifice
זַעַף ז׳	colère, rage
חֵזֶק ז׳	force, secours
‖ חִזְקִיָּהוּ et חִזְקִיָּה	Ézéchias
חֵלֶק ז׳	part, partage
חֵן ז׳	grâce, faveur
חֵקֶר ז׳	recherche, méditation
חֵשֶׁב ז׳	ceinture
חֵשֶׁק ז׳	désir, délices
‖ נַעַר ז׳	garçon, serviteur
סְדֹם	Sodome
‖ עֵמֶק ז׳	vallée
פַּחַד	terreur, crainte
פֶּסֶל ז׳	image taillée, statue
‖ צֶדֶק ז׳	droiture, justice
רֹמַח ז׳	lance, javelot
‖ שָׂרַף	brûler

Leçon 30

La forme הִתְפַּעֵל

C'est la conjugaison réfléchie de l'action intensive, c'est-à-dire du פִּעֵל
Exemples :

se purifier, se sanctifier הִתְקַדֵּשׁ *sanctifier, purifier* קִדֵּשׁ

Il est caractérisé par la préfixation de la syllabe הִתְ à la racine, avec la voyelle □ַ sous la 1re radicale et □ֵ sous la 2e. Tout comme au pi'el, la **2e radicale porte un daguesh fort.**

Le ה de la syllabe הִתְ est absorbé par les préfixes personnels de l'inaccompli et le מ du participe.

se tuer intensément, se massacrer : הִתְקַטֵּל

Infinitifs	Participe	Inaccompli	Accompli
<u>Absolu</u> הִתְקַטֵּל <u>construit</u> הִתְקַטֵּל בְּהִתְקַטֵּל כְּהִתְקַטֵּל לְהִתְקַטֵּל מֵהִתְקַטֵּל	מִתְקַטֵּל מִתְקַטֶּ֫לֶת (מִתְקַטְּלָה) מִתְקַטְּלִים מִתְקַטְּלוֹת	אֶתְקַטֵּל תִּתְקַטֵּל תִּתְקַטְּלִי יִתְקַטֵּל תִּתְקַטֵּל נִתְקַטֵּל תִּתְקַטְּלוּ תִּתְקַטַּ֫לְנָה יִתְקַטְּלוּ תִּתְקַטַּ֫לְנָה	הִתְקַטַּ֫לְתִּי הִתְקַטַּ֫לְתָּ הִתְקַטַּלְתְּ הִתְקַטֵּל הִתְקַטְּלָה הִתְקַטַּ֫לְנוּ הִתְקַטַּלְתֶּם הִתְקַטַּלְתֶּן הִתְקַטְּלוּ

Jussif	Impératif	Cohortatif
יִתְקַטֵּל תִּתְקַטֵּל יִתְקַטְּלוּ תִּתְקַטַּ֫לְנָה	הִתְקַטֵּל הִתְקַטְּלִי הִתְקַטְּלוּ הִתְקַטֵּ֫לְנָה	אֶתְקַטְּלָה נִתְקַטְּלָה

Exemples : עַתָּה הִתְקַדְּשׁוּ וְקַדְּשׁוּ אֶת־בֵּית יְהוָה אֱלֹהֵי אֲבֹתֵיכֶם

2 Chroniques 29,5

Maintenant sanctifiez-vous et sanctifiez la maison de l'Éternel, le Dieu de vos pères…

Remarques :

– La voyelle de la 2ᵉ radicale טֵּ peut être טַּ :

– à la 3ᵉ personne du masculin singulier de l'accompli : הִתְקַטַּל

– à toutes les personnes de l'inaccompli : יִתְקַטַּל

– à l'impératif masculin singulier : הִתְקַטַּל

– Elle peut être טֵּ֫ aux 2ᵉˢ et 3ᵉˢ personnes du féminin pluriel de l'inaccompli : תִּתְקַטֵּ֫לְנָה

– Si la 1ʳᵉ lettre de la racine est une des trois consonnes sifflantes ס, שׂ, שׁ, il y a métathèse du préfixe ת et de la 1ʳᵉ radicale.

Exemples : *se cacher* סתר ← הִסְתַּתֵּר *s'enivrer* שׁכר ← הִשְׁתַּכֵּר

– Si la 1ʳᵉ radicale est צ, le ת du préfixe est remplacé par un ט qui se place après la 1ʳᵉ radicale.

Exemple : *se justifier* צדק ← הִצְטַדֵּק

– Si la 1ʳᵉ radicale est ט , ת , ד , le ת du préfixe disparaît souvent et est remplacé par un daguesh fort dans la 1ʳᵉ radicale.

Exemples : *être écrasé* דכא ← הִדַּכֵּא *se souiller* טמא ← הִטַּמֵּא

Exercices :

• Version :

א. הֲלוֹא דָוִד מִסְתַּתֵּר עִמָּנוּ בַמְּצָדוֹת בַּחֹרְשָׁה בְּגִבְעַת הַחֲכִילָה אֲשֶׁר מִימִין הַיְשִׁימוֹן׃

ב. וַיִּתְקַבְּצוּ יַחְדָּו לְהִלָּחֵם עִם־יְהוֹשֻׁעַ וְעִם־יִשְׂרָאֵל פֶּה אֶחָד׃

ג. וַיִּשְׁמְעוּ אֶת־קוֹל יְהוָה אֱלֹהִים מִתְהַלֵּךְ בַּגָּן לְרוּחַ הַיּוֹם וַיִּתְחַבֵּא הָאָדָם וְאִשְׁתּוֹ

מִפְּנֵי יְהוָה אֱלֹהִים בְּתוֹךְ עֵץ הַגָּן׃

ד. וַיִּתְפָּקֵד הָעָם וְהִנֵּה אֵין־שָׁם אִישׁ מִיּוֹשְׁבֵי יָבֵשׁ גִּלְעָד׃

ה. וְנִשְׁבַּעְתָּ חַי־יְהוָה בֶּאֱמֶת בְּמִשְׁפָּט וּבִצְדָקָה וְהִתְבָּרְכוּ בוֹ גּוֹיִם וּבוֹ יִתְהַלָּלוּ׃

• Thème :

1. Le peuple s'est sanctifié et s'est rassemblé devant la tente de la rencontre.

2. L'homme fidèle, c'est lui qui sera loué.

3. Il sortit de la maison de l'Éternel pour se promener dans la ville.

4. Comment nous justifierons-nous ?

5. Ils se cachèrent dans le jardin parce qu'ils s'étaient souillés.

Vocabulaire :

גִּבְעָה נ׳	colline
גִּלְעָד	Galaad
גַּן ז׳ et נ׳	jardin
הִדַּכֵּא	être écrasé, être opprimé
הִטַּמֵּא	se souiller, se rendre impur
הִסְתַּתֵּר	se cacher
הִצְטַדֵּק	se justifier
הִשְׁתַּכֵּר	s'enivrer
הִתְבָּרֵךְ	se bénir, être béni
הִתְהַלֵּךְ	se promener
הִתְהַלֵּל	être loué, se louer
הִתְחַבֵּא	se cacher
הִתְפָּקֵד	être recensé
הִתְקַבֵּץ	se rassembler
הִתְקַדֵּשׁ	se purifier, se sanctifier
חַי	vivant
חֲכִילָה	Hachila
חֹרֶשׁ ז׳	bois, forêt, feuillage
יָבֵשׁ et יָבֵישׁ	Yabech
יְהוֹשֻׁעַ et יְהוֹשׁוּעַ	Josué
יַחְדָּו et יַחְדָּיו	ensemble
יָמִין	la droite
יְשִׁימוֹן ז׳	solitude, désert, Yechimon
מְצַד ז׳ מְצָדוֹת	lieu fort
נִלְחַם	combattre, se faire la guerre
נִשְׁבַּע	jurer
פֶּה ז׳ (פִּי־)	bouche, tranchant (d'une épée)

Remarques :

– <u>Phrase</u> א : בַּחֹרֶשׁ = בַּחֹרְשָׁה

– <u>Phrase</u> ב : עִם a le sens de *contre*.

Unanimement (littéralement : *une seule bouche*) פֶּה אֶחָד.

– <u>Phrase</u> ג : אִשְׁתּוֹ est la flexion du mot אִשָּׁה.

– <u>Phrase</u> ה : Le verbe הִתְבָּרֵךְ ne porte pas de daguesh dans sa 2e radicale puisqu'il s'agit d'un ר. Dans ce cas le ◌ַ de la 1re radicale s'allonge en ◌ָ. Le verbe הִתְפָּקֵד (phrase ד) se comporte de la même manière bien qu'il s'agisse d'un ק ! Voir Paul JOÜON, *Grammaire de l'hébreu biblique*, § 53 g. Pour l'expression חַי־יְהוָה, voir Paul JOÜON, § 165 e.

Leçon 31

La flexion des noms (2)

1. Flexion des noms ayant au moins un qamats.

a) Avec qamats dans la 1re syllabe.

Au pluriel, le qamats de la 1re syllabe tombe et est remplacé par un cheva vocal ou un ḥataf pattaḥ si la consonne est א ה ח ע.

Exemples : דָבָר ← דְבָרִים עָנָן ← עֲנָנִים נָבִיא ← נְבִיאִים
זָקֵן ← זְקֵנִים

Flexion du mot au singulier :

– Comme pour la formation du pluriel, le qamats de la 1re syllabe est remplacé par un cheva vocal ou un ḥataf pattaḥ si la consonne est א ה ח ע.

– Dans les mots de type □ָ□ָ□ ou □ָ□ֵ□, avec un suffixe lourd (2es personnes du pluriel), le 2e qamats ou le tséré est remplacé par un pattaḥ (car la voyelle se trouve alors dans une syllabe fermée non accentuée).

Exemples :

עָנָן	כָּבוֹד	דָבָר
עֲנָנִי	כְּבוֹדִי	דְבָרִי
עֲנָנֵךְ עֲנָנְךָ	כְּבוֹדֵךְ כְּבוֹדְךָ	דְבָרֵךְ דְבָרְךָ
עֲנָנָהּ עֲנָנוֹ	כְּבוֹדָהּ כְּבוֹדוֹ	דְבָרָהּ דְבָרוֹ
עֲנָנֵנוּ	כְּבוֹדֵנוּ	דְבָרֵנוּ
עֲנַנְכֶן עֲנַנְכֶם	כְּבוֹדְכֶן כְּבוֹדְכֶם	דְבַרְכֶן דְבַרְכֶם
עֲנָנָן עֲנָנָם	כְּבוֹדָן כְּבוֹדָם	דְבָרָן דְבָרָם

Remarque : <u>À l'état construit</u>, ces mots ont la forme des 2es personnes du pluriel sans le suffixe !

Exemples :

la nuée de l'Éternel	עֲנַן יְהוָה	*l'ancien de sa maison*	זְקַן בֵּיתוֹ
la parole du roi	דְּבַר־הַמֶּלֶךְ	*la gloire de l'Éternel*	כְּבוֹד יְהוָה

<u>Flexion du mot au pluriel</u> :

– Dans les mots de type □ָ□ָ□ ou □ָ□ֵ□, le 2e qamats ou le tséré se maintient avec un suffixe léger. Ils sont remplacés par un cheva (ou un ḥataf pattaḥ si la consonne est ע ח ה א) avec un suffixe lourd ; dans ce cas la voyelle de la 1re consonne se change en ḥiriq (ou pattaḥ si la 1re ou la 2e consonne est ע ח ה א).

Exemples :

זְקֵנִים	נְבִיאִים	דְּבָרִים
זְקֵנַי זְקֵנֶיךָ זְקֵנַיִךְ זְקֵנָיו זְקֵנֶיהָ זְקֵנֵינוּ זִקְנֵיכֶם זִקְנֵיכֶן זִקְנֵיהֶם זִקְנֵיהֶן	נְבִיאַי נְבִיאֶיךָ נְבִיאַיִךְ נְבִיאָיו נְבִיאֶיהָ נְבִיאֵינוּ נְבִיאֵיכֶם נְבִיאֵיכֶן נְבִיאֵיהֶם נְבִיאֵיהֶן	דְּבָרַי דְּבָרֶיךָ דְּבָרַיִךְ דְּבָרָיו דְּבָרֶיהָ דְּבָרֵינוּ דִּבְרֵיכֶם דִּבְרֵיכֶן דִּבְרֵיהֶם דִּבְרֵיהֶן

חֲכָמִים
חֲכָמַי חֲכָמֶיךָ חֲכָמַיִךְ חֲכָמָיו חֲכָמֶיהָ חֲכָמֵינוּ חַכְמֵיכֶם חַכְמֵיכֶן חַכְמֵיהֶם חַכְמֵיהֶן

Remarque : <u>À l'état construit</u> , ces mots ont la forme des 2es et 3es personnes du pluriel, sans le suffixe !

Exemples :

les sages des nations חַכְמֵי הַגּוֹיִם *les paroles du peuple* דִּבְרֵי הָעָם

les prophètes de Jérusalem נְבִיאֵי יְרוּשָׁלַיִם *les anciens d'Israël* זִקְנֵי יִשְׂרָאֵל

Cas particuliers : *petit* קָטָן *chameau* גָּמָל *lapin , daman* שָׁפָן

שָׁפָן ← שְׁפַנִּים גָּמָל ← גְּמַלִּים קָטָן (קָטֹן) ← קְטַנִּים

Comme pour le pluriel, n'importe quel suffixe provoque la chute du 1er qamats, remplacé par un cheva vocal. La 2e consonne porte un pattaḥ suivi d'un daguesh fort dans la 3e consonne.

Dans la Bible, seul le mot קָטָן est fléchi au singulier !

Exemples : *tes chameaux* גְּמַלֶּיךָ *leur petit* קְטַנָּם

b) Avec qamats dans la dernière syllabe, précédé d'une syllabe stable.

Flexion du mot au singulier et au pluriel :

Avec les suffixes lourds, le qamats est remplacé au singulier par un pattaḥ, au pluriel par un cheva vocal (ou un ḥataf pattaḥ si la consonne est ע ח ה א).

Exemples :

עוֹלָם	מִשְׁפָּט	מַלְאָךְ
עוֹלָמִי	מִשְׁפָּטִי	מַלְאָכִי
עוֹלָמְךָ עוֹלָמֵךְ	מִשְׁפָּטְךָ מִשְׁפָּטֵךְ	מַלְאָכְךָ מַלְאָכֵךְ
עוֹלָמוֹ עוֹלָמָהּ	מִשְׁפָּטוֹ מִשְׁפָּטָהּ	מַלְאָכוֹ מַלְאָכָהּ
עוֹלָמֵנוּ	מִשְׁפָּטֵנוּ	מַלְאָכֵנוּ
עוֹלַמְכֶם עוֹלַמְכֶן	מִשְׁפַּטְכֶם מִשְׁפַּטְכֶן	מַלְאַכְכֶם מַלְאַכְכֶן
עוֹלָמָם עוֹלָמָן	מִשְׁפָּטָם מִשְׁפָּטָן	מַלְאָכָם מַלְאָכָן

עוֹלָמִים	מִשְׁפָּטִים	מַלְאָכִים
עוֹלָמַי עוֹלָמֶיךָ עוֹלָמַיִךְ עוֹלָמָיו עוֹלָמֶיהָ עוֹלָמֵינוּ עוֹלְמֵיכֶם עוֹלְמֵיכֶן עוֹלְמֵיהֶם עוֹלְמֵיהֶן	מִשְׁפָּטַי מִשְׁפָּטֶיךָ מִשְׁפָּטַיִךְ מִשְׁפָּטָיו מִשְׁפָּטֶיהָ מִשְׁפָּטֵינוּ מִשְׁפְּטֵיכֶם מִשְׁפְּטֵיכֶן מִשְׁפְּטֵיהֶם מִשְׁפְּטֵיהֶן	מַלְאָכַי מַלְאָכֶיךָ מַלְאָכַיִךְ מַלְאָכָיו מַלְאָכֶיהָ מַלְאָכֵינוּ מַלְאֲכֵיכֶם מַלְאֲכֵיכֶן מַלְאֲכֵיהֶם מַלְאֲכֵיהֶן

Remarque : À l’état construit, le mot prend la forme des 2es personnes du pluriel sans le suffixe !

Exemples :

des jugements justes מִשְׁפְּטֵי־צֶדֶק *le jugement du roi* מִשְׁפַּט הַמֶּלֶךְ

les messagers de Dieu מַלְאֲכֵי אֱלֹהִים *le messager de Dieu* מַלְאַךְ אֱלֹהִים

2. Flexion des noms du type □וֹ□ֵ□

C’est, en général, le participe actif masculin de la forme qal, employé comme nom.

Flexion du mot au singulier et au pluriel :

Au singulier, le tséré de la 2e consonne est remplacé par un seggol (quelquefois un ḥiriq) avec les suffixes ךָ כֶם כֶן. Dans le reste de la flexion, singulier et pluriel, il est remplacé par un cheva.

Exemples :

אוֹיֵב	שׁוֹפֵט	שׁוֹמֵר
אוֹיְבִי אוֹיִבְךָ אוֹיְבֵךְ אוֹיְבוֹ אוֹיְבָהּ אוֹיְבֵנוּ אוֹיִבְכֶם אוֹיִבְכֶן אוֹיְבָם אוֹיְבָן	שׁוֹפְטִי שׁוֹפֶטְךָ שׁוֹפְטֵךְ שׁוֹפְטוֹ שׁוֹפְטָהּ שׁוֹפְטֵנוּ שׁוֹפֶטְכֶם שׁוֹפֶטְכֶן שׁוֹפְטָם שׁוֹפְטָן	שׁוֹמְרִי שׁוֹמֶרְךָ שׁוֹמְרֵךְ שׁוֹמְרוֹ שׁוֹמְרָהּ שׁוֹמְרֵנוּ שׁוֹמֶרְכֶם שׁוֹמֶרְכֶן שׁוֹמְרָם שׁוֹמְרָן

אוֹיְבִים	שׁוֹפְטִים	שׁוֹמְרִים
אוֹיְבַי	שׁוֹפְטַי	שׁוֹמְרַי
אוֹיְבֶיךָ אוֹיְבַיִךְ	שׁוֹפְטֶיךָ שׁוֹפְטַיִךְ	שׁוֹמְרֶיךָ שׁוֹמְרַיִךְ
אוֹיְבָיו אוֹיְבֶיהָ	שׁוֹפְטָיו שׁוֹפְטֶיהָ	שׁוֹמְרָיו שׁוֹמְרֶיהָ
אוֹיְבֵינוּ	שׁוֹפְטֵינוּ	שׁוֹמְרֵינוּ
אוֹיְבֵיכֶם אוֹיְבֵיכֶן	שׁוֹפְטֵיכֶם שׁוֹפְטֵיכֶן	שׁוֹמְרֵיכֶם שׁוֹמְרֵיכֶן
אוֹיְבֵיהֶם אוֹיְבֵיהֶן	שׁוֹפְטֵיהֶם שׁוֹפְטֵיהֶן	שׁוֹמְרֵיהֶם שׁוֹמְרֵיהֶן

Remarque : À l'état construit, le mot au singulier ne subit pas de modifications vocaliques. Au pluriel, il prend la forme des 2es et 3es personnes du pluriel, sans le suffixe !

Exemples :

שֹׁפֵט הָאָרֶץ *le juge de la terre* — שֹׁפְטֵי יִשְׂרָאֵל *les juges d'Israël*

שֹׁמֵר יִשְׂרָאֵל *le gardien d'Israël* — אֹיְבֵי דָוִד *les ennemis de David*

Exercices :

- **Version :**

א. סוּסֵיהֶם שְׁבַע מֵאוֹת שְׁלֹשִׁים וְשִׁשָּׁה פִּרְדֵיהֶם מָאתַיִם אַרְבָּעִים וַחֲמִשָּׁה׃
גְּמַלֵּיהֶם אַרְבַּע מֵאוֹת שְׁלֹשִׁים וַחֲמִשָּׁה חֲמֹרִים שֵׁשֶׁת אֲלָפִים שְׁבַע
מֵאוֹת וְעֶשְׂרִים׃

ב. כֹּה אָמַר יְהוָה הִנְנִי נֹתֵן אֶת־פַּרְעֹה חָפְרַע מֶלֶךְ־מִצְרַיִם בְּיַד אֹיְבָיו וּבְיַד
מְבַקְשֵׁי נַפְשׁוֹ׃

ג. וְיָצְאוּ זְקֵנֶיךָ וְשֹׁפְטֶיךָ וּמָדְדוּ אֶל־הֶעָרִים אֲשֶׁר סְבִיבֹת הֶחָלָל׃

ד. וַיֹּאמְרוּ אֶל־הַמֶּלֶךְ הִנֵּה־רֹאשׁ אִישׁ־בֹּשֶׁת בֶּן־שָׁאוּל אֹיִבְךָ אֲשֶׁר
בִּקֵּשׁ אֶת־נַפְשֶׁךָ׃

ה. חֶרֶב עַל־כַּשְׂדִּים נְאֻם־יְהוָה וְאֶל־יֹשְׁבֵי בָבֶל וְאֶל־שָׂרֶיהָ וְאֶל־חֲכָמֶיהָ׃

• Thème :

1. Vos anciens et vos sages demeureront dans ma maison.

2. Tes prophètes, Jérusalem, n’ont pas gardé ma parole !

3. Poursuis ton ennemi jusque dans la cour de la maison du roi !

4. Notre Dieu a livré notre ennemi entre nos mains.

5. Leurs juges sont allés à la maison de l’Éternel sur leurs chameaux et leurs petits mulets pour faire alliance avec les anciens du peuple.

Vocabulaire :

|| אוֹיֵב ז׳	adversaire, ennemi
אָיַב	haïr
גָּמָל ז׳ ou נ׳	chameau
|| חָלָל ז׳	frappé, blessé, tué
|| חֲמֹר et חֲמוֹר ז׳	âne
חָפְרַע	Hophra
|| חָצֵר ז׳ ou נ׳	cour
מָדַד	mesurer
|| סְבִיבוֹת נ׳ ר׳	les alentours, autour
פֶּרֶד ז׳	mulet
קָטָן et קָטֹן	petit
שׁוֹמֵר ז׳	gardien, sentinelle
שׁוֹפֵט ז׳	juge
שָׁפָן ז׳	daman, lapin
שַׂר ז׳ שָׂרִים	prince, grand, maître

Leçon 32

Le pronom personnel suffixé aux verbes

Un pronom personnel complément d'objet direct d'un verbe peut être exprimé à l'aide de la particule אֵת fléchie (voir leçon 18).

Exemples :

Je les ai brûlés שָׂרַ֫פְתִּי אֹתָם

Il vous enseignera יְלַמֵּד אֶתְכֶם

Mais le plus souvent en hébreu biblique, il est directement suffixé au verbe.

Exemples :

Tu m'as instruit לִמַּדְתַּ֫נִי

L'Éternel te gardera יְהוָה יִשְׁמָרְךָ

La forme des suffixes verbaux varie selon que le verbe se termine par une voyelle ou par une consonne :

1) Si le verbe se termine par une voyelle, il s'unit par **cette voyelle** au suffixe commençant par une consonne.

Exemples :

Je t'ai entendu שְׁמַעְתִּ֫יךָ *Tu m'as envoyé* שְׁלַחְתָּ֫נִי

Ils l'ensevelirent וַיִּקְבְּרֻ֫הוּ

Remarquer que les voyelles peuvent s'abréger : □וּ devient □ֻ et □ָ devient □ַ (וַיִּקְבְּרֻ֫הוּ , לִמַּדְתַּ֫נִי).

2) Si le verbe se termine par une consonne, il s'unit par une **voyelle de liaison** au suffixe commençant par une consonne.

a) À l'accompli cette voyelle est *a* (□ַ ou □ָ).

Exemples :

Il m'a gardé שְׁמָרַ֫נִי *Il les a rachetés* גְּאָלָם *Il m'a envoyé* שְׁלָחַ֫נִי

b) À l'inaccompli et à l'impératif, la voyelle de liaison est *é* (□ֵ ou □ֶ).

Exemples : *Envoie-moi* שְׁלָחֵנִי *Il les oignit* וַיִּמְשָׁחֵם

Remarques :

– Devant les suffixes כֶם et ךָ, il n'y a pas de voyelles de liaison, mais seulement un sheva vocal.

Exemples :

Je vous enseignerai אֲלַמֶּדְכֶם *Il t'a fait justice* שְׁפָטְךָ

– Les infinitifs et les participes prennent les suffixes nominaux plutôt que les suffixes verbaux.

Tableau des suffixes verbaux :

Consonne finale vocalisée		Consonne finale non vocalisée			
		Inaccompli et impératif		Accompli	
נִי		◌ֵנִי (◌ֶנִּי)		◌ַנִי	
ךְ	ךָ	◌ֵךְ	◌ְךָ (◌ֶךָּ)	◌ֵךְ	◌ְךָ
הָ	הוּ (ו)	◌ֶהָ (◌ֶנָּה)	◌ֵהוּ (◌ֶנּוּ)	◌ָהּ	וֹ
נוּ		◌ֵנוּ		◌ַנוּ	
	כֶם	◌ְכֶן	◌ְכֶם	◌ְכֶן	◌ְכֶם
ן	ם	◌ֵן	◌ֵם	◌ָן	◌ָם

Remarques :

– À l'inaccompli et à l'impératif, on rencontre une série de suffixes avec un נ énergique ou épenthétique (avec daguesh). Actuellement, il n'a plus de valeur sémantique.

– Les suffixes verbaux ne se rencontrent pratiquement qu'au **qal**, au **pi'el** et au **hif'il**.

Modifications vocaliques :

– La présence de ces suffixes entraîne des modifications vocaliques et même consonantiques de la forme verbale. Ainsi à la 3e personne du féminin singulier de l'accompli, □ָ□ְ□ָה devient □ְ□ָ□ַת.

– La nouvelle disposition des voyelles est comparable à celle du nom avec suffixes. Comparer, par exemple, *il t'a rendu justice* שְׁפָטְךָ et *ta parole* דְּבָרְךָ.

– **Au hif'il**, à toutes les personnes de l'accompli, la disposition des voyelles reste invariable. À la 2e personne masculin singulier de l'impératif, la forme avec suffixe est הַ□ְ□ִי□ et non הַ□ְ□ֵ□.

Exemple : *présente-le* הַקְרִיבֵהוּ

Les règles concernant ces modifications de voyelles sont données en détail dans Paul JOÜON, *Grammaire de l'hébreu biblique,* § 61 à 64.

Exercices :

• Version :

א. כֹּה־אָמַר יְהוָה אֱלֹהֵי יִשְׂרָאֵל הָלֹךְ וְאָמַרְתָּ אֶל־צִדְקִיָּהוּ מֶלֶךְ יְהוּדָה וְאָמַרְתָּ אֵלָיו כֹּה אָמַר יְהוָה הִנְנִי נֹתֵן אֶת־הָעִיר הַזֹּאת בְּיַד מֶלֶךְ־בָּבֶל וּשְׂרָפָהּ בָּאֵשׁ׃

ב. יְהוָה יִשְׁמָרְךָ מִכָּל־רָע יִשְׁמֹר אֶת־נַפְשֶׁךָ׃

ג. וְאַתָּה יִשְׂרָאֵל עַבְדִּי יַעֲקֹב אֲשֶׁר בְּחַרְתִּיךָ זֶרַע אַבְרָהָם אֹהֲבִי׃

ד. וַיֹּאמֶר יְהוָה אֶל־שְׁמוּאֵל עַד־מָתַי אַתָּה מִתְאַבֵּל אֶל־שָׁאוּל וַאֲנִי מְאַסְתִּיו מִמְּלֹךְ עַל־יִשְׂרָאֵל׃

ה. וַיֹּאמֶר דָּוִד לַאֲבִגַל בָּרוּךְ יְהוָה אֱלֹהֵי יִשְׂרָאֵל אֲשֶׁר שְׁלָחֵךְ הַיּוֹם הַזֶּה לִקְרָאתִי׃

• Thème :

1. Il m’a instruit dans ses voies.
2. Tu le chercheras dans tout le pays d’Israël.
3. Samuel alla vers David et l’oignit comme roi sur Israël.
4. Aujourd’hui, l’Éternel vous a rendu justice.
5. Louez-le,vous, tous ses anges !

Vocabulaire :

être en deuil, être désolé	הִתְאַבֵּל	Abigaïl	אֲבִיגַל et אֲבִיגָיִל
Sédécias	צִדְקִיָּהוּ	ami	אֹהֵב ז
enterrer	קָבַר ‖	loué, béni	בָּרוּךְ ‖
mal, malheur	רַע ז ‖	racheter, libérer	גָּאַל
		louer, célébrer	הִלֵּל ‖

Remarques :

– הִתְאַבֵּל : Ce verbe commande les prépositions עַל ou אֶל.

– Phrase ה : בָּרוּךְ est le participe passif du verbe בָּרַךְ. Lorsqu’il a le sens de *bénir*, ce verbe n’est employé qu’au participe passif. Le sens premier de ce verbe au qal est *s’agenouiller, se mettre à genoux*.

– Phrase 5 : Le *vous* qui est nécessaire en français, n’a pas besoin d’être traduit en hébreu.

Leçon 33

Les verbes gutturaux : les verbes à 1re gutturale

Les verbes gutturaux sont des verbes dont une ou plusieurs des 3 radicales est une des lettres gutturales ע ח ה א et ר qui est assimilé à une gutturale (il peut porter un cheva simple vocal mais ne peut pas être redoublé !). À cause de la présence d'une ou de plusieurs de ces lettres dans la racine du verbe, des modifications vocaliques vont se produire dans la conjugaison.

Exemples : *poursuivre* רָדַף *tuer* הָרַג *être dur* חָזַק *passer* עָבַר

Remarque : les verbes פ״א seront étudiés plus tard. Ils se comportent en général comme des verbes à 1re gutturale, sauf pour 5 d'entre eux, particulièrement usités.

1) Le pa'al (ou qal).

– À l'accompli, le cheva simple de la 1re radicale des 2es personnes du pluriel (ex. : כְּתַבְתֶּם) sera remplacé par un cheva composé.

Exemple : *vous avez passé* עֲבַרְתֶּם

– À l'inaccompli, le cheva simple de la 1re radicale (ex. : יִכְתֹּב) sera remplacé par un cheva composé. Dans ce cas, la voyelle du préfixe sera celle du cheva composé.

Exemples : *il se tiendra debout* יַֽעֲמֹד on a aussi : *il voudra* יַחְפֹּץ
il deviendra fort יֶֽחֱזַק on a aussi : *il manquera* יֶחְסַר
je servirai אֶֽעֱבֹד (rappel : אֶכְתֹּב)

Remarquer que le meteg se place à la voyelle qui précède un ḥataf et aussi dans le cas où un ḥataf devient voyelle brève. Paul JOÜON, *Grammaire de l'hébreu biblique*, § 14 c.

– À l'impératif, la voyelle de la 1re radicale est toujours □ֲ pour la 2e personne du masculin singulier et la 2e personne du féminin pluriel, □ִ pour les autres.

Exemples : *tenez-vous debout* עִמְדוּ *tiens-toi debout* עֲמֹד

– À l'<u>infinitif construit</u>, la voyelle de la 1re radicale est, en général, □ֲ. Si elle est précédée d'une préposition, celle-ci prend la voyelle du cheva composé.

Exemples : *pour se tenir* לַעֲמֹד *pour tuer* לַהֲרֹג

mais : *pour examiner* לַחְקֹר

2) Le nif'al.

– À l'<u>accompli</u> et au <u>participe</u>, le cheva simple de la 1re radicale (ex. : נִכְתַּב) sera remplacé par un cheva composé.

Exemple : *être travaillé, être labouré* נֶעֱבַד

– À l'<u>inaccompli</u>, l'<u>impératif</u> et l'<u>infinitif construit</u>, l'absence de redoublement (rappel : יִכָּתֵב) est compensée par l'allongement du □ִ en □ֵ.

Exemple : *il sera tué* יֵהָרֵג

3) Le hif'il.

À l'<u>accompli</u>, la 1re radicale porte □ֱ. À l'<u>inaccompli</u>, à l'<u>impératif</u>, à l'<u>infinitif</u> et au <u>participe</u>, elle porte □ֲ.

Exemples : *pour faire passer* לְהַעֲבִיר *il fit passer* הֶעֱבִיר

il fera passer יַעֲבִיר *faisant passer* מַעֲבִיר

4) Le hof'al.

La voyelle de la 1re radicale est toujours □ֳ, sauf dans une syllabe fermée où le ḥataf qamats se change en qamats bref : □ָ

Tout cheva composé suivi d'un autre cheva se change en voyelle brève.

Exemples : *tu seras présentée* תָּעָמְדִי *il sera présenté* יָעֳמַד

5) Au pi'el, au pu'al et au hitpa'el, la 1re radicale ne porte jamais de cheva, il n'y a donc pas de problème de vocalisation !

Exercices :

• Version :

א. וַיִּרְדֹּף דָּוִד הוּא וְאַרְבַּע־מֵאוֹת אִישׁ וַיַּעַמְדוּ מָאתַיִם אִישׁ אֲשֶׁר פִּגְּרוּ מֵעֲבֹר אֶת־נַחַל הַבְּשׂוֹר׃

ב. וַיֶּחֱזַק לֵב פַּרְעֹה וְלֹא שָׁמַע אֲלֵהֶם כַּאֲשֶׁר דִּבֶּר יְהוָה׃

ג. וּבְנוֹתֶיהָ אֲשֶׁר בַּשָּׂדֶה בַּחֶרֶב תֵּהָרַגְנָה וְיָדְעוּ כִּי־אֲנִי יְהוָה׃

ד. וַיֶּאֱהַב יַעֲקֹב אֶת־רָחֵל וַיֹּאמֶר אֶעֱבָדְךָ שֶׁבַע שָׁנִים בְּרָחֵל בִּתְּךָ הַקְּטַנָּה׃

ה. נַעַר הָיִיתִי גַּם־זָקַנְתִּי
וְלֹא־רָאִיתִי צַדִּיק נֶעֱזָב וְזַרְעוֹ מְבַקֶּשׁ־לָחֶם׃

• Thème :

1. Et les enfants d'Israël passèrent au milieu de la mer.

2. Tiens-toi sur tes pieds !

3. Le juste ne sera pas abandonné, car l'Éternel le gardera.

4. Le cœur du roi est sondé.

5. J'affermirai ta postérité après toi.

Vocabulaire :

rechercher, examiner, sonder	חָקַר	Besor	בְּשׂוֹר
être tué	נֶהֱרַג	faire passer, faire traverser	הֶעֱבִיר ||
torrent, fleuve, cours d'eau	ז׳ נַ֫חַל ||	être placé, être présenté	הָעֳמַד
être sondé	נֶחְקַר	placer, établir, affermir	הֶעֱמִיד ||
être travaillé	נֶעֱבַד	être vieux, devenir vieux	זָקֵן
être abandonné	נֶעֱזַב	être fort, être dur	חָזַק ||
être las, être faible	פִּגֵּר	être privé, manquer	חָסֵר
Rachel	רָחֵל	vouloir, désirer, aimer	חָפֵץ ||

Remarques :

– <u>Phrase</u> א : Le verbe פִּגֵּר n'est utilisé que deux fois dans la Bible, et dans le même chapitre. Il est suivi de la préposition מִן + l'infinitif construit (*être trop fatigué pour…*).

– <u>Phrase</u> ד : La flexion de *fille* בַּת est *ma fille* בִּתִּי.

– <u>Phrase</u> ה : Le verbe זָקֵן fait partie des verbes statifs qui sont des « adjectifs conjugués ».

Leçon 34

Les verbes gutturaux : les verbes à 2ᵉ gutturale et les verbes à 3ᵉ gutturale

1. Les verbes à 2ᵉ gutturale.

La 2ᵉ radicale d'un verbe se redouble aux intensifs Pi'el, Pu'al et Hithpa'el. Une gutturale ne pouvant porter de daguesh, cette absence de redoublement sera compensée (ou non !) par l'allongement de la voyelle précédente.

a) Avec ר et א : en général, allongement compensatoire.

□ִ → □ֵ	au pi'el	:	*il a béni*	בֵּרֵךְ	(rappel : לִמֵּד)
□ֻ → □ֹ	au pu'al	:	*il a été béni*	בֹּרַךְ	(rappel : לֻמַּד)
□ַ → □ָ	au Hithpa'el	:	*il s'est béni*	הִתְבָּרֵךְ	(rappel : הִתְקַדֵּשׁ)

b) Avec ע ח ה : en général, pas d'allongement compensatoire.

Exemples : *il a crié* צִעֵק *il s'est corrompu* שִׁחֵת *il s'est hâté* מִהֵר

Rappels :

1- Les gutturales ne portant pas normalement de cheva simple, celui-ci sera remplacé par un ḥataf pattaḥ (□ֲ).

Exemples : *elle a demandé* שָׁאֲלָה (rappel : כָּתְבָה)

ils ont crié צָעֲקוּ (rappel : כָּתְבוּ)

2- L'inaccompli au qal des verbes à 2ᵉ gutturale est en « a » (voir page 65).

Remarque :

La 3ᵉ personne du masculin singulier à l'accompli du pi'el est parfois en « a ».

Exemples : *consoler* נִחַם *tarder* אֵחַר

2. Les verbes à 3e gutturale.

Ne sont concernés, en fait, que les verbes à 3e radicale ח ou ע. Les verbes à 3e radicale א ou ה seront étudiés plus tard. Les verbes à 3e radicale ר ont une vocalisation régulière !

Exemples : *envoyer* שָׁלַח *écouter* שָׁמַע

La gutturale garde en général son cheva muet, sauf à la 2e personne du féminin singulier de l'accompli.

Exemples : *tu as envoyé* שָׁלַחְתָּ , שָׁלַחַתְּ *j'ai envoyé* שָׁלַחְתִּי

tu as lancé שִׁלַּחְתָּ , שִׁלַּחַתְּ *j'ai lancé* שִׁלַּחְתִּי

Remarquer que le daguesh léger est conservé.

Au participe présent féminin singulier du qal, □וֹ□ֶ□ֶת sera remplacé par □וֹ□ַ□ַת (voir page 52).

Lorsque la voyelle qui précède la gutturale est longue, un pattaḥ furtif se glisse entre cette voyelle et la gutturale.

Exemples : *pour envoyer* לִשְׁלֹחַ *il envoie* הוּא שֹׁלֵחַ

il a fait entendre הִשְׁמִיעַ

Rappel : L'inaccompli au qal des verbes à 3e gutturale est en « a » (voir page 65-66).

La forme du pi'el sera toujours en « a ».

Exemples : *j'enverrai* אֲשַׁלַּח *envoyer, lancer* שִׁלַּח

il assemblera יְשַׁמַּע *convoquer, assembler* שִׁמַּע

Exercices :

• Version :

א. אֵלֶּה יַעַמְדוּ לְבָרֵךְ אֶת־הָעָם עַל־הַר גְּרִזִּים בְּעָבְרְכֶם אֶת־הַיַּרְדֵּן שִׁמְעוֹן וְלֵוִי
וִיהוּדָה וְיִשָּׂשכָר וְיוֹסֵף וּבִנְיָמִן׃

ב. וַיְהִי בְּשַׁחֵת אֱלֹהִים אֶת־עָרֵי הַכִּכָּר וַיִּזְכֹּר אֱלֹהִים אֶת־אַבְרָהָם
וַיְשַׁלַּח אֶת־לוֹט מִתּוֹךְ הַהֲפֵכָה בַּהֲפֹךְ אֶת־הֶעָרִים אֲשֶׁר־יָשַׁב בָּהֵן לוֹט׃

ג. יִרְעַם הַיָּם וּמְלוֹאוֹ יַעֲלֹץ הַשָּׂדֶה וְכָל־אֲשֶׁר־בּוֹ׃

ד. וַתִּצְלַח רוּחַ־אֱלֹהִים עַל־שָׁאוּל בְּשָׁמְעוֹ אֶת־הַדְּבָרִים הָאֵלֶּה׃

ה. הַשְׁמִיעֵנִי בַבֹּקֶר חַסְדֶּךָ כִּי־בְךָ בָטָחְתִּי׃

• Thème :

1. Demandez la paix de Jérusalem.

2. Les fils d'Israël crièrent à l'Éternel, il les entendit et les bénit.

3. Ceux qui se confient en l'Éternel se réjouissent.

4. Le prêtre sacrifiera un taureau sur l'autel.

5. Et Joseph fut oublié dans la prison.

Vocabulaire :

tarder, s'attarder	אֵחַר	se hâter, accélérer	מִהֵר
prison	בֵּית סֹהַר ז׳	ce qui remplit	מְלוֹא et מְלֹא ז׳
Benjamin	בִּנְיָמִין ‖	consoler, soulager	נִחַם ‖
matin	בֹּקֶר ז׳ ‖	être oublié	נִשְׁכַּח ‖
louer, bénir	בֵּרֵךְ ‖	se réjouir, triompher	עָלַץ
être loué, être béni	בֹּרַךְ	saisir, éclater	צָלַח
Garizim	גְּרִזִּים	crier	צָעַק
retourner, détruire	הָפַךְ ‖	crier (de façon répétée)	צִעֵק
destruction	הֲפֵכָה נ׳	retentir, faire du bruit	רָעַם
faire entendre, annoncer	הִשְׁמִיעַ	détruire, dévaster	שִׁחֵת
immoler, sacrifier	זָבַח ‖	envoyer, renvoyer, lancer	שִׁלַּח ‖
Issachar	יִשָּׂשכָר	convoquer, assembler	שִׁמַּע
cercle, circonférence, plaine	כִּכָּר נ׳	Siméon	שִׁמְעוֹן

Leçon 35

Les verbes פ"א et les verbes ל"א

1. Les verbes פ"א.

Ces verbes se comportent normalement comme des verbes à 1re gutturale (voir leçon 33), sauf pour 5 d'entre eux, dont 3 se rencontrent très fréquemment dans la Bible :

dire אָמַר   *manger* אָכַל   *périr* אָבַד

Les deux autres sont moins fréquents et, de plus, sont des verbes faibles puisque leur 3e radicale est ה, nous les étudierons plus tard :

vouloir אָבָה   *cuire* אָפָה

אָבַד :

Infinitifs	Participes	Inaccompli	Accompli
Absolu אָבֹד construit אֲבֹד בַאֲבֹד	Actif אֹבֵד אֹבֶדֶת אֹבְדִים אֹבְדוֹת Passif -	יֹאבַד תֹּאבַד נֹאבֵד תֹּאבְדוּ יֹאבְדוּ תֹּאבַדְנָה	אָבַדְתִּי אָבַדְתָּ אָבַדְתְּ אָבַד אָבְדָה אָבַדְנוּ אֲבַדְתֶּם אָבְדוּ

Jussif	Impératif	Cohortatif
יֹאבַד תֹּאבַד יֹאבְדוּ תֹּאבַדְנָה	-	נֹאבְדָה

אָכַל :

Infinitifs	Participes	Inaccompli	Accompli
<u>Absolu</u> אָכֹל <u>construit</u> אֲכֹל בֶּאֱכֹל כֶּאֱכֹל לֶאֱכֹל מֵאֱכֹל	<u>Actif</u> אוֹכֵל אוֹכֶ֫לֶת (אוֹכְלָה) אוֹכְלִים <u>Passif</u> -	אֹכַל תֹּאכַל תֹּאכְלִי יֹאכַל תֹּאכַל נֹאכַל תֹּאכְלוּ יֹאכְלוּ תֹּאכַ֫לְנָה	אָכַ֫לְתִּי אָכַ֫לְתָּ אָכַלְתְּ אָכַל אָֽכְלָה אָכַ֫לְנוּ אֲכַלְתֶּם אָֽכְלוּ

Jussif	Impératif	Cohortatif
יֹאכַל תֹּאכַל יֹאכְלוּ תֹּאכַ֫לְנָה	אֱכֹל (אָכְלָה) אִכְלוּ	אֹכְלָה נֹאכְלָה

אָמַר :

Infinitifs	Participes	Inaccompli	Accompli
<u>Absolu</u> אָמֹר <u>construit</u> אֱמֹר בֶּאֱמֹר כֶּאֱמֹר לֵאמֹר	<u>Actif</u> אוֹמֵר אֹמֶ֫רֶת (אֹמְרָה) אֹמְרִים אֹמְרוֹת <u>Passif</u> אָמוּר	אֹמַר תֹּאמַר תֹּאמְרִי יֹאמַר תֹּאמַר נֹאמַר תֹּאמְרוּ יֹאמְרוּ תֹּאמַ֫רְנָה	אָמַ֫רְתִּי אָמַ֫רְתָּ אָמַרְתְּ אָמַר אָֽמְרָה אָמַ֫רְנוּ אֲמַרְתֶּם אָֽמְרוּ

Jussif	Impératif	Cohortatif
יֹאמַר תֹּאמַר יֹאמְרוּ תֹּאמַ֫רְנָה	אֱמֹר אִמְרִי אִמְרוּ	אֹמְרָה

Remarques :

– Le א de la racine et le préfixe א de la 1re personne de l'inaccompli se fondent en un seul : *je mangerai* אֹכַל.

– **Attention à l'infinitif construit de אָמַר avec ל : לֵאמֹר** (mais : בֶּאֱמֹר , כֶּאֱמֹר).

– **Avec le ו conversif :** וַיֹּאכַל   <u>mais</u> : וַיֹּאמֶר

Nous ne trouvons que 2 cas de ו conversif dans la racine אָבַד à la forme qal : וַיֹּאבְדוּ et וַתֹּאבַדְנָה.

– Aux autres formes, la conjugaison de ces racines est semblable à celle des verbes à 1re gutturale (voir leçon 33).

Exemples : וּמֵעֵץ הַדַּעַת טוֹב וָרָע לֹא תֹאכַל מִמֶּנּוּ Genèse 2,17

וַיְדַבֵּר אִתּוֹ אֱלֹהִים לֵאמֹר: אֲנִי הִנֵּה בְרִיתִי אִתָּךְ Genèse 17,3-4

– Le verbe אָהַב se conjugue de la même façon seulement pour la 1re personne de l'inaccompli : אֹהַב (mais תֶּאֱהַב…)

2. Les verbes ל״א.

Exemples : *trouver* מָצָא   *appeler* קָרָא

En fin de syllabe, le א est quiescent (מָ/צָא : 2 syllabes ouvertes). C'est pourquoi la voyelle précédente se trouve allongée. On a donc □ָ□ָא au lieu de □ָ□ַ□.

Avec les suffixes consonantiques, la voyelle précédant le א est :

□ָ à l'accompli du qal (sauf pour certains verbes comme *haïr* שָׂנֵא)

Exemples : *j'ai appelé* קָרָאתִי   *vous avez trouvé* מְצָאתֶם

□ֵ à l'accompli des autres formes.

Exemples : *j'ai été trouvé* נִמְצֵאתִי   *vous avez rempli* מִלֵּאתֶם

□ֶ aux 2es et 3es personnes du féminin pluriel de l'inaccompli et de l'impératif de toutes les formes.

Exemple : *elles appelleront* תִּקְרֶאנָה

Qal : *trouver* מָצָא

Infinitifs	Participes	Inaccompli	Accompli
Absolu מָצֹא construit מְצֹא בִּמְצֹא כִּמְצֹא לִמְצֹא מִמְּצֹא	Actif מֹצֵא מֹצֵאת (מֹצְאָה) מֹצְאִים מֹצְאוֹת Passif מָצוּא מְצוּאָה מְצוּאִים מְצוּאוֹת	אֶמְצָא תִּמְצָא תִּמְצְאִי יִמְצָא תִּמְצָא נִמְצָא תִּמְצְאוּ תִּמְצֶ֫אנָה יִמְצְאוּ תִּמְצֶ֫אנָה	מָצָ֫אתִי מָצָ֫אתָ מָצָאת מָצָא מָֽצְאָה מָצָ֫אנוּ מְצָאתֶם מְצָאתֶן מָֽצְאוּ

Jussif	Impératif	Cohortatif
יִמְצָא תִּמְצָא יִמְצְאוּ תִּמְצֶ֫אנָה	מְצָא מִצְאִי מִצְאוּ מְצֶ֫אנָה	אֶמְצְאָה נִמְצְאָה

Remarques :

– La forme du féminin singulier au participe actif : voir page 48.

– L'infinitif construit de la racine מלא est מְלֹאת, avec un ת comme pour les ל"ה.

Nif'al : *être trouvé, se trouver* נִמְצָא

Infinitifs	Participe	Inaccompli	Accompli
Absolu הִמָּצֵא נִמְצֹא construit הִמָּצֵא בְּהִמָּצֵא כְּהִמָּצֵא לְהִמָּצֵא מֵהִמָּצֵא	נִמְצָא נִמְצֵאת (נִמְצָאָה) נִמְצָאִים נִמְצָאוֹת	אֶמָּצֵא תִּמָּצֵא תִּמָּֽצְאִי יִמָּצֵא תִּמָּצֵא נִמָּצֵא תִּמָּֽצְאוּ תִּמָּצֶ֫אנָה יִמָּֽצְאוּ תִּמָּצֶ֫אנָה	נִמְצֵ֫אתִי נִמְצֵ֫אתָ נִמְצֵאת נִמְצָא נִמְצְאָה נִמְצֵ֫אנוּ נִמְצֵאתֶם נִמְצֵאתֶן נִמְצְאוּ

Jussif	Impératif	Cohortatif
יִמָּצֵא תִּמָּצֵא יִמָּֽצְאוּ תִּמָּצֶ֫אנָה	הִמָּצֵא הִמָּֽצְאִי הִמָּֽצְאוּ הִמָּצֶ֫אנָה	אֶמָּֽצְאָה נִמָּֽצְאָה

Remarque :

– Au participe masculin pluriel du nif'al on a souvent נִמְצִאִים au lieu de נִמְצָאִים.

Pi'el : *emplir, remplir* מִלֵּא

Infinitifs	Participe	Inaccompli	Accompli
<u>Absolu</u> מַלֹּא <u>construit</u> מַלֵּא בְּמַלֵּא כְּמַלֵּא לְמַלֵּא מִמַּלֵּא	מְמַלֵּא מְמַלֵּאת (מְמַלְּאָה) מְמַלְּאִים מְמַלְּאוֹת	אֲמַלֵּא תְּמַלֵּא תְּמַלְּאִי יְמַלֵּא תְּמַלֵּא נְמַלֵּא תְּמַלְּאוּ תְּמַלֶּאנָה יְמַלְּאוּ תְּמַלֶּאנָה	מִלֵּאתִי מִלֵּאתָ מִלֵּאת מִלֵּא מִלְּאָה מִלֵּאנוּ מִלֵּאתֶם מִלֵּאתֶן מִלְּאוּ

Jussif	Impératif	Cohortatif
יְמַלֵּא תְּמַלֵּא יְמַלְּאוּ תְּמַלֶּאנָה	מַלֵּא מַלְּאִי מַלְּאוּ מַלֶּאנָה	אֲמַלְּאָה נְמַלְּאָה

Remarque :

– À l'infinitif construit on trouve aussi quelquefois : מַלֹּאת.

Pu'al : *être rempli* מֻלָּא

Infinitifs	Participe	Inaccompli	Accompli
<u>Absolu</u> מֻלֹּא <u>construit</u> -	מְמֻלָּא מְמֻלֵּאת (מְמֻלָּאָה) מְמֻלָּאִים מְמֻלָּאוֹת	אֲמֻלָּא תְּמֻלָּא תְּמֻלְּאִי יְמֻלָּא תְּמֻלָּא נְמֻלָּא תְּמֻלְּאוּ תְּמֻלֶּאנָה יְמֻלְּאוּ תְּמֻלֶּאנָה	מֻלֵּאתִי מֻלֵּאתָ מֻלֵּאת מֻלָּא מֻלְּאָה מֻלֵּאנוּ מֻלֵּאתֶם מֻלֵּאתֶן מֻלְּאוּ

Jussif	Impératif	Cohortatif
-	-	-

Hif'il : *faire parvenir, faire arriver, apporter* הִמְצִיא

Infinitifs	Participe	Inaccompli	Accompli
<u>Absolu</u> הַמְצֵא <u>construit</u> הַמְצִיא בְּהַמְצִיא כְּהַמְצִיא לְהַמְצִיא מֵהַמְצִיא	מַמְצִיא מַמְצֵאת (מַמְצִיאָה) מַמְצִיאִים מַמְצִיאוֹת	אַמְצִיא תַּמְצִיא תַּמְצִיאִי יַמְצִיא תַּמְצִיא נַמְצִיא תַּמְצִיאוּ תַּמְצֶאנָה יַמְצִיאוּ תַּמְצֶאנָה	הִמְצֵאתִי הִמְצֵאתָ הִמְצֵאת הִמְצִיא הִמְצִיאָה הִמְצֵאנוּ הִמְצֵאתֶם הִמְצֵאתֶן הִמְצִיאוּ

Jussif	Impératif	Cohortatif
יַמְצֵא תַּמְצֵא יַמְצִיאוּ תַּמְצֶאנָה	הַמְצֵא הַמְצִיאִי הַמְצִיאוּ הַמְצֶאנָה	אַמְצִיאָה נַמְצִיאָה

Aucune racine ל״א (verbe fort) n'est utilisée dans la forme hof'al ! Par contre, certains verbes faibles (exemple : יָצָא) utilisent cette forme ; nous les étudierons plus tard.

Hitpa'el : *s'amasser, s'assembler* הִתְמַלֵּא

Infinitifs	Participe	Inaccompli	Accompli
<u>Absolu</u> הִתְמַלֵּא <u>construit</u> הִתְמַלֵּא בְּהִתְמַלֵּא כְּהִתְמַלֵּא לְהִתְמַלֵּא מֵהִתְמַלֵּא	מִתְמַלֵּא מִתְמַלֵּאת (מִתְמַלְּאָה) מִתְמַלְּאִים מִתְמַלְּאוֹת	אֶתְמַלֵּא תִּתְמַלֵּא תִּתְמַלְּאִי יִתְמַלֵּא תִּתְמַלֵּא נִתְמַלֵּא תִּתְמַלְּאוּ תִּתְמַלֶּאנָה יִתְמַלְּאוּ תִּתְמַלֶּאנָה	הִתְמַלֵּאתִי הִתְמַלֵּאתָ הִתְמַלֵּאת הִתְמַלֵּא הִתְמַלְּאָה הִתְמַלֵּאנוּ הִתְמַלֵּאתֶם הִתְמַלֵּאתֶן הִתְמַלְּאוּ

Jussif	Impératif	Cohortatif
יִתְמַלֵּא תִּתְמַלֵּא יִתְמַלְּאוּ תִּתְמַלֶּאנָה	הִתְמַלֵּא הִתְמַלְּאִי הִתְמַלְּאוּ הִתְמַלֶּאנָה	אֶתְמַלְּאָה נִתְמַלְּאָה

Exemples :

וְאַתָּה תְּדַבֵּר אֶל־כָּל־חַכְמֵי־לֵב אֲשֶׁר מִלֵּאתִיו רוּחַ חָכְמָה Exode 28,3

וַאֲדֹנִיָּה בֶן־חַגִּית מִתְנַשֵּׂא לֵאמֹר אֲנִי אֶמְלֹךְ 1 Rois 1,5

Exercices :

• Version :

א. וַיְהִי בָּעֵת הַהִוא וַיֹּאמֶר אֲבִימֶלֶךְ וּפִיכֹל שַׂר־צְבָאוֹ אֶל־אַבְרָהָם לֵאמֹר אֱלֹהִים עִמְּךָ בְּכֹל אֲשֶׁר־אַתָּה עֹשֶׂה׃

ב. וַתֹּאמֶר הָאִשָּׁה אֶל־הַנָּחָשׁ מִפְּרִי עֵץ־הַגָּן נֹאכֵל׃ וּמִפְּרִי הָעֵץ אֲשֶׁר בְּתוֹךְ־הַגָּן אָמַר אֱלֹהִים לֹא תֹאכְלוּ מִמֶּנּוּ׃

ג. נִדְרַשְׁתִּי לְלוֹא שָׁאָלוּ נִמְצֵאתִי לְלֹא בִקְשֻׁנִי אָמַרְתִּי הִנֵּנִי הִנֵּנִי אֶל־גּוֹי לֹא־קֹרָא בִשְׁמִי׃

ד. וַיִּקְרָא אֲבִימֶלֶךְ לְאַבְרָהָם וַיֹּאמֶר לוֹ מֶה־עָשִׂיתָ לָּנוּ וּמֶה־חָטָאתִי לָךְ׃

ה. מָצָאתִי דָּוִד עַבְדִּי בְּשֶׁמֶן קָדְשִׁי מְשַׁחְתִּיו׃

• Thème :

1. Tu diras au peuple : « Invoquez votre Dieu ! »

2. J’ai péché contre toi.

3. Vous haïrez le mal et vous aimerez le bien.

4. Le livre de la loi fut trouvé dans la maison de l’Éternel.

5. La femme remplit tous les vases qui étaient dans sa maison.

Vocabulaire :

אָבַד	se perdre, périr	מִלֵּא	emplir, remplir
אָבָה	vouloir, consentir	מָלֵא	être rempli
אֲדֹנִיָּה et אֲדֹנִיָּהוּ	Adoniya	נִדְרַשׁ	être recherché
אָפָה	cuire (au four)	נָחָשׁ ז'	serpent
הִמְצִיא	faire parvenir	פִּיכֹל	Pichol
הִתְמַלֵּא	s'amasser, s'assembler	פְּרִי ז'	fruit
הִתְנַשֵּׂא	se lever, s'élever	קֹרָא	être appelé
חַגִּית	Haggith	שֶׁמֶן ז'	graisse, huile
חָטָא	manquer, pécher	שָׂנֵא	haïr, prendre en aversion
לְלוֹא et לְלֹא	sans		

Remarque :

– Phrase א : Le pronom personnel de la 3e personne du féminin singulier est souvent écrit הִוא (kétib) au lieu de הִיא (qéré), dans le Pentateuque. Voir Paul JOÜON, *Grammaire de l'hébreu biblique*, § 39 c.

Leçon 36

Les verbes פ"נ

Un verbe est dit « faible » lorsqu'une ou plusieurs lettres de sa racine disparaissent lors de la conjugaison. Ces lettres faibles sont : ה - ו - י - נ.

Les verbes à 1re radicale נ : les פ"נ.

Exemples : *lever, élever* נָשָׂא *tomber* נָפַל *s'approcher* נָגַשׁ

Dans la conjugaison de ces verbes, 2 phénomènes sont à considérer :

L'assimilation : Le נ, lorqu'il devrait porter un cheva muet, tend à se fondre (pas toujours !) dans la lettre suivante en la redoublant :

(au lieu de יִנְפֹּל) *il tombera* יִפֹּל ← נָפַל

L'aphérèse : Le נ, lorsqu'il devrait porter un cheva vocal au début d'une forme verbale, tend à disparaître (pas toujours !) purement et simplement :

(au lieu de נְגַשׁ) *approche-toi !* גַּשׁ ← נָגַשׁ

Exemples :

Qal : *tomber* נָפַל

Infinitifs	Participes	Inaccompli	Accompli
<u>Absolu</u> נָפוֹל <u>construit</u> בִּנְפֹּל כִּנְפֹּל לִנְפֹּל	<u>Actif</u> נֹפֵל נֹפֶלֶת נֹפְלִים <u>Passif</u> -	אֶפֹּל תִּפֹּל יִפֹּל תִּפֹּל תִּפְּלוּ תִּפֹּלְנָה יִפְּלוּ תִּפֹּלְנָה	נָפַלְתִּי נָפַלְתָּ נָפַל נָפְלָה נְפַלְתֶּם נָפְלוּ

Jussif	Impératif	Cohortatif
יִפֹּל תִּפֹּל יִפְּלוּ תִּפֹּלְנָה	נִפְלוּ	אֶפְּלָה נִפְּלָה

Qal : *laisser, abandonner* נָטַשׁ

Infinitifs	Participes	Inaccompli	Accompli
Absolu - construit -	Actif - Passif נְטוּשָׁה נְטוּשִׁים	תִּטֹּשׁ יִטֹּשׁ תִּטֹּשׁ נִטֹּשׁ יִטְּשׁוּ	נָטַשְׁתִּי נָטַשְׁתָּ נָטַשְׁתְּ נָטַשׁ

Jussif	Impératif	Cohortatif
יִטֹּשׁ תִּטֹּשׁ יִטְּשׁוּ	נְטוֹשׁ	-

Qal : *s'approcher* נָגַשׁ

Infinitifs	Participes	Inaccompli	Accompli
Absolu - construit גֶּשֶׁת בְּגֶשֶׁת לָגֶשֶׁת מִגֶּשֶׁת	Actif - Passif -	תִּגַּשׁ יִגַּשׁ תִּגַּשׁ תִּגְּשׁוּ יִגְּשׁוּ תִּגַּשְׁןָ	-

Jussif	Impératif	Cohortatif
יִגַּשׁ תִּגַּשׁ יִגְּשׁוּ	גַּשׁ גְּשִׁי גְּשׁוּ	-

Remarques :

– <u>Accompli</u> : Pas d'aphérèse aux 2es personnes du pluriel.

– <u>Inaccompli</u> : Assimilation à toutes les personnes.

– <u>Impératif</u> : – Aphérèse avec les formes en « a ».

Exemple : *approche-toi !* גַּשׁ

– Pas d'aphérèse avec les formes en « o ».

Exemple : *laisse !* נְטוֹשׁ

– <u>Infinitif construit</u> : Il peut y avoir aphérèse + ת de compensation.

Exemples : (on trouve aussi לִנְגֹּעַ) לָגַעַת ← נָגַע   לָשֵׂאת ← נָשָׂא

לָגֶשֶׁת ← נָגַשׁ

Les tableaux ci-dessus représentent la conjugaison biblique réelle des 3 verbes donnés. Pour les autres formes nous utiliserons des paradigmes à partir de verbes bibliques.

Nif'al : *être sauvé, être délivré, se délivrer* נִצַּל

Infinitifs	Participe	Inaccompli	Accompli
<u>Absolu</u> נִצֹּל הִנָּצֵל <u>construit</u> הִנָּצֵל בְּהִנָּצֵל כְּהִנָּצֵל לְהִנָּצֵל מֵהִנָּצֵל	נִצָּל נִצֶּלֶת (נִצָּלָה) נִצָּלִים נִצָּלוֹת	אֶנָּצֵל תִּנָּצֵל תִּנָּצְלִי יִנָּצֵל תִּנָּצֵל נִנָּצֵל תִּנָּצְלוּ תִּנָּצַלְנָה יִנָּצְלוּ תִּנָּצַלְנָה	נִצַּלְתִּי נִצַּלְתָּ נִצַּלְתְּ נִצַּל נִצְּלָה נִצַּלְנוּ נִצַּלְתֶּם נִצַּלְתֶּן נִצְּלוּ

Jussif	Impératif	Cohortatif
יִנָּצֵל תִּנָּצֵל יִנָּצְלוּ תִּנָּצַלְנָה	הִנָּצֵל הִנָּצְלִי הִנָּצְלוּ הִנָּצַלְנָה	אִנָּצְלָה נִנָּצְלָה

Remarque : Il y a assimilation là où le נ devrait porter un cheva muet, c'est-à-dire à l'accompli et au participe.

Hi .: 1. *arracher, dérober* 2. *délivrer, sauver* הִצִּיל

Infinitifs	Participe	Inaccompli	Accompli
Absolu הַצֵּל construit הַצִּיל בְּהַצִּיל כְּהַצִּיל לְהַצִּיל מֵהַצִּיל	מַצִּיל מַצֶּלֶת (מַצִּילָה) מַצִּילִים מַצִּילוֹת	אַצִּיל תַּצִּיל תַּצִּילִי יַצִּיל תַּצִּיל נַצִּיל תַּצִּילוּ תַּצֵּלְנָה יַצִּילוּ תַּצֵּלְנָה	הִצַּלְתִּי הִצַּלְתָּ הִצַּלְתְּ הִצִּיל הִצִּילָה הִצַּלְנוּ הִצַּלְתֶּם הִצַּלְתֶּן הִצִּילוּ

Jussif	Impératif	Cohortatif
יַצֵּל תַּצֵּל יַצִּילוּ תַּצֵּלְנָה	הַצֵּל הַצִּילִי הַצִּילוּ הַצֵּלְנָה	אַצִּילָה נַצִּילָה

Avec le ו conversif : וַיַּצֵּל

Hof'al : *être sauvé* הֻצַּל

Infinitifs	Participe	Inaccompli	Accompli
Absolu הֻצֵּל construit -	מֻצָּל מֻצֶּלֶת (מֻצָּלָה) מֻצָּלִים מֻצָּלוֹת	אֻצַּל תֻּצַּל תֻּצְּלִי יֻצַּל תֻּצַּל נֻצַּל תֻּצְּלוּ תֻּצַּלְנָה יֻצְּלוּ תֻּצַּלְנָה	הֻצַּלְתִּי הֻצַּלְתָּ הֻצַּלְתְּ הֻצַּל הֻצְּלָה הֻצַּלְנוּ הֻצַּלְתֶּם הֻצַּלְתֶּן הֻצְּלוּ

Jussif	Impératif	Cohortatif
-	-	-

Remarques :

– Il y a assimilation du נ à tous les temps du hif'il et du hof'al. Au hof'al, le □ָ est remplacé par □ֻ.

– Les conjugaisons du pi'el, du pu'al et du hithpa'el sont régulières !

Exercices :

• Version :

א. הִנְנִי נֹתֵן בּוֹ רוּחַ וְשָׁמַע שְׁמוּעָה וְשָׁב לְאַרְצוֹ וְהִפַּלְתִּיו בַּחֶרֶב בְּאַרְצוֹ׃

ב. כִּי אֵלֶיךָ אֲדֹנָי נַפְשִׁי אֶשָּׂא׃ כִּי־אַתָּה אֲדֹנָי טוֹב וְסַלָּח
וְרַב־חֶסֶד לְכָל־קֹרְאֶיךָ׃

ג. וַיֹּאמֶר אֵלִיָּהוּ לְכָל־הָעָם גְּשׁוּ אֵלַי וַיִּגְּשׁוּ כָל־הָעָם אֵלָיו׃

ד. וַיֹּאמֶר נָתָן אֶל־דָּוִד אַתָּה הָאִישׁ כֹּה־אָמַר יְהוָה אֱלֹהֵי יִשְׂרָאֵל אָנֹכִי מְשַׁחְתִּיךָ
לְמֶלֶךְ עַל־יִשְׂרָאֵל וְאָנֹכִי הִצַּלְתִּיךָ מִיַּד שָׁאוּל׃

ה. וַיֹּאמֶר דּוֹד שָׁאוּל הַגִּידָה־נָּא לִי מָה־אָמַר לָכֶם שְׁמוּאֵל׃ וַיֹּאמֶר שָׁאוּל
אֶל־דּוֹדוֹ הַגֵּד הִגִּיד לָנוּ כִּי נִמְצְאוּ הָאֲתֹנוֹת וְאֶת־דְּבַר הַמְּלוּכָה לֹא־הִגִּיד לוֹ
אֲשֶׁר אָמַר שְׁמוּאֵל׃

• Thème :

1. Approchez-vous de lui, et il s'approchera de vous.

2. Il vit la gloire de l'Éternel et il tomba sur sa face.

3. Qui t'a annoncé qu'il régnera sur Israël ?

4. Ils lèveront les yeux vers lui car il est riche en bienveillance.

5. Le juste sera sauvé de la destruction.

Vocabulaire :

toucher, atteindre	‖ נָגַע	Élie	‖ אֵלִיָּהוּ et אֵלִיָּה
s'approcher, s'avancer	‖ נָגַשׁ	anesse	אָתוֹן נ׳
laisser, délaisser	נָטַשׁ	oncle (frère du père)	דּוֹד ז׳
être sauvé, se délivrer	נִצַּל [נצל]	dire, raconter, annoncer	‖ הִגִּיד [נגד]
lever, élever, s'élever	‖ נָשָׂא	faire tomber, renverser	הִפִּיל [נפל]
prêt à pardonner	סַלָּח	délivrer, sauver	‖ הִצִּיל [נצל]
nouvelle, annonce	שְׁמוּעָה נ׳	être sauvé	הֻצַּל [נצל]
		règne, royaume	מְלוּכָה נ׳

Remarque :

– Phrase ה : הַגִּידָה est un impératif avec un ה paragogique qui ne semble ajouter aucune nuance. Pour avoir un sens plus fort, on ajoute la particule נָא.

Leçon 37

Le verbe נָתַן - Le verbe לָקַח

1. Le verbe נָתַן.

La 3e radicale ן de ce verbe est aussi sujette à assimilation ; c'est pourquoi sa conjugaison diffère des autres verbes פ״נ.

Cette racine est employée essentiellement au **qal** et au **nif'al**.

On la trouve également au **hof'al**, à 8 reprises, mais toujours au même temps et à la même personne : יֻתַּן : *il sera donné, il sera placé.*

Qal : *donner, placer, livrer* נָתַן

Infinitifs	Participes	Inaccompli	Accompli
Absolu נָתוֹן construit תֵּת בְּתֵת לָתֵת מִתֵּת	Actif נוֹתֵן נוֹתְנִים Passif נָתוּן נְתוּנִים נְתוּנוֹת	אֶתֵּן תִּתֵּן תִּתְּנִי יִתֵּן תִּתֵּן נִתֵּן תִּתְּנוּ יִתְּנוּ	נָתַ֫תִּי נָתַ֫תָּ נָתַתְּ נָתַן נָֽתְנָה נָתַ֫נּוּ נְתַתֶּם נָֽתְנוּ

Jussif	Impératif	Cohortatif
יִתֵּן תִּתֵּן יִתְּנוּ	תֵּן (תְּנָה) תְּנִי תְּנוּ	אֶתְּנָה נִתְּנָה

Remarque : L'inaccompli est en « é » !

Nif'al : *être donné, être livré* נִתַּן

Infinitifs	Participe	Inaccompli	Accompli
<u>Absolu</u> הִנָּתֹן <u>construit</u> לְהִנָּתֵן	נִתָּן	תִּנָּתֵן יִנָּתֵן תִּנָּתֵן יִנָּתְנוּ תִּנָּתַ֫נָּה	נִתַּן נִתְּנָה נִתַּ֫נּוּ נִתַּתֶּם נִתְּנוּ

Jussif	Impératif	Cohortatif
יִנָּתֵן תִּנָּתֵן יִנָּתְנוּ	-	-

2. Le verbe לָקַח.

Ce verbe se comporte comme un פ"נ ! Il est employé au **qal**, au **nif'al**, au **pu'al** et au **hof'al**.

On le trouve également 2 fois au **hithpa'el**, au même temps et à la même personne : מִתְלַקַּ֫חַת : *se répandant, se mêlant.*

Qal : *saisir, prendre* לָקַח

Infinitifs	Participes	Inaccompli	Accompli
<u>Absolu</u> לָקוֹחַ <u>construit</u> קַחַת בְּקַחַת לָקַחַת מִקַּחַת	<u>Actif</u> לוֹקֵחַ לוֹקְחִים <u>Passif</u> לְקוּחִים	אֶקַּח תִּקַּח תִּקְחִי יִקַּח תִּקַּח נִקַּח תִּקְחוּ יִקְחוּ	לָקַ֫חְתִּי לָקַ֫חְתָּ לָקַחַתְּ לָקַח לָֽקְחָה לָקַ֫חְנוּ לְקַחְתֶּם לָֽקְחוּ

Jussif	Impératif	Cohortatif
יִקַּח תִּקַּח יִקְחוּ	קַח (קְחָה, לְקַח) קְחִי (לִקְחִי) קְחוּ	אֶקְחָה נִקְחָה

Nif'al : *être pris* נִלְקַח

Infinitifs	Participe	Inaccompli	Accompli
<u>Absolu</u> - <u>construit</u> הִלָּקַח	נִלְקָח	אֶלָּקַח תִּלָּקַח	נִלְקַח נִלְקְחָה

Jussif	Impératif	Cohortatif
-	-	-

Pu'al : *être pris* לֻקַּח

Infinitifs	Participe	Inaccompli	Accompli
<u>Absolu</u> - <u>construit</u> -	לֻקָּח	-	לֻקָּחְתָּ לֻקַּח לֻקְּחָה לֻקְּחוּ

Jussif	Impératif	Cohortatif
-	-	-

Hof'al : Cette forme ne se rencontre qu'à l'inaccompli : יֻקַּח et תֻּקַּח

Remarque :

D'après la *Grammaire de l'hébreu biblique* de Paul JOÜON, « לֻקַּח *il a été pris* et יֻקַּח *il sera pris* sont très probablement des passifs du qal, car le sens n'est pas celui d'un passif du piel ou du hifil, mais celui du passif de l'action simple ; et de plus le piel et le hifil n'existent pas, tandis que le qal existe. » § 58 a, page 126. Ce verbe est employé 15 fois sous cette forme.

Exercices :

• Version :

א. וְצִדְקִיָּהוּ מֶלֶךְ יְהוּדָה לֹא יִמָּלֵט מִיַּד הַכַּשְׂדִּים כִּי הִנָּתֹן יִנָּתֵן בְּיַד מֶלֶךְ־בָּבֶל׃

ב. כָּל־מָקוֹם אֲשֶׁר תִּדְרֹךְ כַּף־רַגְלְכֶם בּוֹ לָכֶם נְתַתִּיו כַּאֲשֶׁר דִּבַּרְתִּי אֶל־מֹשֶׁה׃

ג. וַיִּקַּח אַבְרָהָם צֹאן וּבָקָר וַיִּתֵּן לַאֲבִימֶלֶךְ וַיִּכְרְתוּ שְׁנֵיהֶם בְּרִית׃

ד. וַיֹּאמֶר־לָהּ הַמֶּלֶךְ מַה־לָּךְ וַתֹּאמֶר הָאִשָּׁה הַזֹּאת אָמְרָה אֵלַי תְּנִי אֶת־בְּנֵךְ
וְנֹאכְלֶנּוּ הַיּוֹם וְאֶת־בְּנִי נֹאכַל מָחָר׃

ה. קְחוּ לָכֶם מִן־הָעָם שְׁנֵים עָשָׂר אֲנָשִׁים אִישׁ־אֶחָד אִישׁ־אֶחָד מִשָּׁבֶט׃

• Thème :

1. Il le livrera aux mains de ses ennemis.

2. Donnez votre argent pour la maison de l'Éternel !

3. Tu ne prendras pas pour femme une fille de Canaan.

4. La ville sera livrée au roi de Babylone.

5. L'arche de l'alliance fut prise.

Vocabulaire :

le lendemain, demain	מָחָר	fouler, marcher	דָּרַךְ
se répandant	מִתְלַקַּחַת	il sera donné	יֻתַּן [נתן]
être pris	נִלְקַח	argent	‖ כֶּסֶף ז
se sauver, fuir	נִמְלַט	plante du pied	כַּף רֶגֶל נ
être donné, être livré	‖ נִתַּן [נתן]	saisir, prendre	‖ לָקַח
		être pris	לֻקַּח

Remarque :

– Phrase ג : שְׁנֵיהֶם est la flexion du mot שְׁנַיִם à la 3e personne du masculin pluriel ! (= *tous les deux*).

Leçon 38

Les verbes ע״י ou ע״ו : la forme qal et la forme nif'al

Nous connaissons déjà ces verbes à l'accompli et au participe actif du pa'al (voir leçon 15). Nous allons étudier maintenant toutes les autres conjugaisons.

Rappel : Ces verbes ont un ו ou un י quiescent comme 2e radicale. Ils sont étudiés ensemble, car leurs conjugaisons ne diffèrent qu'au pa'al. Les formes קוּם , שִׂים sont celles de l'infinitif construit, car le ו ou le י n'apparaît pas à la 3e personne masculin singulier de l'accompli.

Qal : *se lever* קָם (קוּם)

Infinitifs	Participes	Inaccompli	Accompli
<u>Absolu</u> קוֹם <u>construit</u> קוּם בְּקוּם כְּקוּם לָקוּם מִקּוּם	<u>Actif</u> קָם קָמָה קָמִים קָמוֹת <u>Passif</u> קוּם קוּמָה קוּמִים קוּמוֹת	אָקוּם תָּקוּם תָּק֫וּמִי יָקוּם תָּקוּם נָקוּם תָּק֫וּמוּ תְּקוּמֶ֫ינָה יָק֫וּמוּ תְּקוּמֶ֫ינָה	קַ֫מְתִּי קַ֫מְתָּ קַמְתְּ קָם קָ֫מָה קַ֫מְנוּ קַמְתֶּם קַמְתֶּן קָ֫מוּ

Jussif	Impératif	Cohortatif
יָקֹם תָּקֹם יָקֻ֫מוּ תָּקֹ֫מְנָה	קוּם ק֫וּמִי ק֫וּמוּ קֹ֫מְנָה	אָקוּמָה נָקוּמָה

Remarques :

– Avec le ו **conversif** : וַיָּ֫קָם (וַיָּ֫קׇם)

– Pour les ע״י l'inaccompli est יָשִׂים (וַיָּ֫שֶׂם). On trouve שׂוֹם , לָשׂוּם mais לָשִׁיר !

Les verbes ע״י sont peu nombreux et il n'est pas toujours facile de les distinguer des ע״ו, car la racine n'apparaît vraiment qu'à l'inaccompli et l'impératif du qal.

– Le participe passif est très rare.

– On distingue 3 types d'<u>accompli</u> au qal :

– en « a » : voir tableau ci-dessus.

– en « é » : *mourir* מוּת → מֵת. Devant les suffixes consonantiques, le ◌ֵ devient ◌ַ : מַ֫תִּי. Ce verbe est le seul de sa catégorie.

– en « o » : *avoir honte* בּוֹשׁ → בֹּ֫שְׁתִּי. Le ◌ֹו devient ◌ָ◌ְ aux 2es personnes du pluriel : בָּשְׁתֶּם.

être lumineux, briller אוֹר et *être bon* טוֹב se conjuguent comme בּוֹשׁ.

Nif'al : *être fondé* נָכוֹן (כּוּן)

Infinitifs	Participe	Inaccompli	Accompli
<u>Absolu</u> נָכוֹן <u>construit</u> הִכּוֹן בְּהִכּוֹן כְּהִכּוֹן לְהִכּוֹן מֵהִכּוֹן	נָכוֹן נְכוֹנָה נְכוֹנִים נְכוֹנוֹת	אֶכּוֹן תִּכּוֹן תִּכּ֫וֹנִי יִכּוֹן תִּכּוֹן נִכּוֹן תִּכּ֫וֹנוּ תִּכֹּ֫נָּה יִכּ֫וֹנוּ תִּכֹּ֫נָּה	נְכוּנֹ֫תִי נְכוּנֹ֫תָ נְכוּנוֹת נָכוֹן נָכ֫וֹנָה נְכוּנֹ֫ונוּ נְכֹנוֹתֶם נְכֹנוֹתֶן נָכ֫וֹנוּ

Jussif	Impératif	Cohortatif
יִכּוֹן תִּכּוֹן יִכּ֫וֹנוּ תִּכֹּ֫נָּה	הִכּוֹן הִכּ֫וֹנִי הִכּ֫וֹנוּ הִכֹּ֫נָּה	אֶכּוֹנָה נִכּוֹנָה

Remarque :

– À l'accompli, avec les suffixes consonantiques légers, le וֹ devient וּ et, de plus, on ajoute un וֹ accentué de liaison entre la dernière radicale et le suffixe. Ce וֹ de liaison apparaît aussi avec les suffixes consonantiques lourds, mais il n'est pas accentué.

Exercices :

• Version :

א. וַיִּכְרְתוּ בְרִית בִּבְאֵר שָׁבַע וַיָּקָם אֲבִימֶלֶךְ וּפִיכֹל שַׂר־צְבָאוֹ וַיָּשֻׁבוּ אֶל־אֶרֶץ פְּלִשְׁתִּים׃

ב. וַיִּתְקַע יוֹאָב בַּשֹּׁפָר וַיֵּשֶׁב הָעָם מִרְדֹּף אַחֲרֵי יִשְׂרָאֵל כִּי־חָשַׁךְ יוֹאָב אֶת־הָעָם׃

ג. וַיִּלְפֹּת שִׁמְשׁוֹן אֶת־שְׁנֵי עַמּוּדֵי הַתָּוֶךְ אֲשֶׁר הַבַּיִת נָכוֹן עֲלֵיהֶם וַיִּסָּמֵךְ עֲלֵיהֶם אֶחָד בִּימִינוֹ וְאֶחָד בִּשְׂמֹאלוֹ׃

ד. נָשִׁים שַׁאֲנַנּוֹת קֹמְנָה שְׁמַעְנָה קוֹלִי בָּנוֹת בֹּטְחוֹת הַאְזֵנָּה אִמְרָתִי׃

ה. וַיֹּאמֶר שָׁאוּל אֶל־יוֹנָתָן הַגִּידָה לִּי מֶה עָשִׂיתָה וַיַּגֶּד־לוֹ יוֹנָתָן וַיֹּאמֶר טָעֹם טָעַמְתִּי בִּקְצֵה הַמַּטֶּה אֲשֶׁר־בְּיָדִי מְעַט דְּבַשׁ הִנְנִי אָמוּת׃

• Thème :

1. Et le prophète dit à la femme : « Lève-toi et retourne dans ta maison. »

2. Ils reviendront à l'Éternel et ils ne mourront pas.

3. Vous avez séjourné dans le pays de Moab.

4. Jacob mourut et fut enterré dans le pays de Canaan.

5. Jérusalem est fondée sur la montagne de Sion.

Vocabulaire :

mourir, périr	מֵת [מות]
être fondé, être préparé	נָכוֹן [כון]
s’appuyer	נִסְמַךְ
être enterré	נִקְבַּר
colonne	עַמּוּד ז׳
Philistin	פְּלִשְׁתִּי
fin, extrémité, bout	קָצֶה ז׳ (קְצֵה־)
tranquille, indolent	שַׁאֲנָן
la gauche	שְׂמֹאל et שְׂמֹאול
chanter	שָׁר [שיר]
Samson	שִׁמְשׁוֹן
sonner (d’un instrument)	תָּקַע

briller, éclairer	אוֹר [אור]
parole	אִמְרָה נ׳
Beer-Schéba	בְּאֵר שֶׁבַע
être honteux	בּוֹשׁ [בוש]
séjourner, demeurer	גָּר [גור]
prêter l’oreille, écouter	הֶאֱזִין
empêcher, retenir, arrêter	חָשַׂךְ
être bon, être agréable	טוֹב [טוב]
goûter	טָעַם
palper	לָפַת
Moab	מוֹאָב
un peu, peu	מְעַט et מְעָט

Leçon 39

Les verbes ע״י ou ע״ו : les autres formes

1. Les conjugaisons causatives.

Hif'il : *relever, dresser, ériger* הֵקִים

Infinitifs	Participe	Inaccompli	Accompli
Absolu הָקֵם construit הָקִים בְּהָקִים כְּהָקִים לְהָקִים מֵהָקִים	מֵקִים מְקִימָה מְקִימִים מְקִימוֹת	אָקִים תָּקִים תָּקִ֫ימִי יָקִים תָּקִים נָקִים תָּקִ֫ימוּ תְּקִימֶ֫ינָה יָקִ֫ימוּ תְּקִימֶ֫ינָה	הֲקִימ֫וֹתִי הֲקִימ֫וֹתָ הֲקִימוֹת הֵקִים הֵקִ֫ימָה הֲקִימ֫וֹנוּ הֲקִימוֹתֶם הֲקִימוֹתֶן הֵקִ֫ימוּ

Jussif	Impératif	Cohortatif
יָקֵם תָּקֵם יָקִ֫ימוּ תָּקֵ֫מְנָה	הָקֵם הָקִ֫ימִי הָקִ֫ימוּ הָקֵ֫מְנָה	אָקִימָה נָקִימָה

Remarques :

– Le ו de la racine tombe et est remplacé par ◌ִי.

– Les préfixes portent des voyelles longues : הֵקִים , יָקִים ou des chevas : הֲ , תְּ.

– À l'accompli, on ajoute un ו accentué de liaison entre la dernière radicale et les suffixes consonantiques. Il n'est pas accentué avec les suffixes consonantiques lourds.

– **Avec le ו conversif :** וַיָּ֫קֶם (וַיָּקֶם)

Hof'al : *être dressé, être élevé* הוּקַם

Infinitifs	Participe	Inaccompli	Accompli
<u>Absolu</u> - <u>construit</u> הוּקַם בְּהוּקַם כְּהוּקַם לְהוּקַם מֵהוּקַם	מוּקָם מוּקָמָה (מוּקֶ֫מֶת) מוּקָמִים מוּקָמוֹת	אוּקַם תּוּקַם תּוּקְמִי יוּקַם תּוּקַם נוּקַם תּוּקְמוּ תּוּקַ֫מְנָה יוּקְמוּ תּוּקַ֫מְנָה	הוּקַ֫מְתִּי הוּקַ֫מְתָּ הוּקַמְתְּ הוּקַם הוּקְמָה הוּקַ֫מְנוּ הוּקַמְתֶּם הוּקַמְתֶּן הוּקְמוּ

Jussif	Impératif	Cohortatif
-	-	-

Remarques :

– Le ו de la racine קוּם disparaît à tous les temps.

– À l'accompli, le préfixe est הוּ au lieu de הָ comme dans les verbes forts.

– Pas de voyelles וֹ de liaison avec les suffixes consonantiques : הוּקַ֫מְתִּי.

2. Les conjugaisons intensives.

C'est la 3e radicale qui est redoublée au lieu de la 2e : קוֹמֵם , קוֹמַם et הִתְקוֹמֵם. C'est pourquoi on parle plus de « **polel** », « **polal** », et « **hithpolel** », plutôt que de « pi'el », « pu'al » et « hithpa'el ». D'autant plus que, par exemple, le pi'el de la racine קוּם existe :

valider, confirmer קִיֵּם

Mais ces formes « régulières » sont une exception !

Polel : *relever, rebâtir* קוֹמֵם

Infinitifs	Participe	Inaccompli	Accompli
Absolu - construit קוֹמֵם בְּקוֹמֵם כְּקוֹמֵם לְקוֹמֵם מִקּוֹמֵם	מְקוֹמֵם מְקוֹמֶמֶת (מְקוֹמְמָה) מְקוֹמְמִים מְקוֹמְמוֹת	אֲקוֹמֵם תְּקוֹמֵם תְּקוֹמְמִי יְקוֹמֵם תְּקוֹמֵם נְקוֹמֵם תְּקוֹמְמוּ תְּקוֹמֵמְנָה יְקוֹמְמוּ תְּקוֹמֵמְנָה	קוֹמַמְתִּי קוֹמַמְתָּ קוֹמַמְתְּ קוֹמֵם קוֹמְמָה קוֹמַמְנוּ קוֹמַמְתֶּם קוֹמַמְתֶּן קוֹמְמוּ

Jussif	Impératif	Cohortatif
יְקוֹמֵם תְּקוֹמֵם יְקוֹמְמוּ תְּקוֹמֵמְנָה	קוֹמֵם קוֹמְמִי קוֹמְמוּ קוֹמֵמְנָה	אֲקוֹמְמָה נְקוֹמְמָה

Polal : *être reconstitué, être restauré* שׁוֹבַב

Infinitifs	Participe	Inaccompli	Accompli
Absolu - construit -	מְשׁוֹבָב מְשׁוֹבֶבֶת (מְשׁוֹבָבָה) מְשׁוֹבָבִים מְשׁוֹבָבוֹת	אֲשׁוֹבַב תְּשׁוֹבַב תְּשׁוֹבְבִי יְשׁוֹבַב תְּשׁוֹבַב נְשׁוֹבַב תְּשׁוֹבְבוּ תְּשׁוֹבַבְנָה יְשׁוֹבְבוּ תְּשׁוֹבַבְנָה	שׁוֹבַבְתִּי שׁוֹבַבְתָּ שׁוֹבַבְתְּ שׁוֹבַב שׁוֹבְבָה שׁוֹבַבְנוּ שׁוֹבַבְתֶּם שׁוֹבַבְתֶּן שׁוֹבְבוּ

Jussif	Impératif	Cohortatif
-	-	-

Hithpolel : *s'élever contre (quelqu'un)* הִתְקוֹמֵם

Infinitifs	Participe	Inaccompli	Accompli
<u>Absolu</u> <u>construit</u> הִתְקוֹמֵם בְּהִתְקוֹמֵם כְּהִתְקוֹמֵם לְהִתְקוֹמֵם מֵהִתְקוֹמֵם	מִתְקוֹמֵם מִתְקוֹמֶמֶת (מִתְקוֹמְמָה) מִתְקוֹמְמִים מִתְקוֹמְמוֹת	אֶתְקוֹמֵם תִּתְקוֹמֵם תִּתְקוֹמְמִי יִתְקוֹמֵם תִּתְקוֹמֵם נִתְקוֹמֵם תִּתְקוֹמְמוּ תִּתְקוֹמֵמְנָה יִתְקוֹמְמוּ תִּתְקוֹמֵמְנָה	הִתְקוֹמַמְתִּי הִתְקוֹמַמְתָּ הִתְקוֹמַמְתְּ הִתְקוֹמֵם הִתְקוֹמְמָה הִתְקוֹמַמְנוּ הִתְקוֹמַמְתֶּם הִתְקוֹמַמְתֶּן הִתְקוֹמְמוּ

Jussif	Impératif	Cohortatif
יִתְקוֹמֵם תִּתְקוֹמֵם יִתְקוֹמְמוּ תִּתְקוֹמֵמְנָה	הִתְקוֹמֵם הִתְקוֹמְמִי הִתְקוֹמְמוּ הִתְקוֹמֵמְנָה	אֶתְקוֹמְמָה נִתְקוֹמְמָה

Remarque : Ces conjugaisons (polel, polal et hithpolel) sont des conjugaisons rares ! Paul JOÜON, *Grammaire de l'hébreu biblique,* § 59.

Exercices :

• Version :

א. וַיֹּאמֶר אֱלֹהִים אֶל־נֹחַ זֹאת אוֹת־הַבְּרִית אֲשֶׁר הֲקִמֹתִי בֵּינִי וּבֵין כָּל־בָּשָׂר אֲשֶׁר עַל־הָאָרֶץ׃

ב. וַאֲנִי הִנְנִי מֵקִים אֶת־בְּרִיתִי אִתְּכֶם וְאֶת־זַרְעֲכֶם אַחֲרֵיכֶם׃

ג. וַיְבַקֵּשׁ שְׁלֹמֹה לְהָמִית אֶת־יָרָבְעָם וַיָּקָם יָרָבְעָם וַיִּבְרַח מִצְרַיִם אֶל־שִׁישַׁק מֶלֶךְ־מִצְרַיִם וַיְהִי בְּמִצְרַיִם עַד־מוֹת שְׁלֹמֹה׃

ד. וַיִּתֵּן אֹתָם אֱלֹהִים בִּרְקִיעַ הַשָּׁמָיִם לְהָאִיר עַל־הָאָרֶץ׃

ה. וַיְהִי בַּחֹדֶשׁ הָרִאשׁוֹן בַּשָּׁנָה הַשֵּׁנִית בְּאֶחָד לַחֹדֶשׁ הוּקַם הַמִּשְׁכָּן׃ וַיָּקֶם מֹשֶׁה אֶת־הַמִּשְׁכָּן וַיִּתֵּן אֶת־אֲדָנָיו וַיָּשֶׂם אֶת־קְרָשָׁיו וַיִּתֵּן אֶת־בְּרִיחָיו וַיָּקֶם אֶת־עַמּוּדָיו׃

• Thème :

1. L'Éternel fit mourir le peuple par l'épée.
2. Le tabernacle fut dressé dans le désert.
3. Dieu illumine le chemin de ceux qui gardent ses commandements.
4. Exaltez l'Éternel car il est bon !
5. Il ramènera le peuple d'Israël dans son pays.

Vocabulaire :

s'élever contre	הִתְקוֹמֵם [קום]	socle, base	אֶדֶן ז׳
Jéroboam	יָרָבְעָם	signe	אוֹת נ׳ ou ז׳
demeure, tabernacle	מִשְׁכָּן ז׳	fuir, s'enfuir	בָּרַח
relever, rebâtir	קוֹמֵם [קום]	barre, verrou	בְּרִיחַ ז׳
valider, confirmer	קִיֵּם [קום]	chair, viande	בָּשָׂר ז׳
planche	קֶרֶשׁ ז׳	briller, illuminer	הֵאִיר [אור]
élever, exalter	רוֹמֵם [רום]	être dressé, être érigé	הוּקַם [קום]
étendue	רָקִיעַ ז׳	tuer, faire mourir	הֵמִית [מות]
Chichak	שִׁישַׁק	dresser, établir, relever	הֵקִים [קום]
être restauré	שׁוֹבֵב [שוב]	ramener, rapporter	הֵשִׁיב [שוב]

Leçon 40

Le verbe בוא - La flexion des noms (3)

1. Le verbe בוא.

Ce verbe se conjugue comme les verbes ע"ו, mais sa vocalisation est particulière puisqu'il est aussi ל"א.

Qal : *entrer, venir, arriver* בָּא

Infinitifs	Participe	Inaccompli	Accompli
Absolu בּוֹא construit בּוֹא בְּבוֹא כְּבוֹא לָבוֹא מִבּוֹא	בָּא בָּאָה בָּאִים בָּאוֹת	אָבוֹא תָּבוֹא תָּבֹ֫אִי יָבוֹא תָּבוֹא נָבוֹא תָּבֹ֫אוּ יָבֹ֫אוּ תָּבֹ֫אנָה 1	בָּ֫אתִי בָּ֫אתָ בָּאת בָּא בָּ֫אָה בָּ֫אנוּ בָּאתֶם בָּאוּ

Jussif	Impératif	Cohortatif
יָבוֹא תָּבֹא יָבֹ֫אוּ	בּוֹא בֹּ֫אִי בֹּ֫אוּ	אָבוֹאָה נָבוֹאָה

1 aussi : תְּבֹאֶ֫ינָה

Hif'il : *faire entrer, amener, mettre* הֵבִיא

Infinitifs	Participe	Inaccompli	Accompli
<u>Absolu</u> הָבֵא <u>construit</u> הָבִיא בְּהָבִיא לְהָבִיא מֵהָבִיא	מֵבִיא מְבִיאִים	אָבִיא תָּבִיא יָבִיא 4 תָּבִיא 4 נָבִיא תָּבִיאוּ יָבִיאוּ תְּבִיאֶינָה	הֵבֵאתִי 1 הֵבֵאתָ 1 הֵבִיא הֵבִיאָה 3 הֲבֵאתֶם 2 הֵבִיאוּ

Jussif	Impératif	Cohortatif
-	הָבֵא 5 הָבִיאִי הָבִיאוּ	-

1 avec suffixe, on trouve aussi : הֲבִיאֹתַנִי , הֲבֵאוֹתִיךָ 2 aussi : הֲבִיאוֹתֶם

3 un seul exemple : הֲבִיאֹנוּם Nombres 32,17

4 **avec ו conversif :** וַיָּבֵא , וַתָּבֵא

5 aussi : הָבִיא (une fois : Jérémie 17,19) et הָבִיאָה

Hof'al : *être amené, être mis* הוּבָא

Infinitifs	Participe	Inaccompli	Accompli
<u>Absolu</u> - <u>construit</u> -	מוּבָא מוּבָאִים מוּבָאוֹת	יוּבָא יוּבָאוּ	הוּבָאתָה הוּבָא הוּבָאת הוּבְאוּ

Jussif	Impératif	Cohortatif
-	-	-

2. La flexion des noms à voyelle unique.

a) Voyelle unique pattaḥ (□ַ□ַ) :

Lorsqu'ils portent un suffixe, ces noms conservent leur voyelle mais la 2e consonne porte alors un daguesh fort.

Exemples : עַמִּים , עַמִּי ← עַם   גַּנִּים , גַּנִּי ← גַּן

Mais si la 2e consonne est :

– ע ou ר : le pattaḥ est remplacé par un qamats (□ָ) et bien sûr, pas de daguesh fort dans ces consonnes !

Exemples : שָׂרִים ← שַׂר   פָּרִים ← פַּר

mais : שַׂרְכֶם

– ח : le pattaḥ est maintenu, bien que cette consonne ne porte pas de daguesh fort.

Exemple : פַּחִים ← פַּח

Remarque : Les mots dont la 1re syllabe est stable et dont la dernière porte un pattaḥ se déclinent de la même façon.

Exemple : כּוֹבָעִים ← כּוֹבַע

Les mots suivants font exception à la règle : le pattaḥ est remplacé par un ḥiriq, suivi d'un daguesh fort.

סִפִּי ← סַף   מִסִּים ← מַס   גִּתּוֹת ← גַּת   בִּתִּי ← בַּת

צִדְּךָ ← צַד   פִּתִּי ← פַּת

État construit : צִדֵּי־ , צַד־   שָׂרֵי־ , שַׂר־   עַמֵּי־ , עַם־

b) Voyelle unique tséré (□ֵ□) :

Le tséré est remplacé par un ḥiriq suivi d'un daguesh fort dans la 2ᵉ consonne.

Exemples : אֵם ← אִמִּי   לֵב ← לִבִּי   חֵן ← חִנּוֹ   עֵז ← עִזִּים

Remarque : Il y a parfois quelques variantes avec les suffixes lourds.

Exemple : אִשּׁוֹ, אֶשְׁכֶם

Quelques mots gardent leur tséré dans toute la déclinaison. Dans ce cas la 2ᵉ consonne ne porte pas de daguesh fort :

גֵּו ← גֵּוִי   גֵּר ← גֵּרוֹ   זֵר ← זֵרוֹ   מֵת ← מֵתִי

נֵר ← נֵרִי   עֵד ← עֵדִי   עֵץ ← עֵצִים

État construit : עֵץ־ , עֲצֵי־

Remarque : Les mots שֵׁם et בֵּן ont une déclinaison particulière.

– שֵׁם : voir page 54. Dans le pluriel שֵׁמוֹת , le tséré tombe et est remplacé par un cheva : שְׁמוֹתָם

– בֵּן :

בֵּן (בֶּן־)	
בְּנִי	
בִּנְךָ	בְּנֵךְ
בְּנוֹ	בְּנָהּ
בְּנֵנוּ	

בָּנִים (בְּנֵי־)	
בָּנַי	
בָּנֶיךָ	בָּנַיִךְ
בָּנָיו	בָּנֶיהָ
בָּנֵינוּ	
בְּנֵיכֶם	
בְּנֵיהֶם	בְּנֵיהֶן

c) Voyelle unique ḥolam (□ֹ□) :

Lorsqu'on ajoute un suffixe, le ḥolam est remplacé par un qoubouts suivi d'un daguesh fort.

Exemples : כֹּל ← כֻּלָּנוּ   עֹל ← עֻלּוֹ , עֻלְּכֶם   חֹק ← חֻקִּי , חֻקִּים

mais : חָקְךָ , חָקְכֶם

État construit : חָק־ (חֹק־) , חֻקֵּי־   עַל־   כָּל־

Remarque : À l'état construit du mot au singulier, le ḥolam est ou bien conservé, ou bien remplacé par un qamats qatane (□ָ).

Exercices :

• Version :

א. וַיְדַבֵּר יְהוָה אֶל־מֹשֶׁה לֵּאמֹר׃ דַּבֵּר אֶל־בְּנֵי יִשְׂרָאֵל וְאָמַרְתָּ אֲלֵהֶם בְּבֹאֲכֶם אֶל־הָאָרֶץ אֲשֶׁר אֲנִי מֵבִיא אֶתְכֶם שָׁמָּה׃ וְהָיָה בַּאֲכָלְכֶם מִלֶּחֶם הָאָרֶץ תָּרִימוּ תְרוּמָה לַיהוָה׃

ב. וְלֹא תִתְחַתֵּן בָּם בִּתְּךָ לֹא־תִתֵּן לִבְנוֹ וּבִתּוֹ לֹא־תִקַּח לִבְנֶךָ׃

ג. וַיָּבֹאוּ אֶל־חִלְקִיָּהוּ הַכֹּהֵן הַגָּדוֹל וַיִּתְּנוּ אֶת־הַכֶּסֶף הַמּוּבָא בֵית־אֱלֹהִים אֲשֶׁר אָסְפוּ־הַלְוִיִּם שֹׁמְרֵי הַסַּף מִיַּד מְנַשֶּׁה וְאֶפְרַיִם וּמִכֹּל שְׁאֵרִית יִשְׂרָאֵל וּמִכָּל־יְהוּדָה וּבִנְיָמִן וַיָּשֻׁבוּ יְרוּשָׁלִָם׃

ד. וַהֲבִיאוֹתִים אֶל־הַר קָדְשִׁי וְשִׂמַּחְתִּים בְּבֵית תְּפִלָּתִי עוֹלֹתֵיהֶם וְזִבְחֵיהֶם לְרָצוֹן עַל־מִזְבְּחִי כִּי בֵיתִי בֵּית־תְּפִלָּה יִקָּרֵא לְכָל־הָעַמִּים׃

ה. הָרִיעוּ לַיהוָה כָּל־הָאָרֶץ׃ עִבְדוּ אֶת־יְהוָה בְּשִׂמְחָה
בֹּאוּ לְפָנָיו בִּרְנָנָה׃

• Thème :

1. Tous les présents furent amenés dans la maison du roi.

2. J'entrerai dans sa maison et j'élèverai mes mains vers lui.

3. Tu es ma gloire et tu élèves ma tête.

4. Elle amena sa chèvre en offrande à l'Éternel.

5. Il le fit entrer et le tua avec l'épée qui était à son côté.

Vocabulaire :

tribut	מַס ז׳	mère, aïeule	אֵם נ׳
bassin, coupe, seuil	סַף ז׳	amasser, assembler	אָסַף
travailler, servir, rendre un culte	עָבַד	Éphraïm	אֶפְרַיִם
témoin, témoignage	עֵד ז׳	entrer, venir, arriver	בָּא [בוא]
holocauste, degré	עוֹלָה et עֹלָה נ׳	dos, milieu	גֵּו ז׳
chèvre	עֵז נ׳	étranger	גֵּר ז׳
joug	עֹל et עוֹל ז׳	pressoir	גַּת נ׳
filet, piège, feuille (de métal)	פַּח ז׳	faire entrer, amener	הֵבִיא [בוא]
morceau	פַּת נ׳	être amené	הוּבָא [בוא]
côté	צַד ז׳	élever, lever, prélever	הֵרִים [רום]
allégresse	רִנָּה נ׳	pousser des cris	הֵרִיעַ [רוע]
faveur, plaisir, volonté	רָצוֹן ז׳	s'allier (en mariant ses enfants)	הִתְחַתֵּן
réjouir, donner de la joie	שִׂמַּח	bord, bordure, couronne	זֵר ז׳
joie, cris de joie, plaisir	שִׂמְחָה נ׳	Hilqiya	חִלְקִיָּהוּ et חִלְקִיָּה
prière, supplication	תְּפִלָּה נ׳	casque	כּוֹבַע ז׳
don, présent, offrande	תְּרוּמָה נ׳	Manassé	מְנַשֶּׁה

Remarques :

– <u>Phrase</u> ג : « Le lieu *où* l'on est (sans mouvement) est généralement précédé de la préposition ב *dans* , ou ל *à* . Mais parfois le nom n'est précédé d'aucune préposition : il est alors considéré comme à **l'accusatif de détermination** ». Paul JOÜON, *Grammaire de l'hébreu biblique,* § 126 h. Donc בֵּית־אֱלֹהִים = בְּבֵית־אֱלֹהִים.

– <u>Phrase</u> ד : לְרָצוֹן = littéralement : « *à faveur* » = *seront agréés*

Leçon 41

Les verbes ל״ה : conjugaisons

Nous avons déjà commencé à étudier ces verbes à la forme qal (voir leçon 15). Nous allons voir maintenant toutes les autres conjugaisons.

Remarque : Primitivement, ces verbes étaient des ל״י. Ce י primitif réapparaît devant les suffixes consonantiques.

Pour la conjugaison de ces verbes, deux cas sont à envisager :

1. Si la forme verbale n'a pas de suffixe, elle se termine en :

ָה à tous les accomplis … גָּלָה , נִגְלָה , גִּלָּה , הִתְגַּלָּה

ֶה à tous les inaccomplis et participes (masculins singuliers à l'état absolu)

יִגְלֶה , גּוֹלֶה … (sauf le participe passif du qal : גָּלוּי)

ֵה à tous les impératifs (masculins singuliers) et participes (masculins singuliers à l'état construit) רְאֵה , שְׁתֵה , בּוֹנֵה־ , עוֹשֵׂה־…

וֹת aux infinitifs construits לִבְנוֹת , לְהִגָּלוֹת , לְגַלּוֹת , בְּהִתְגַּלּוֹת …

2. Si la forme verbale a un suffixe, deux cas se présentent :

a) le suffixe est vocalique.

• avec ָה , le ה de la racine se change en ת : … עָשְׂתָה , בָּנְתָה , רָאֲתָה

• avec וּ , le ה tombe : … עָשׂוּ , בָּנוּ , רָאוּ , רְאוּ

• avec ִי , le ה tombe : … תַּעֲשִׂי , תִּרְאִי , רְאִי

b) le suffixe est consonantique.

• avec תֶּן , תֶּם , נוּ , תְּ , תָּ , תִּי , le ה tombe et le י primitif reparaît <u>en général</u>

en ִי aux conjugaisons actives ... גָּלִיתִי גִּלִּיתִי

ֵי aux conjugaisons passives et réflexives ... נִגְלֵיתִי

Remarque : Cette règle souffre quelques exceptions, puisqu'on peut trouver aussi, par exemple, גִּלֵּיתִי au lieu de גִּלִּיתִי. Voir tableaux.

• avec נָה le ה tombe et le י reparaît en ֶי תִּרְאֶינָה

Les formes du jussif et du ו conversif :

Ces formes sont abrégées : le ה final tombe ainsi que la voyelle qui précède. C'est ce qu'on appelle l'**apocope**, ces formes sont dites « apocopées ».

De plus, au **Qal**, la forme peut subsister telle quelle, ou bien introduire une voyelle d'appui, ou encore allonger la voyelle du préfixe.

Exemples :

יִשְׁבֶּה *il fera prisonnier* וַיִּשְׁבְּ *(et) il fit prisonnier* pas de changement

יִשְׁתֶּה *il boira* וַיֵּשְׁתְּ *(et) il but* allongement de la voyelle du préfixe

יִבְנֶה *il construira* וַיִּבֶן *(et) il construisit* voyelle d'appui

תִּפְנֶה *elle se tournera* וַתֵּפֶן *(et) elle se tourna* allongement de la voyelle du préfixe + voyelle d'appui

Avec une 1re **gutturale** on a généralement :

(et) il fit וַיַּעַשׂ *(et) il monta* וַיַּעַל *(et) il vit* וַיַּרְא *(et) elle conçut* וַתַּהַר

Remarques :

– Il arrive aussi que l'inaccompli avec ו conversif et le jussif aient des formes non-apocopées, surtout à la 1re personne du singulier.

Exemples : *(et) je fis* וָאֶעֱשֶׂה *(et) je vis* וָאֶרְאֶה

– Le הָ du cohortatif est inusité dans les verbes ל״ה , on emploi la forme de l'indicatif. On trouve seulement 3 cohortatifs en הָ , « probablement pour une recherche d'assonance » (Psaumes 77,4 ; 119,117 ; Ésaïe 41,23). Paul JOÜON, *Grammaire de l'hébreu biblique,* § 79 o.

Qal : *apparaître, révéler* גָּלָה

Infinitifs	Participes	Inaccompli	Accompli
<u>Absolu</u> גָּלֹה <u>construit</u> גְּלוֹת בִּגְלוֹת כִּגְלוֹת לִגְלוֹת מִגְּלוֹת	<u>Actif</u> גּוֹלֶה גּוֹלָה גּוֹלִים גּוֹלוֹת <u>Passif</u> גָּלוּי גְּלוּיָה גְּלוּיִים גְּלוּיוֹת	אֶגְלֶה תִּגְלֶה תִּגְלִי יִגְלֶה תִּגְלֶה נִגְלֶה תִּגְלוּ תִּגְלֶינָה יִגְלוּ תִּגְלֶינָה	גָּלִיתִי גָּלִיתָ גָּלִית גָּלָה גָּלְתָה גָּלִינוּ גְּלִיתֶם גְּלִיתֶן גָּלוּ

Jussif	Impératif	Cohortatif
יִגֶל תִּגֶל יִגְלוּ תִּגְלֶינָה	גְּלֵה גְּלִי גְּלוּ גְּלֶינָה	אֶגְלֶה נִגְלֶה

Remarque :

– La forme du jussif peut être aussi : יֶגֶל , יֵגֶל , יִגְל , suivant la racine (voir plus haut).

Nif'al : *être à découvert, se révéler, être annoncé* נִגְלָה

Infinitifs	Participe	Inaccompli	Accompli
<u>Absolu</u> נִגְלֹה , הִגָּלֵה <u>construit</u> הִגָּלוֹת בְּהִגָּלוֹת כְּהִגָּלוֹת לְהִגָּלוֹת מֵהִגָּלוֹת	נִגְלֶה נִגְלֵית (נִגְלָה) נִגְלִים נִגְלוֹת	אֶגָּלֶה תִּגָּלֶה תִּגָּלִי יִגָּלֶה תִּגָּלֶה נִגָּלֶה תִּגָּלוּ תִּגָּלֶינָה יִגָּלוּ תִּגָּלֶינָה	נִגְלֵיתִי נִגְלֵיתָ נִגְלֵית נִגְלָה נִגְלְתָה נִגְלֵינוּ נִגְלֵיתֶם נִגְלֵיתֶן נִגְלוּ

Jussif	Impératif	Cohortatif
יִגָּל תִּגָּל יִגָּלוּ תִּגָּלֶינָה	הִגָּלֵה הִגָּלִי הִגָּלוּ הִגָּלֶינָה	אֶגָּלֶה נִגָּלֶה

Pi'el : *découvrir, ôter la couverture* גִּלָּה

Infinitifs	Participe	Inaccompli	Accompli
Absolu גַּלֹּה , גַּלֵּה construit גַּלּוֹת בְּגַלּוֹת כְּגַלּוֹת לְגַלּוֹת מִגַּלּוֹת	מְגַלֶּה מְגַלָּה מְגַלִּים מְגַלּוֹת	אֲגַלֶּה תְּגַלֶּה תְּגַלִּי יְגַלֶּה תְּגַלֶּה נְגַלֶּה תְּגַלּוּ תְּגַלֶּינָה יְגַלּוּ תְּגַלֶּינָה	גִּלֵּיתִי גִּלִּיתָ גִּלִּית גִּלָּה גִּלְּתָה גִּלִּינוּ גִּלִּיתֶם גִּלִּיתֶן גִּלּוּ

Jussif	Impératif	Cohortatif
יְגַל תְּגַל יְגַלּוּ תְּגַלֶּינָה	גַּלֵּה, גַּל גַּלִּי גַּלּוּ גַּלֶּינָה	אֲגַלֶּה נְגַלֶּה

Pu'al : *être dévoilé, être enlevé* גֻּלָּה

Infinitifs	Participe	Inaccompli	Accompli
Absolu גֻּלֹּה construit גֻּלּוֹת בְּגֻלּוֹת כְּגֻלּוֹת לְגֻלּוֹת מְגֻלּוֹת	מְגֻלֶּה מְגֻלָּה (מְגֻלֵּית) מְגֻלִּים מְגֻלּוֹת	אֲגֻלֶּה תְּגֻלֶּה תְּגֻלִּי יְגֻלֶּה תְּגֻלֶּה נְגֻלֶּה תְּגֻלּוּ תְּגֻלֶּינָה יְגֻלּוּ תְּגֻלֶּינָה	גֻּלֵּיתִי גֻּלֵּיתָ גֻּלֵּית גֻּלָּה גֻּלְּתָה גֻּלֵּינוּ גֻּלֵּיתֶם גֻּלֵּיתֶן גֻּלּוּ

Jussif	Impératif	Cohortatif
-	-	-

Hif'il : *emmener en captivité, déporter* הִגְלָה

Infinitifs	Participe	Inaccompli	Accompli
<u>Absolu</u> הַגְלֵה <u>construit</u> הַגְלוֹת בְּהַגְלוֹת כְּהַגְלוֹת לְהַגְלוֹת מֵהַגְלוֹת	מַגְלֶה מַגְלָה מַגְלִים מַגְלוֹת	אַגְלֶה תַּגְלֶה תַּגְלִי יַגְלֶה תַּגְלֶה נַגְלֶה תַּגְלוּ תַּגְלֶינָה יַגְלוּ תַּגְלֶינָה	הִגְלֵיתִי הִגְלִיתָ הִגְלֵית הִגְלָה הִגְלְתָה הִגְלִינוּ הִגְלִיתֶם הִגְלֵיתֶן הִגְלוּ

Jussif	Impératif	Cohortatif
יֶגֶל תֶּגֶל יַגְלוּ תַּגְלֶינָה	הַגְלֵה הַגְלִי הַגְלוּ הַגְלֶינָה	אַגְלֶה נַגְלֶה

Suivant la nature de la 1re radicale de la racine, la voyelle du préfixe de l'accompli peut être הֶ.

Exemple : *faire monter* הֶעֱלָה , *faire revivre* הֶחֱיָה , *montrer* הֶרְאָה .

Hof'al : *être emmené en captivité, être déporté* הָגְלָה

Infinitifs	Participe	Inaccompli	Accompli
<u>Absolu</u> הָגְלֵה <u>construit</u> -	מָגְלֶה מָגְלֵית (מָגְלָה) מָגְלִים מָגְלוֹת	אָגְלֶה תָּגְלֶה תָּגְלִי יָגְלֶה תָּגְלֶה נָגְלֶה תָּגְלוּ תָּגְלֶינָה יָגְלוּ תָּגְלֶינָה	הָגְלֵיתִי הָגְלֵיתָ הָגְלֵית הָגְלָה הָגְלְתָה הָגְלֵינוּ הָגְלֵיתֶם הָגְלֵיתֶן הָגְלוּ

Jussif	Impératif	Cohortatif
-	-	-

Hithpa'el : *se découvrir, se mettre à nu* הִתְגַּלָּה

Infinitifs	Participe	Inaccompli	Accompli
<u>Absolu</u> הִתְגַּלֵּה <u>construit</u> הִתְגַּלּוֹת בְּהִתְגַּלּוֹת כְּהִתְגַּלּוֹת לְהִתְגַּלּוֹת מֵהִתְגַּלּוֹת	מִתְגַּלֶּה מִתְגַּלָּה (מִתְגַּלֵּית) מִתְגַּלִּים מִתְגַּלּוֹת	אֶתְגַּלֶּה תִּתְגַּלֶּה תִּתְגַּלִּי יִתְגַּלֶּה תִּתְגַּלֶּה נִתְגַּלֶּה תִּתְגַּלּוּ תִּתְגַּלֶּינָה יִתְגַּלּוּ תִּתְגַּלֶּינָה	הִתְגַּלֵּיתִי הִתְגַּלִּיתָ הִתְגַּלִּית הִתְגַּלָּה הִתְגַּלְּתָה הִתְגַּלִּינוּ הִתְגַּלִּיתֶם הִתְגַּלִּיתֶן הִתְגַּלּוּ

Jussif	Impératif	Cohortatif
יִתְגַּל תִּתְגַּל יִתְגַּלּוּ תִּתְגַּלֶּינָה	הִתְגַּלֵּה , הִתְגַּל הִתְגַּלִּי הִתְגַּלּוּ הִתְגַּלֶּינָה	אֶתְגַּלֶּה נִתְגַּלֶּה

Exercices

• Version :

א. וּבֵית יִשְׂרָאֵל לֹא יֹאבוּ לִשְׁמֹעַ אֵלֶיךָ כִּי־אֵינָם אֹבִים לִשְׁמֹעַ אֵלָי כִּי כָּל־בֵּית יִשְׂרָאֵל חִזְקֵי־מֵצַח וּקְשֵׁי־לֵב הֵמָּה׃

ב. וַיִּקֶן יוֹסֵף אֶת־כָּל־אַדְמַת מִצְרַיִם לְפַרְעֹה כִּי־מָכְרוּ מִצְרַיִם אִישׁ שָׂדֵהוּ כִּי־חָזַק עֲלֵהֶם הָרָעָב וַתְּהִי הָאָרֶץ לְפַרְעֹה׃

ג. וַיָּשָׁב אִתּוֹ וַיֹּאכַל לֶחֶם בְּבֵיתוֹ וַיֵּשְׁתְּ מָיִם׃ וַיְהִי הֵם יֹשְׁבִים אֶל־הַשֻּׁלְחָן וַיְהִי דְּבַר־יְהוָה אֶל־הַנָּבִיא אֲשֶׁר הֱשִׁיבוֹ׃

ד. וַיָּבֹא וַיֹּאכַל וַיֵּשְׁתְּ וַיֹּאמֶר פִּקְדוּ־נָא אֶת־הָאֲרוּרָה הַזֹּאת וְקִבְרוּהָ כִּי בַת־מֶלֶךְ הִיא׃

ה. וְאַתָּה קַח־לְךָ מִכָּל־מַאֲכָל אֲשֶׁר יֵאָכֵל וְאָסַפְתָּ אֵלֶיךָ וְהָיָה לְךָ וְלָהֶם לְאָכְלָה׃ וַיַּעַשׂ נֹחַ כְּכֹל אֲשֶׁר צִוָּה אֹתוֹ אֱלֹהִים כֵּן עָשָׂה׃

• Thème :

1. Je t'ai fait monter sur la montagne pour te montrer tout le pays de Canaan.

2. Et il fit tout ce que nous lui avions ordonné et il vit la gloire de Dieu.

3. L'Éternel se tournera vers le peuple et le laissera en vie.

4. Les enfants d'Israël furent déportés à Babylone.

5. Vous pleurerez et vous vous tournerez vers l'Éternel qui vous sauvera.

Vocabulaire :

fort, dur	חָזָק	nourriture	אָכְלָה נ׳
vivre, rester en vie	חָיָה ||	maudire	אָרַר
nourriture, vivres	מַאֲכָל ז׳	découvrir, révéler	|| גָּלָה
front	מֵצַח ז׳	découvrir, ouvrir	גִּלָּה
être mangé, se manger	נֶאֱכַל	être dévoilé	גֻּלָּה
être à découvert, se révéler	נִגְלָה	déporter	הִגְלָה
chercher, visiter, intervenir	פָּקַד ||	être déporté	הָגְלָה
commander, ordonner	צִוָּה ||	faire revivre, laisser en vie	הֶחֱיָה
dur, rude, inflexible	קָשֶׁה	faire monter	|| הֶעֱלָה
faim, famine	רָעָב ז׳ ||	faire voir, montrer	הֶרְאָה et הִרְאָה
faire prisonnier	שָׁבָה	concevoir, être enceinte	הָרָה
		se découvrir	הִתְגַּלָּה

Remarques :

– <u>Phrase</u> א : Nous avons 2 adjectifs avec le génitif : קְשֵׁי־לֵב et חִזְקֵי־מֵצַח.
Voir Paul JOÜON, *Grammaire de l'hébreu biblique,* § 129 i.

– <u>Phrase</u> ב : L'état construit de אֲדָמָה est אַדְמַת.

אִישׁ s'emploie au sens fort de *chacun.*
Voir Paul JOÜON, *Grammaire de l'hébreu biblique,* § 147 d.

Leçon 42

Les verbes פ״י : les « vrais » פ״י

Les verbes à 1re radicale י se divisent en 3 groupes :

– Les verbes avec י primitif ou « vrais » פ״י.

– Les verbes avec ו primitif ou « faux » פ״י.

– Les verbes פ״צ qui se comportent, en général, comme des פ״נ.

Les vrais פ״י.

Il sont au nombre de 7.

être bon, plaire יָטַב *être sec, devenir sec* יָבֵשׁ *sucer, téter* יָנַק

être droit , marcher droit יָשַׁר *s'éveiller* יָקַץ

\+ ימן et ילל qui ne se conjuguent pas au qal.

Qal :

être bon יָטַב et *s'éveiller* יָקַץ : seul l'inaccompli est employé :

יִיטַב תִּיטַב יִיטְבוּ אִיקַץ יִיקַץ יִיקְצוּ

être sec, devenir sec יָבֵשׁ

Infinitifs	Participes	Inaccompli	Accompli
Absolu יָבֹשׁ construit יְבֹשֶׁת בִּיבשׁ	Actif - Passif -	אִיבַשׁ יִיבַשׁ תִּיבַשׁ יִיבְשׁוּ	יָבֵשׁ יָבְשָׁה יָבְשׁוּ

Jussif	Impératif	Cohortatif
-	-	-

sucer, téter יָנַק

Infinitifs	Participes	Inaccompli	Accompli
Absolu - construit -	Actif יוֹנֵק Passif -	אִינָק תִּינָקִי יִינָק תִּינְקוּ יִינָקוּ	יָנַקְתְּ יְנַקְתֶּם

Jussif	Impératif	Cohortatif
-	-	-

être droit , marcher droit יָשַׁר

Infinitifs	Participes	Inaccompli	Accompli
Absolu - construit -	Actif - Passif -	יִישַׁר תִּישַׁר יִשַּׁרְנָה	יָשַׁר יָשְׁרָה יָשְׁרוּ

Jussif	Impératif	Cohortatif
-	-	-

Le י se maintient toujours et l'inaccompli est en « a ».

יִשַּׁרְנָה : Ne se rencontre qu'une seule fois, avec un ו conversif : וַיִּשַּׁרְנָה (1 Samuel 6,12).

Le י à la place du ת est primitif.

Aucune des ces racines ne se conjuguent au nif'al, au hof'al et au hithpa'el.

Le **pi'el** et le **pou'al** sont réguliers : *rendre droit* יָשַׁר → אֲיַשֵּׁר , מְיֻשָּׁר
rendre sec, dessécher יָבֵשׁ → תְּיַבֵּשׁ

Hif'il :

hurler, crier הֵילִיל   *faire bien, faire du bien* הֵיטִיב   *allaiter* הֵינִיק

aller à droite הֵימִין (employé 5 fois seulement)

aplanir, regarder droit devant הֵישִׁיר (employé 2 fois seulement)

Ces verbes conservent leur י au hif'il (il est quiescent en général), et la voyelle du préfixe est ☐ֵ.

faire bien, faire du bien הֵיטִיב

Infinitifs	Participe	Inaccompli	Accompli
<u>Absolu</u> הֵיטֵב <u>construit</u> בְּהֵיטִיב לְהֵיטִיב	מֵיטִיב מֵיטִיבִים	אֵיטִיב תֵּיטִיב תֵּיטִ֫יבִי יֵיטִיב תֵּיטִיב תֵּיטִ֫יבוּ יֵיטִ֫יבוּ	הֵיטִיבֹ֫תִי [1] הֵיטַ֫בְתָּ הֵיטַבְתְּ הֵיטִיב

Jussif	Impératif	Cohortatif
יֵיטֵב	הֵיטִיבָה הֵיטִ֫יבִי הֵיטִ֫יבוּ	אֵיטִיבָה

1 forme exceptionnelle !

La forme du hif'il de la racine יבשׁ (*sécher* הוֹבִישׁ) est anormale. Paul JOÜON, *Grammaire de l'hébreu biblique,* § 76 d. Cette forme de conjugaison appartient à la catégorie des פ״י avec ו primitif.

Exercices :

• Version :

א. וְהַנַּעֲרָה אֲשֶׁר תִּיטַב בְּעֵינֵי הַמֶּלֶךְ תִּמְלֹךְ תַּחַת וַשְׁתִּי וַיִּיטַב הַדָּבָר בְּעֵינֵי הַמֶּלֶךְ וַיַּעַשׂ כֵּן׃

ב. פִּתְאֹם נָפְלָה בָבֶל וַתִּשָּׁבֵר הֵילִילוּ עָלֶיהָ קְחוּ צֳרִי לְמַכְאוֹבָהּ אוּלַי תֵּרָפֵא׃

ג. וָאָקֻם בַּבֹּקֶר לְהֵינִיק אֶת־בְּנִי וְהִנֵּה־מֵת וָאֶתְבּוֹנֵן אֵלָיו בַּבֹּקֶר וְהִנֵּה לֹא־הָיָה בְנִי אֲשֶׁר יָלָדְתִּי׃

ד. וַיֹּאמֶר יַעֲקֹב אֱלֹהֵי אָבִי אַבְרָהָם וֵאלֹהֵי אָבִי יִצְחָק יְהוָה הָאֹמֵר אֵלַי שׁוּב לְאַרְצְךָ וּלְמוֹלַדְתְּךָ וְאֵיטִיבָה עִמָּךְ׃

ה. וְהָעֹרְבִים מְבִיאִים לוֹ לֶחֶם וּבָשָׂר בַּבֹּקֶר וְלֶחֶם וּבָשָׂר בָּעָרֶב וּמִן־הַנַּחַל יִשְׁתֶּה׃ וַיְהִי מִקֵּץ יָמִים וַיִּיבַשׁ הַנָּחַל כִּי לֹא־הָיָה גֶשֶׁם בָּאָרֶץ׃

• Thème :

1. Je sais que l'Éternel me fera du bien.

2. Tu suceras le lait des nations.

3. L'herbe de toute la campagne sera sèche.

4. Ma mère allaitera cet enfant pour toi.

5. Pharaon fit un rêve et il s'éveilla.

Vocabulaire :

peut-être	אוּלַי
pluie	גֶּשֶׁם ז׳
sécher	הוֹבִישׁ [יבשׁ]
bien faire, faire du bien	הֵיטִיב [יטב]
gémir, hurler, se lamenter	הֵילִיל [ילל]
aller à droite	הֵימִין [ימן]
donner à téter, allaiter	הֵינִיק [ינק]
rendre droit, aplanir	הֵישִׁיר [ישׁר]
considérer	‖ הִתְבּוֹנֵן [בּין]
Wasthi	וַשְׁתִּי
rêver	חָלַם
être sec, devenir sec	יָבֵשׁ
rendre sec, dessécher	יִבֵּשׁ
être bon, plaire	‖ יָטַב
sucer, téter	יָנַק
s'éveiller	יָקַץ
être droit, marcher droit	יָשַׁר
rendre droit	יִשֵּׁר
naissance, race, patrie	מוֹלֶדֶת נ׳
douleur, souffrance	מַכְאוֹב ז׳
à la fin, au bout de	מִקֵּץ
jeune fille, servante	נַעֲרָה נ׳
être guéri, guérir	נִרְפָּא
se briser, être brisé	‖ נִשְׁבַּר
corbeau	עֹרֵב ז׳
herbe	עֵשֶׂב ז׳
soudain, aussitôt	פִּתְאֹם
baume	צֳרִי ז׳
fin, extrémité	קֵץ ז׳

Leçon 43

Les verbes פ״י : les « faux » פ״י (1)

En fait, ces verbes ont un ו comme 1re radicale, mais ce ו est supplanté par י dans certaines conjugaisons.

Ce ו primitif réapparaît au <u>nif'al</u>, <u>hif'il</u> et <u>hof'al</u>.

Au <u>qal</u>, ou bien il est supplanté par un י, ou bien il disparaît.

Le verbe הָלַךְ est l'unique verbe פ״ה qui se comporte comme un פ״י.

Dans cette catégorie de verbes, il convient de distinguer les **verbes actifs** des **verbes statifs.**

Les verbes actifs.

Qal :

Exemples :

être assis, habiter יָשַׁב

Infinitifs	Participes	Inaccompli	Accompli
<u>Absolu</u> שׁוֹב , יָשֹׁב <u>construit</u> שֶׁבֶת בְּשֶׁבֶת כְּשֶׁבֶת לָשֶׁבֶת מִשֶּׁבֶת	<u>Actif</u> יוֹשֵׁב יוֹשֶׁבֶת (יֹשְׁבָה) יוֹשְׁבִים יוֹשְׁבוֹת <u>Passif</u> -	אֵשֵׁב תֵּשֵׁב תֵּשְׁבִי יֵשֵׁב תֵּשֵׁב נֵשֵׁב תֵּשְׁבוּ יֵשְׁבוּ	יָשַׁבְתִּי יָשַׁבְתָּ יָשַׁבְתְּ יָשַׁב יָשְׁבָה יָשַׁבְנוּ יְשַׁבְתֶּם יָשְׁבוּ

Jussif	Impératif	Cohortatif
יֵשֵׁב יֵשְׁבוּ	שֵׁב (שְׁבָה) שְׁבִי שְׁבוּ	אֵשְׁבָה

savoir, connaître יָדַע

Infinitifs	Participes	Inaccompli	Accompli
<u>Absolu</u> יָדוֹעַ <u>construit</u> דַּעַת לָדַעַת מִדַּעַת	<u>Actif</u> יוֹדֵעַ יוֹדַעַת יוֹדְעִים <u>Passif</u> יָדוּעַ יְדוּעִים	אֵדַע תֵּדַע תֵּדְעִי יֵדַע נֵדַע תֵּדְעוּ יֵדְעוּ	יָדַעְתִּי יָדַעְתָּ יָדַעַתְּ יָדַע יָדְעָה יָדַעְנוּ יְדַעְתֶּם יְדַעְתֶּן יָדְעוּ

Jussif	Impératif	Cohortatif
יֵדַע	דַּע (דְּעָה) דְּעִי דְּעוּ	אֵדְעָה נֵדְעָה

Remarques :

– Ces verbes perdent leur י à l'<u>infinitif construit</u>, à l'<u>inaccompli</u> et à l'<u>impératif</u>.

– À l'<u>inaccompli</u>, les préfixes portent un tséré (□ֵ) et la voyelle de la 2ᵉ radicale est :

• Tséré (□ֵ) pour les racines הָלַךְ יָשַׁב יָרַד יָצָא יָלַד

Exemples : אֵלֵךְ נֵשֵׁב יֵרֵד תֵּצֵא תֵּלֵד

• Pattaḥ (□ַ) pour יָדַע et יָחַד

Exemples : אֵדַע תֵּחַד

Remarque : La racine *être uni, s'unir* יחד est très peu employée.

L'<u>impératif</u> se forme en supprimant le préfixe de l'inaccompli.

Exemples : שֵׁב רְדִי צְאוּ לֵךְ דַּע דְּעוּ

– À l'<u>infinitif construit</u>, l'absence du י est compensée par l'adjonction d'un ת à la 3ᵉ radicale. Les 2ᵉ et 3ᵉ radicales porteront chacune un seggol (ou un pattaḥ pour יָדַע).

Infinitif construit avec suffixe : דַּעְתְּךָ שִׁבְתִּי בְּלֶכְתּוֹ בְּצֵאתְךָ

Nif'al :

Exemples :

être connu, être reconnu נוֹדַע

Infinitifs	Participe	Inaccompli	Accompli
Absolu - construit הִוָּדַע	נוֹדָע	אִוָּדַע תִּוָּדְעִי יִוָּדַע תִּוָּדֵעַ	נוֹדַעְתִּי נוֹדַע נוֹדְעָה נוֹדָעוּ

Jussif	Impératif	Cohortatif
יִוָּדַע	-	-

naître נוֹלַד

Infinitifs	Participe	Inaccompli	Accompli
Absolu - construit הִוָּלֵד בְּהִוָּלֵד	נוֹלָד נוֹלָדִים	אִוָּלֵד תִּוָּלֵד יִוָּלֵד יִוָּלְדוּ	נוֹלַד נוֹלְדוּ

Jussif	Impératif	Cohortatif
-	-	-

rester, demeurer נוֹתַר

Infinitifs	Participe	Inaccompli	Accompli
<u>Absolu</u> - <u>construit</u> -	נוֹתָר נוֹתֶ֫רֶת נוֹתָרִים נוֹתָרוֹת	אִוָּתֵר יִוָּתֵר יִוָּתְרוּ	נוֹתַ֫רְתִּי נוֹתַר נוֹתְרָה נוֹתַרְתֶּם נוֹתְרוּ

Jussif	Impératif	Cohortatif
-	-	-

Remarques :

– À l'<u>accompli</u> et au <u>participe</u>, le ו réapparaît et sert de voyelle (וֹ) au נ de la forme.

– Aux <u>infinitifs</u>, à l'<u>inaccompli</u> et à l'<u>impératif</u> le ו réapparaît et se comporte normalement : il porte un daguesh fort et a pour voyelle un qamats (◻ָ).

Pi'el, Pou'al et hithpa'el :

En général, les faux פ״י se conjuguent régulièrement à ces 3 formes.

Exemples : *aller, marcher* הִלֵּךְ *placer, établir* יִשֵּׁב *aider à accoucher* יִלֵּד

Mais au **hithpa'el**, le ו primitif réapparaît dans les 3 racines :

יכח ידע ידה

louer, confesser הִתְוַדָּה *se faire connaître* הִתְוַדַּע

entrer en procès (avec) הִתְוַכַּח

Ce ו apparaît dans toute la conjugaison et se comporte régulièrement comme une consonne.

Exemples : *je me ferai connaître* אֶתְוַדָּ֫ע *ils confesseront* יִתְוַדּוּ

Hif'il :

Le ו primitif réapparaît et sert de voyelle (וֹ) au préfixe de la forme.

Exemples :

faire descendre הוֹרִיד

Infinitifs	Participe	Inaccompli	Accompli
Absolu - construit בְּהוֹרִיד לְהוֹרִיד	מוֹרִיד	אוֹרִיד תּוֹרִיד יוֹרִיד תּוֹרִיד יוֹרִידוּ	הוֹרַדְתִּי הוֹרַדְתָּ הוֹרִיד הוֹרַדְנוּ הוֹרַדְתֶּם הוֹרִידוּ

Jussif	Impératif	Cohortatif
-	הוֹרֵד הוֹרִידִי הוֹרִידוּ	-

faire sortir הוֹצִיא

Infinitifs	Participe	Inaccompli	Accompli
Absolu - construit הוֹצִיא בְּהוֹצִיא כְּהוֹצִיא לְהוֹצִיא	מוֹצִיא מוֹצִיאִים	אוֹצִיא תּוֹצִיא יוֹצִיא תּוֹצִיא נוֹצִיא תּוֹצִיאוּ יוֹצִיאוּ	הוֹצֵאתִי הוֹצֵאתָ הוֹצֵאת הוֹצִיא הוֹצֵאתֶם הוֹצִיאוּ

Jussif	Impératif	Cohortatif
תּוֹצֵא	הוֹצֵא הוֹצִיאִי הוֹצִיאוּ	אוֹצִיאָה

Avec le ו conversif : וַיּוֹצֵא

faire aller, conduire, emmener הוֹלִיךְ

Infinitifs	Participe	Inaccompli	Accompli
Absolu - construit הוֹלִיךְ לְהוֹלִיךְ	מוֹלִיךְ מוֹלִיכוֹת	אוֹלִיךְ יוֹלִיךְ יוֹלִ֫יכוּ	הוֹלַ֫כְתִּי הוֹלִיךְ

Jussif	Impératif	Cohortatif
-	הוֹלֵךְ הֵילִ֫יכִי הוֹלִ֫יכוּ	אוֹלִיכָה

Avec ו conversif : וַיּוֹלֶךְ , וָאוֹלֵךְ . Remarquer la forme de l'impératif féminin singulier !

Hof'al :

Le ו primitif sert aussi de voyelle (וּ) au préfixe de la forme.

Exemples : *être descendu* הוּרַד *être emmené (hors de)* הוּצָא

Exercices :

• Version :

א. וַיִּשְׁלַח הַמֶּלֶךְ וַיִּקְרָא לְשִׁמְעִי וַיֹּאמֶר לוֹ בְּנֵה־לְךָ בַיִת בִּירוּשָׁלַםִ וְיָשַׁבְתָּ שָׁם׃
וְלֹא־תֵצֵא מִשָּׁם אָנֶה וָאָנָה׃ וְהָיָה בְּיוֹם צֵאתְךָ וְעָבַרְתָּ אֶת־נַחַל קִדְרוֹן יָדֹעַ תֵּדַע
כִּי מוֹת תָּמוּת דָּמְךָ יִהְיֶה בְרֹאשֶׁךָ׃

ב. וַיָּבֹא־שָׁם אֶל־הַמְּעָרָה וַיָּלֶן שָׁם וְהִנֵּה דְבַר־יְהוָה אֵלָיו וַיֹּאמֶר לוֹ מַה־לְּךָ פֹה
אֵלִיָּהוּ׃ וַיֹּאמֶר קַנֹּא קִנֵּאתִי לַיהוָה אֱלֹהֵי צְבָאוֹת כִּי־עָזְבוּ בְרִיתְךָ בְּנֵי יִשְׂרָאֵל
אֶת־מִזְבְּחֹתֶיךָ הָרָסוּ וְאֶת־נְבִיאֶיךָ הָרְגוּ בֶחָרֶב וָאִוָּתֵר אֲנִי לְבַדִּי וַיְבַקְשׁוּ אֶת־נַפְשִׁי
לְקַחְתָּהּ׃

ג. בַּסֻּכֹּת תֵּשְׁבוּ שִׁבְעַת יָמִים כָּל־הָאֶזְרָח בְּיִשְׂרָאֵל יֵשְׁבוּ בַּסֻּכֹּת׃ לְמַעַן יֵדְעוּ
דֹרֹתֵיכֶם כִּי בַסֻּכּוֹת הוֹשַׁבְתִּי אֶת־בְּנֵי יִשְׂרָאֵל בְּהוֹצִיאִי אוֹתָם מֵאֶרֶץ
מִצְרָיִם אֲנִי יְהוָה אֱלֹהֵיכֶם׃ וַיְדַבֵּר מֹשֶׁה אֶת־מֹעֲדֵי יְהוָה אֶל־בְּנֵי יִשְׂרָאֵל׃

ד. וְיוֹסֵף הוּרַד מִצְרָיְמָה וַיִּקְנֵהוּ פּוֹטִיפַר סְרִיס פַּרְעֹה שַׂר הַטַּבָּחִים אִישׁ מִצְרִי מִיַּד
הַיִּשְׁמְעֵאלִים אֲשֶׁר הוֹרִדֻהוּ שָׁמָּה׃

ה. וַיֹּאמֶר אֲלֵהֶם אֱלִישָׁע לֹא זֶה הַדֶּרֶךְ וְלֹא זֹה הָעִיר לְכוּ אַחֲרַי וְאוֹלִיכָה אֶתְכֶם
אֶל־הָאִישׁ אֲשֶׁר תְּבַקֵּשׁוּן וַיֹּלֶךְ אוֹתָם שֹׁמְרוֹנָה׃

• Thème :

1. Tu te souviendras que l'Éternel t'a gardé quand tu es sorti d'Égypte.

2. Sachez que l'Éternel règne sur la terre !

3. Le Messie naîtra à Bethléem.

4. Lorsqu'il vous a fait sortir du pays d'Égypte, vous avez habité sous des tentes.

5. Je l'ai fait descendre dans le pays de Canaan et je l'ai fait habiter là.

Vocabulaire :

אֶזְרָח ז׳	indigène
אֱלִישָׁע	Élisée
אָנֶה וָאָנָה	ici et là
‖ דֹּר et דּוֹר ז׳	génération, race
הוֹלִיךְ [הלך]	conduire
הוּצָא [יצא]	être emmené (hors de)
‖ הוֹצִיא [יצא]	faire sortir
הוּרַד [ירד]	être descendu
הוֹרִיד [ירד]	faire descendre
הוֹשִׁיב [ישב]	faire asseoir, faire habiter
הִלֵּךְ	aller, marcher, voyager
הָרַס	renverser, démolir
‖ הִתְוַדָּה [ידה]	louer, confesser
הִתְוַדַּע [ידע]	se faire connaître
הִתְוַכַּח [יכח]	entrer en procès
טַבָּח ז׳	boucher, bourreau, garde
יָחַד	être uni, s’unir
יִלֵּד	aider à accoucher
יִשֵּׁב	placer , établir
יִשְׁמְעֵאלִי	Ismaélite
לְבַד ‖	seul, seulement
לָן [לִין , לוּן] ‖	passer la nuit, rester
מְעָרָה נ׳	caverne
מִצְרִי	Égyptien
מָשִׁיחַ	oint, messie
נוֹדַע [ידע]	être connu, être reconnu
נוֹלַד [ילד]	naître
נוֹתַר [יתר] ‖	rester, demeurer
סֻכָּה נ׳	tente, cabane
סָרִיס ז׳	eunuque
עָזַב ‖	abandonner, délaisser
פּוֹטִיפַר	Potiphar
קִדְרוֹן	Cédron
קִנֵּא	être jaloux, être zélé
שִׁמְעִי	Chiméi

Remarques :

– Phrase ג : *Tous les...* ...כָּל־ה. On peut avoir le singulier déterminé au lieu du pluriel déterminé, avec un sens pratiquement identique. Voir Paul JOÜON, *Grammaire de l’hébreu biblique,* §139 g.

– Phrase ה : זֹאת = זֶה

תְּבַקְשׁוּן = תְּבַקְשׁוּ. Il arrive fréquemment que les 2e et 3e personnes du masculin pluriel de l’inaccompli se terminent par un ן paragogique. Ce ן appartient aux formes primitives. Paul JOÜON, *Grammaire de l’hébreu biblique,* § 44 e.

Leçon 44

Les verbes פ״י : Les « faux » פ״י (2)

Les verbes statifs.

Certains de ces verbes sont statifs quant à la forme mais actifs quant au sens.

Qal :
Exemples :

prendre possession, hériter יָרַשׁ

Infinitifs	Participes	Inaccompli	Accompli
<u>Absolu</u> - <u>construit</u> לָרֶשֶׁת	<u>Actif</u> יוֹרֵשׁ יוֹרֶשֶׁת יוֹרְשִׁים <u>Passif</u> -	אִירַשׁ תִּירָשׁ יִירַשׁ תִּירַשׁ נִירָשׁ תִּירְשׁוּ יִירְשׁוּ	יָרַשׁ יָרַשְׁנוּ יְרִשְׁתֶּם יָרְשׁוּ

Jussif	Impératif	Cohortatif
-	רֵשׁ (רָשׁ) רְשׁוּ	-

être las, s'endormir יָשֵׁן

Infinitifs	Participes	Inaccompli	Accompli
<u>Absolu</u> - <u>construit</u> לִישׁוֹן	<u>Actif</u> יָשֵׁן יְשֵׁנָה יְשֵׁנִים <u>Passif</u> -	אִישָׁן תִּישַׁן יִישַׁן יִישְׁנוּ	יָשַׁנְתִּי יָשְׁנוּ

Jussif	Impératif	Cohortatif
-	-	-

craindre יָרֵא

Infinitifs	Participes	Inaccompli	Accompli
<u>Absolu</u> - <u>construit</u> יְרֹא לְיִרְאָה מִיִּרְאָה	<u>Actif</u> יָרֵא יְרֵאִים <u>Passif</u> -	אִירָא תִּירָא תִּירְאִי יִירָא תִּירָא נִירָא תִּירְאוּ יִירְאוּ תִּירֶאןָ	יָרֵאתִי יָרֵאתָ יָרֵא יָרְאָה יָרֵאנוּ יְרֵאתֶם יָרְאוּ

Jussif	Impératif	Cohortatif
-	יְרָא יִרְאוּ	-

Remarque : On a souvent la graphie défective יָרַשׁ , יִרְאוּ .

Certains verbes statifs ont pour voyelle « o ».

Exemples :

redouter יָגֹר → יָגֹרְתִּי , יָגֹרְתָּ

tendre un piège יָקֹשׁ → יָקֹשְׁתִּי , יָקֵשׁוּ , יוֹקְשִׁים

pouvoir יָכֹל

Infinitifs	Participes	Inaccompli	Accompli
<u>Absolu</u> יָכוֹל <u>construit</u> יְכֹלֶת	<u>Actif</u> - <u>Passif</u> -	אוּכַל תּוּכַל תּוּכְלִי יוּכַל תּוּכַל נוּכַל תּוּכְלוּ יוּכְלוּ	יָכֹלְתִּי יָכֹלְתָּ יָכוֹל יָכְלָה יָכְלוּ

Jussif	Impératif	Cohortatif
-	-	נוּכְלָה

L'inaccompli est en fait celui du hof'al ; l'inaccompli normal serait יִיכַל. Ce verbe est donc défectif. Voir Paul JOÜON, *Grammaire de l'hébreu biblique,* § 75 i.

Nif'al :

Le ו primitif reparaît dans cette forme. La conjugaison est semblable à celle des verbes actifs.

Exemples : *être chassé de ses possessions* נוֹרַשׁ → אִוָּרֵשׁ , תִּוָּרֵשׁ , יִוָּרֵשׁ

être craint, être terrible נוֹרָא → נוֹרָאָה , נוֹרָאוֹת , תִּוָּרֵא

être pris dans un filet נוֹקַשׁ → נוֹקַשְׁתְּ , נוֹקֵשׁ , נוֹקְשׁוּ , תִּוָּקֵשׁ

Pi'el, pou'al et hithpa'el :

Ces verbes sont réguliers dans ces formes.

Exemples : *consumer, ronger* יֵרֵשׁ → יְיָרֵשׁ *délibérer* הִתְיָעֵץ → יִתְיָעֲצוּ

effrayer, intimider יֵרֵא → מְיָרְאִים

Hif'il et hof'al :

Le ו primitif reparaît aussi dans ces formes ; la conjugaison est semblable à celle des verbes actifs.
Exemple :

Prendre possession, faire entrer en possession הוֹרִישׁ

Infinitifs	Participes	Inaccompli	Accompli
<u>Absolu</u> הוֹרֵשׁ <u>construit</u> הוֹרִישׁ לְהוֹרִישׁ	<u>Actif</u> מוֹרִישׁ <u>Passif</u> -	אוֹרִישׁ תּוֹרִישׁ תּוֹרִישׁ יוֹרִישׁ תּוֹרִישׁוּ	הוֹרַשְׁתָּ הוֹרִישׁ הוֹרַשְׁתֶּם הוֹרִישׁוּ

Jussif	Impératif	Cohortatif
-	-	-

Exercices :

• Version :

א. וָאֹמַר לָכֶם אַתֶּם תִּירְשׁוּ אֶת־אַדְמָתָם וַאֲנִי אֶתְּנֶנָּה לָכֶם לָרֶשֶׁת אֹתָהּ אֶרֶץ זָבַת
חָלָב וּדְבָשׁ אֲנִי יְהוָה אֱלֹהֵיכֶם אֲשֶׁר־הִבְדַּלְתִּי אֶתְכֶם מִן־הָעַמִּים׃

ב. וְהוּא־הָלַךְ בַּמִּדְבָּר דֶּרֶךְ יוֹם וַיָּבֹא וַיֵּשֶׁב תַּחַת רֹתֶם אֶחָת וַיִּשְׁאַל אֶת־נַפְשׁוֹ
לָמוּת וַיֹּאמֶר רַב עַתָּה יְהוָה קַח נַפְשִׁי כִּי לֹא־טוֹב אָנֹכִי מֵאֲבֹתָי׃ וַיִּשְׁכַּב וַיִּישַׁן
תַּחַת רֹתֶם אֶחָד וְהִנֵּה־זֶה מַלְאָךְ נֹגֵעַ בּוֹ וַיֹּאמֶר לוֹ קוּם אֱכוֹל׃

ג. וַיֹּאמֶר יְהוָה אֶל־מֹשֶׁה אַל־תִּירָא אֹתוֹ כִּי בְיָדְךָ נָתַתִּי אֹתוֹ וְאֶת־כָּל־עַמּוֹ וְאֶת־
אַרְצוֹ וְעָשִׂיתָ לּוֹ כַּאֲשֶׁר עָשִׂיתָ לְסִיחֹן מֶלֶךְ הָאֱמֹרִי אֲשֶׁר יוֹשֵׁב בְּחֶשְׁבּוֹן׃

ד. הֲלֹא תֵדְעוּ מֶה עָשִׂיתִי אֲנִי וַאֲבוֹתַי לְכֹל עַמֵּי הָאֲרָצוֹת הֲיָכוֹל יָכְלוּ אֱלֹהֵי גּוֹיֵ
הָאֲרָצוֹת לְהַצִּיל אֶת־אַרְצָם מִיָּדִי׃

ה. וְלֹא יָכְלוּ בְּנֵי מְנַשֶּׁה לְהוֹרִישׁ אֶת־הֶעָרִים הָאֵלֶּה וַיּוֹאֶל הַכְּנַעֲנִי לָשֶׁבֶת בָּאָרֶץ
הַזֹּאת׃ וַיְהִי כִּי חָזְקוּ בְּנֵי יִשְׂרָאֵל וַיִּתְּנוּ אֶת־הַכְּנַעֲנִי לָמַס וְהוֹרֵשׁ לֹא הוֹרִישׁוֹ׃

• Thème :

1. Ne crains pas, car je suis avec toi.

2. Il se coucha et s'endormit.

3. Les hommes qui resteront dans le pays craindront l'Éternel.

4. Vos dieux ne pourront pas vous délivrer de nos mains.

5. Les enfants d'Israël prirent possession du pays.

Vocabulaire :

אֱמֹרִי ||	Amoréen	יָרַשׁ ||	prendre possession
הוֹאִיל [יאל]	essayer, persister (à)	יֵרֵשׁ	consumer, ronger
הוֹרִישׁ [ירשׁ]	prendre possession	יָשֵׁן	s'endormir
הִתְיָעֵץ	délibérer	כְּנַעֲנִי ||	Cananéen
זָב [זוב]	couler	נוֹקַשׁ [יקשׁ]	tomber dans un piège
חֶשְׁבּוֹן	Hechbon	נוֹרָא [ירא]	être craint, être révéré
יָגֹר	craindre, redouter	נוֹרַשׁ [ירשׁ]	être réduit à la misère
יָכֹל ||	pouvoir	סִיחֹן	Sihon
יָקֹשׁ	tendre un piège	רַב ||	grand, puissant
יָרֵא ||	avoir peur, craindre	רֹתֶם ז׳	genêt, genévrier
יֵרֵא	effrayer, intimider	שָׁכַב ||	se coucher, être couché

Remarques :

– <u>Phrase</u> א : זָבַת חָלָב : participe féminin singulier à l'état construit.

– <u>Phrase</u> ב : K (ce qui est écrit) : רֹתֶם אֶחָת Q (ce qui doit se lire) : רֹתֶם אֶחָד

– <u>Phrase</u> ה : *astreindre à la corvée* נָתַן לָמַס

Leçon 45

Les verbes פ״י : les פ״יצ

Les פ״יצ sont 6 verbes à 1re radicale י et à 2e radicale צ qui **se comportent, en général, comme des** פ״נ (on hésite d'ailleurs quelquefois sur la racine !) :

יצע , יצג , יצב → ces 3 racines ne sont pas utilisées au qal.

brûler, embraser יָצַת *former, créer* יָצַר *verser, répandre* יָצַק

Remarque : Il existe un 7e verbe פ״יצ : יצא. Pour sa conjugaison, il entre dans la catégorie des faux פ״י. Voir leçon 43.

Qal :

verser, répandre, fondre יָצַק

Infinitifs	Participes	Inaccompli	Accompli
<u>Absolu</u> - <u>construit</u> בְּצֶקֶת לָצֶקֶת	<u>Actif</u> - <u>Passif</u> יָצוּק יְצוּקִים יְצוּקוֹת	אֶצֹּק יִצֹּק [1] תִּצֹּק יִצְּקוּ	יָצַקְתָּ יָצַקְתְּ יָצַק

Jussif	Impératif	Cohortatif
-	יְצֹק , צַק	-

1 avec ו conversif : וַיִּצֹק et une fois וַיִּצֶק (1 Rois 22,35)

former, créer יָצַר

Infinitifs	Participes	Inaccompli	Accompli
<u>Absolu</u> - <u>construit</u> -	<u>Actif</u> יוֹצֵר <u>Passif</u> -	אֶצֹּר 1 יִצֹּר 2	יָצַ֫רְתִּי יָצַ֫רְתָּ יָצַר יָֽצְרוּ

Jussif	Impératif	Cohortatif
-	-	-

1 n'existe, en fait, qu'avec suffixe. Exemple : אֶצָּרְךָ

2 seulement avec suffixe : יִצְּרֵהוּ (Ésaïe 44,12) et avec ו conversif : וַיִּיצֶר (Genèse 2,7) et וַיִּצֶר (Genèse 2,19).

brûler, embraser יָצַת

Infinitifs	Participes	Inaccompli	Accompli
<u>Absolu</u> - <u>construit</u> -	<u>Actif</u> - <u>Passif</u> -	תִּצַּת יִצַּתּוּ תִּצַּתְנָה	-

Jussif	Impératif	Cohortatif
-	-	-

Nif'al :

יצג יצע יצק → ces 3 racines ne sont pas utilisées au nif'al.

être préposé (sur), se tenir debout, se placer נִצַּב

Infinitifs	Participe	Inaccompli	Accompli
Absolu - construit -	נִצָּב נִצָּבָה (נִצֶּבֶת) נִצָּבִים נִצָּבוֹת	-	נִצַּבְתָּ נִצְּבָה נִצְּבוּ

Jussif	Impératif	Cohortatif
-	-	-

Au nif'al, la racine יצב se conjugue aussi comme un פ"נ. D'ailleurs, pour cette forme, le dictionnaire de Philippe Reymond renvoie à la racine נצב.

Il en est de même pour *être consumé, être brûlé, s'embraser* נִצַּת. Ce verbe n'est utilisé qu'à l'accompli du nif'al (נִצְּתָה , נִצְּתוּ).

être formé יצר : ce verbe n'est utilisé qu'une seule fois au nif'al : נוֹצַר (Ésaïe 43,10). Cette forme de conjugaison appartient à la catégorie des faux פ"י.

Hif'il et hof'al :

יצב : *faire tenir debout, placer, ériger, fixer, affermir* הִצִּיב

Infinitifs	Participe	Inaccompli	Accompli
Absolu - construit לְהַצִּיב	מַצִּיב	תַּצִּיב יַצִּיב יַצִּבוּ	הִצַּבְתָּ הִצִּיב הִצִּיבוּ

Jussif	Impératif	Cohortatif
יַצֵּב	הַצִּיבִי	-

Le **hof'al** de ce verbe *(être placé, être planté* הֻצַּב) n'apparaît qu'à 3 reprises : מֻצָּב (Genèse 28,12 et Juges 9,6) et הֻצַּב (Nahum 2,8).

יצג : *placer, présenter, mettre* הִצִּיג

Infinitifs	Participe	Inaccompli	Accompli
Absolu - construit הַצֵּג	מַצִּיג	תַּצִּיג יַצִּיג יַצִּיגוּ	הִצַּגְתִּי הִצִּיג

Jussif	Impératif	Cohortatif
-	הַצִּיגוּ	אַצִּיגָה

Cette racine n'est utilisée qu'une seule fois au **hof'al** : יֻצַּג (Exode 10,24). Elle a alors le sens de *être laissé, demeurer.*

La racine יצע n'est utilisée que 4 fois dans ces formes :

– 2 fois au hif'il *placer dessous* : אַצִּיעָה (Psaume 139,8), יַצִּיעַ (Ésaïe 58,5)

– 2 fois au hof'al *être placé dessous* : יֻצַּע (Ésaïe 14,11 ; Esther 4,3)

יצת : *allumer, incendier* הִצִּית

Infinitifs	Participe	Inaccompli	Accompli
Absolu - construit -	מַצִּית	[1] אַצִּית [2] תַּצִּיתוּ יַצִּיתוּ	הִצַּתִּי הִצִּית הִצִּיתוּ

Jussif	Impératif	Cohortatif
-	הַצִּיתוּ	-

1 n'apparaît qu'une seule fois avec suffixe : אֲצִיתֶנָּה (Ésaie 27,4)

2 n'est utilisé qu'une seule fois, avec le ו conversif : וַיַּצֶּת־ (Lamentations 4,11)

Cette racine n'est pas utilisée au **hof'al**.

יצק : Cette racine est mixte au **hif'il** :

À l'inaccompli, elle se comporte comme un verbe פ"נ et a le sens de *placer, poser* יַצִּיקוּ (2 Samuel 15,24 ; Josué 7,23).

Au participe présent, elle se comporte comme un faux פ"י, le sens est alors *verser* מוֹצָקֶת (2 Rois 4,5)

Au **hof'al**, elle se conjugue aussi comme une autre catégorie de פ"י : מוּצָק יוּצַק הוּצַק.
Son sens est *1) être versé 2) être fondu.*

יצר : Cette racine n'est pas employée au **hif'il** et n'apparaît qu'une seule fois au **hof'al** (*être préparé, être formé*) : יוּצַר (Ésaïe 54,17).

Pi'el, Pou'al et Hithpa'el :

La conjugaison dans ces formes est régulière.
En fait, aucune de ces 6 racines n'est conjuguée au Pi'el. Seule la racine יצר est utilisée une fois au Pou'al : *être formés* יֻצָּרוּ (Psaume 139,16), et seule la racine יצב est conjuguée au hithpa'el.

Exercices :

• Version :

א. וַיִּקַּח שְׁמוּאֵל אֶת־פַּךְ הַשֶּׁמֶן וַיִּצֹק עַל־רֹאשׁוֹ וַיִּשָּׁקֵהוּ וַיֹּאמֶר הֲלוֹא כִּי־מְשָׁחֲךָ יְהוָה עַל־נַחֲלָתוֹ לְנָגִיד׃

ב. וַיֹּאמֶר יְהוָה אֶל־מֹשֶׁה פְּסָל־לְךָ שְׁנֵי־לֻחֹת אֲבָנִים כָּרִאשֹׁנִים וְכָתַבְתִּי עַל־הַלֻּחֹת אֶת־הַדְּבָרִים אֲשֶׁר הָיוּ עַל־הַלֻּחֹת הָרִאשֹׁנִים אֲשֶׁר שִׁבַּרְתָּ׃ וֶהְיֵה נָכוֹן לַבֹּקֶר וְעָלִיתָ בַבֹּקֶר אֶל־הַר סִינַי וְנִצַּבְתָּ לִי שָׁם עַל־רֹאשׁ הָהָר׃

ג. וּפְלִשְׁתִּים לָקְחוּ אֵת אֲרוֹן הָאֱלֹהִים וַיְבִאֻהוּ מֵאֶבֶן הָעֶזֶר אַשְׁדּוֹדָה׃ וַיִּקְחוּ פְלִשְׁתִּים אֶת־אֲרוֹן הָאֱלֹהִים וַיָּבִאוּ אֹתוֹ בֵּית דָּגוֹן וַיַּצִּיגוּ אֹתוֹ אֵצֶל דָּגוֹן׃

ד. וַיְהִי הַיּוֹם וַיָּבֹאוּ בְּנֵי הָאֱלֹהִים לְהִתְיַצֵּב עַל־יְהוָה וַיָּבוֹא גַם־הַשָּׂטָן בְּתֹכָם לְהִתְיַצֵּב עַל־יְהוָה׃

ה. וַיִּקָּחוּם מִתּוֹךְ הָאֹהֶל וַיְבִאוּם אֶל־יְהוֹשֻׁעַ וְאֶל כָּל־בְּנֵי יִשְׂרָאֵל וַיַּצִּקֻם לִפְנֵי יְהוָה׃

• **Thème :**

1. Je répandrai mon Esprit sur ta descendance.

2. Tu te tiendras sur le rocher et ma gloire passera devant toi.

3. Je l'ai amené et je l'ai présenté devant ta face.

4. Il dit : « Apporte de l'eau et verses-en à ce peuple. »

5. Il a allumé un feu dans Sion.

Vocabulaire :

אֶבֶן הָעֶזֶר	Ében-Ézer	יָצַק	verser, répandre, fondre
אַשְׁדּוֹד	Asdod	יָצַר	fabriquer, former
דָּגוֹן	Dagon	יָצַר	être fixé
הוּצִיק [יצק]	verser	יָצַת	enflammer, brûler
הוּצַר [יצר]	être forgé	נָגִיד ז׳	prince, chef
הֻצַּב [יצב]	être placé, être planté	נוֹצַר [יצר]	être formé
הֻצַּג [יצג]	être laissé, demeurer	|| נַחֲלָה נ׳	partage, héritage
הִצִּיב [יצב]	placer, mettre, fixer	נִצַּב [יצב]	être placé, être préposé
הִצִּיג [יצג]	placer, présenter, mettre	נִצַּת [יצת]	être brûlé
הִצִּיעַ [יצע]	étendre (pour servir de lit)	נָשַׁק	donner un baiser
הִצִּיק [יצק]	placer, poser	סִינַי	Sinaï
הִצִּית [יצת]	allumer, incendier	פַּךְ ז׳	cruche, fiole
הֻצַּע [יצע]	être placé dessous	פָּסַל	tailler, sculpter
הֻצַּק [יצק]	être versé, être fondu	|| צוּר ז׳	pierre, rocher
|| הִתְיַצֵּב	se placer, se présenter	שִׁבֵּר	briser, rompre

Leçon 46

La flexion des noms (4)

Il s'agit de la flexion de mots n'entrant dans aucune catégorie. Pour la plupart, ils se rapportent à la filiation.

Pour certains de ces mots, ces tableaux ne seront qu'un rappel ! La forme entre parenthèses est celle de l'état construit.

Hommes	Homme
אֲנָשִׁים , אִישִׁים (אַנְשֵׁי־)	אִישׁ (אִישׁ־)
אֲנָשַׁי	אִישִׁי
אֲנָשֶׁיךָ	אִישֵׁךְ
אֲנָשָׁיו אֲנָשֶׁיהָ	אִישׁוֹ אִישָׁהּ
אֲנָשֵׁינוּ	
אַנְשֵׁיהֶם אַנְשֵׁיהֶן	

Remarque : Le pluriel אִישִׁים ne se rencontre que 3 fois : Ésaie 53,3, Psaume 141,4 et Proverbe 8,4.

Femmes	Femme
נָשִׁים (נְשֵׁי־)	אִשָּׁה (אֵשֶׁת־)
נָשַׁי	אִשְׁתִּי
נָשֶׁיךָ	אִשְׁתְּךָ
נָשָׁיו	אִשְׁתּוֹ
נָשֵׁינוּ	
נְשֵׁיכֶם	
נְשֵׁיהֶם	

Remarque : Certains noms féminins se terminant en ָה ont une forme seggolée à l'état construit : ◌ֹ◌ֶת ,◌ֵ◌ֶת ,◌ֶ◌ֶת

Exemples : *femme* אֵשֶׁת־ ← אִשָּׁה *couronne* עֲטֶרֶת־ ← עֲטָרָה
royaume מַמְלֶכֶת־ ← מַמְלָכָה etc…

Pères	Père	
אָבוֹת (אֲבוֹת־)	אָב (אֲב־, אֲבִי־)	
אֲבוֹתַי	אָבִי	
אֲבוֹתֶיךָ	אָבִיךְ	אָבִיךָ
אֲבוֹתָיו	אָבִיהָ	אָבִיו , אָבִיהוּ
אֲבוֹתֵינוּ	אָבִינוּ	
אֲבוֹתֵיכֶם	אֲבִיכֶן	אֲבִיכֶם
אֲבוֹתָם, אֲבוֹתֵיהֶם	אֲבִיהֶן	אֲבִיהֶם

Mères	Mère	
אִמּוֹת	אֵם (אֵם־)	
	אִמִּי	
	אִמֵּךְ	אִמְּךָ
	אִמָּהּ	אִמּוֹ
אִמּוֹתֵינוּ		
	אִמְּכֶן	אִמְּכֶם
אִמּוֹתָם		אִמָּם

Fils		Fils	
	בָּנִים (בְּנֵי־)		בֵּן (בֶּן־ , בִּן־)
	בָּנַי		בְּנִי
בָּנַ֫יִךְ	בָּנֶ֫יךָ	בְּנֵךְ	בִּנְךָ
בָּנֶ֫יהָ	בָּנָיו	בְּנָהּ	בְּנוֹ
	בָּנֵ֫ינוּ		בְּנֵ֫נוּ
	בְּנֵיכֶם		
בְּנֵיהֶן	בְּנֵיהֶם		

Filles		Fille	
	בָּנוֹת (בְּנוֹת־)		בַּת (בַּת־)
	בְּנוֹתַי		בִּתִּי
בְּנוֹתַ֫יִךְ	בְּנוֹתֶ֫יךָ		בִּתְּךָ
בְּנוֹתֶ֫יהָ	בְּנוֹתָיו	בִּתָּהּ	בִּתּוֹ
	בְּנוֹתֵ֫ינוּ		בִּתֵּ֫נוּ
	בְּנוֹתֵיכֶם		בִּתְּכֶם
	בְּנוֹתֵיהֶם , בְּנוֹתָם		

Frères		Frère	
	אַחִים (אֲחֵי־)		אָח (אֲחִי־)
	אַחַי , אֶחָ֑י		אָחִי
אַחַ֫יִךְ	אַחֶ֫יךָ	אָחִיךְ	אָחִ֫יךָ
אַחֶ֫יהָ	אֶחָיו	אָחִ֫יהָ	אָחִיו , אָחִ֫יהוּ
	אַחֵ֫ינוּ		אָחִ֫ינוּ
	אֲחֵיכֶם		אֲחִיכֶם
	אֲחֵיהֶם		אֲחִיהֶם

Sœurs	Sœur
אֲחָיוֹת	אָחוֹת (אֲחוֹת־)
אַחְיוֹתַי	אֲחוֹתִי
אַחְיוֹתֵךְ , אֲחוֹתַיִךְ	אֲחוֹתְךָ אֲחוֹתֵךְ
אַחְיֹתָיו	אֲחוֹתוֹ אֲחוֹתָהּ
	אֲחוֹתֵנוּ
אֲחוֹתֵיכֶם	
אַחְיֹתֵיהֶם	אֲחוֹתָם

Jours	Jour
יָמִים (יְמֵי־)	יוֹם (יוֹם־)
יָמַי	
יָמֶיךָ יָמַיִךְ	יוֹמְךָ
יָמָיו יָמֶיהָ	יוֹמוֹ
יָמֵינוּ	
יְמֵיכֶם	
יְמֵיהֶם	יוֹמָם

Remarques :

– Il existe un « duel » : *2 jours* יוֹמָיִם. 2 fois en poésie nous rencontrons le pluriel יְמוֹת.

– Attention de ne pas confondre les pluriels *jours* יָמִים et *mers* יַמִּים.

<table>
<tr><th colspan="2">bouche</th></tr>
<tr><td colspan="2" align="center">פֶּה (פִּי־)</td></tr>
<tr><td colspan="2" align="center">פִּי</td></tr>
<tr><td>פִּיךָ</td><td>פִּיךְ</td></tr>
<tr><td>פִּיו, פִּיהוּ</td><td>פִּיהָ</td></tr>
<tr><td colspan="2" align="center">פִּינוּ</td></tr>
<tr><td>פִּיכֶם</td><td></td></tr>
<tr><td>פִּיהֶם, פִּימוֹ</td><td>פִּיהֶן</td></tr>
</table>

Remarque : Le pluriel פִּיּוֹת (ou פֵּיוֹת) n'est utilisé que 2 fois (Proverbes 5,4 et Juges 3,16) à l'état absolu, avec le sens de *tranchants* (d'une épée).

Exercices :

• Version :

א. וַיִּקְרָא פַרְעֹה לְאַבְרָם וַיֹּאמֶר מַה־זֹּאת עָשִׂיתָ לִּי לָמָּה לֹא־הִגַּדְתָּ לִּי כִּי אִשְׁתְּךָ
הִוא׃ לָמָה אָמַרְתָּ אֲחֹתִי הִוא וָאֶקַּח אֹתָהּ לִי לְאִשָּׁה וְעַתָּה הִנֵּה אִשְׁתְּךָ קַח וָלֵךְ׃
וַיְצַו עָלָיו פַּרְעֹה אֲנָשִׁים וַיְשַׁלְּחוּ אֹתוֹ וְאֶת־אִשְׁתּוֹ וְאֶת־כָּל־אֲשֶׁר־לוֹ׃

ב. וַתַּהֲרֶיןָ שְׁתֵּי בְנוֹת־לוֹט מֵאֲבִיהֶן׃ וַתֵּלֶד הַבְּכִירָה בֵּן וַתִּקְרָא שְׁמוֹ מוֹאָב הוּא
אֲבִי־מוֹאָב עַד־הַיּוֹם׃ וְהַצְּעִירָה גַם־הִוא יָלְדָה בֵּן וַתִּקְרָא שְׁמוֹ בֶּן־עַמִּי הוּא אֲבִי
בְנֵי־עַמּוֹן עַד־הַיּוֹם׃

ג. וַיִּקְרָא יִצְחָק אֶל־יַעֲקֹב וַיְבָרֶךְ אֹתוֹ וַיְצַוֵּהוּ וַיֹּאמֶר לוֹ לֹא־תִקַּח אִשָּׁה מִבְּנוֹת
כְּנָעַן׃ קוּם לֵךְ פַּדֶּנָה אֲרָם בֵּיתָה בְתוּאֵל אֲבִי אִמֶּךָ וְקַח־לְךָ מִשָּׁם אִשָּׁה מִבְּנוֹת
לָבָן אֲחִי אִמֶּךָ׃

ד. וַיְהִי הַגֶּשֶׁם עַל־הָאָרֶץ אַרְבָּעִים יוֹם וְאַרְבָּעִים לָיְלָה׃ בְּעֶצֶם הַיּוֹם הַזֶּה בָּא נֹחַ
וְשֵׁם־וְחָם וָיֶפֶת בְּנֵי־נֹחַ וְאֵשֶׁת נֹחַ וּשְׁלֹשֶׁת נְשֵׁי־בָנָיו אִתָּם אֶל־הַתֵּבָה׃

ה. וַיַּעַן בִּלְעָם וַיֹּאמֶר אֶל־עַבְדֵי בָלָק אִם־יִתֶּן־לִי בָלָק מְלֹא בֵיתוֹ כֶּסֶף וְזָהָב לֹא
אוּכַל לַעֲבֹר אֶת־פִּי יְהוָה אֱלֹהָי לַעֲשׂוֹת קְטַנָּה אוֹ גְדוֹלָה׃

• Thème :

1. Sa femme est ma sœur.

2. Térah est le père d'Abraham et de Nahor son frère.

3. Vous ne prendrez pas leurs filles pour femmes.

4. La bouche de l'Éternel a parlé : qui transgressera sa parole ?

5. Tous ses frères et toutes ses sœurs entrèrent dans la maison.

Vocabulaire :

règne, royaume	מַמְלָכָה נ׳ ||	aînée	בְּכִירָה נ׳
couronne, diadème	עֲטָרָה נ׳	Balaam	בִּלְעָם
os, même	עֶצֶם ז׳ et נ׳ ||	Balak	בָּלָק
Padan-Aram	פַּדַּן אֲרָם	Ammonites	|| בְּנֵי־עַמּוֹן
petit, jeune, dernier	צָעִיר	Ben-Ammi	בֶּן־עַמִּי
Sem	שֵׁם	or	|| זָהָב ז׳
boîte, arche	תֵּבָה נ׳	Cham	חָם
Térah	תֶּרַח	Japhet	יֶפֶת

Remarque :

– <u>Phrase</u> ב : תַּהֲרֶינָה = תַּהֲרֶיןָ. « Au lieu de la graphie ordinaire נָה, on a souvent ןָ, surtout dans le Pentateuque et notamment après un waw inversif. » Paul JOÜON, *Grammaire de l'hébreu biblique,* § 44 d.

Leçon 47

Les verbes géminés : la forme qal

On les appelle aussi « les verbes ע"ע » car la 3e radicale est identique à la 2e.

Exemples : *chanter, se réjouir*	רָנַן	*danser, fêter*	חָגַג	*détruire*	שָׁדַד
tourner, faire le tour	סָבַב	*faire grâce*	חָנַן	*être faible*	דָּלַל
être mauvais, être mal, déplaire	רָעַע	*être léger*	קָלַל	*maudire*	קָבַב

Dans la plupart des cas, ces 2 radicales fusionnent.

Exemples : *ils chanteront*	יָרֹנּוּ	*il entourera*	יָסֹב
pour célébrer la fête	לָחֹג	*j'ai fait grâce*	חַנֹּתִי

Au **participe actif**, au **participe passif** et à l'**infinitif absolu**, les 2 radicales identiques se maintiennent :

סֹבֵב , סוֹבְבִים חוֹגֵג , חוֹגְגִים שָׁדוּד, שְׁדוּדָה חָנוֹן

À l'**infinitif construit**, parfois les 2 radicales se maintiennent :

לִסְבֹב לִשְׁדוֹד mais : לָחֹג

À l'**accompli**, en général, la voyelle de la 1re radicale est pattaḥ, suivi d'un daguesh fort dans la 2e radicale. Aux 1res et 2es personnes singulier et pluriel, la voyelle de la 2e radicale est וֹ :

Exemples : תַּמּוּ , דַּלּוּ , חַגֹּתֶם , סַבּוֹתִי

Remarques :

– Parfois, la 3e personne du masculin singulier perd aussi une radicale.

Exemple : *il a achevé* תַּם ← תמם

– Il arrive que toutes les radicales soient maintenues : שָׁדֲדוּ , דָּלֲלוּ

En général, l'**inaccompli** des verbes actifs est en « o ». Dans ce cas, la voyelle du préfixe est □ָ.
Celui des verbes statifs est en « a ». Dans ce cas la voyelle du préfixe est □ֵ.

Exemples : אֵקַל תֵּקַל יֵרַע   יָחֹן תָּחֹג יָסֹ֫בּוּ

L'**impératif** se forme à partir de l'inaccompli : סֹב סֹבִּי סֹבּוּ

Remarque : La 2e radicale est redoublée avec les suffixes □ִּי , □ּוּ et נָה (תְּסֻבֶּ֫ינָה).

Parfois on trouve aussi sous les préfixes :

□ַ à la 1re personne du singulier et □ִ aux autres personnes. Ces voyelles étant brèves, la 1re radicale est redoublée par un daguesh fort. Ces **formes** sont dites **aramaïsantes** parce qu'elles sont normales en araméen. Voir Paul JOÜON, *Grammaire de l'hébreu biblique,* § 82 h.

Exemples : *il sera faible* יִדַּל *je maudirai* אַקֹּב *il se tournera* יִסֹּב

Dans les formes aramaïsantes, le redoublement de la 2e radicale est tantôt conservé, tantôt supprimé.

Exemple :

tourner, retourner, faire le tour, parcourir סָבַב

Infinitifs	Participes	Inaccompli	Accompli
<u>Absolu</u>	<u>Actif</u>		סַבּוֹתִי
-	סוֹבֵב	תִּסֹּב	
<u>construit</u>	סוֹבְבִים	יִסֹּב 2 תִּסֹּב	סָבַב
סֹב	<u>Passif</u>	נִסֹּב	
	-	תִּסֹּ֫בּוּ	סַבּוֹתֶם
לָסֹב		יִסֹּ֫בּוּ תְּסֻבֶּ֫ינָה	סָבְבוּ 1

Jussif	Impératif	Cohortatif
יִסֹּב	סֹב סֹבִּי סֹבּוּ	-

1 avec suffixe : סְבָבוּנִי et סַבּוּנִי (voir Psaume 118,11) 2 aussi : יָסֹב

On trouve aussi des formes aramaïsantes au hif'il et au hof'al.

Exercices :

• Version :

א. וַיֹּאמֶר יְהוָה אֶל־מֹשֶׁה גַּם אֶת־הַדָּבָר הַזֶּה אֲשֶׁר דִּבַּרְתָּ אֶעֱשֶׂה כִּי־מָצָאתָ חֵן
בְּעֵינַי וָאֵדָעֲךָ בְּשֵׁם׃ וַיֹּאמַר הַרְאֵנִי נָא אֶת־כְּבֹדֶךָ׃ וַיֹּאמֶר אֲנִי אַעֲבִיר כָּל־טוּבִי
עַל־פָּנֶיךָ וְקָרָאתִי בְשֵׁם יְהוָה לְפָנֶיךָ וְחַנֹּתִי אֶת־אֲשֶׁר אָחֹן וְרִחַמְתִּי אֶת־אֲשֶׁר
אֲרַחֵם׃ וַיֹּאמֶר לֹא תוּכַל לִרְאֹת אֶת־פָּנָי כִּי לֹא־יִרְאַנִי הָאָדָם וָחָי׃

ב. שִׁבְעַת יָמִים תָּחֹג לַיהוָה אֱלֹהֶיךָ בַּמָּקוֹם אֲשֶׁר־יִבְחַר יְהוָה כִּי יְבָרֶכְךָ יְהוָה
אֱלֹהֶיךָ בְּכֹל תְּבוּאָתְךָ וּבְכֹל מַעֲשֵׂה יָדֶיךָ וְהָיִיתָ אַךְ שָׂמֵחַ׃

ג. וַתֵּצֵא אֵשׁ מִלִּפְנֵי יְהוָה וַתֹּאכַל עַל־הַמִּזְבֵּחַ אֶת־הָעֹלָה וְאֶת־הַחֲלָבִים וַיַּרְא כָּל־
הָעָם וַיָּרֹנּוּ וַיִּפְּלוּ עַל־פְּנֵיהֶם׃

ד. וַיֵּלְכוּ כָל־הָעָם אִישׁ לְבֵיתוֹ וַיִּסֹּב דָּוִיד לְבָרֵךְ אֶת־בֵּיתוֹ׃

ה. וַיֹּאמֶר בָּלָק אֶל־בִּלְעָם מֶה עָשִׂיתָ לִי לָקֹב אֹיְבַי לְקַחְתִּיךָ וְהִנֵּה בֵּרַכְתָּ בָרֵךְ׃

• Thème :

1. Moïse convoqua tout le peuple pour célébrer la fête des cabanes.

2. L'Éternel te fera grâce et te conduira dans le droit chemin.

3. Ils se levèrent de bon matin et firent le tour de la ville.

4. Ses serviteurs étaient plus légers que les aigles.

5. Les gens de la maison de Saül étaient faibles.

Vocabulaire :

maudire	קָבַב	
être léger, diminuer	קָלַל	||
avoir pitié, faire miséricorde	רִחֵם	
chanter, se réjouir	רָנַן	
être mal, être mauvais, déplaire	רָעַע	||
détruire, dévaster, saccager	שָׁדַד	
joyeux, content, gai	שָׂמֵחַ	
produit (de la terre), fruit	תְּבוּאָה נ׳	
achever, finir	תַּם [תמם]	

être pauvre, être faible	דָּלַל	
se lever de bon matin	הִשְׁכִּים	
fête	חַג et חָג ז׳	
fête des cabanes	חַג הַסֻּכּוֹת	
fêter, célébrer une fête	חָגַג	
graisse	חֵלֶב ז׳	||
faire grâce, compatir	חָנַן	||
bonté, beauté, le meilleur	טוּב ז׳	
aigle	נֶשֶׁר ז׳	
tourner, faire le tour	סָבַב	||

Leçon 48

Les verbes géminés : les autres formes

1. La forme Nif'al.

À l'accompli, le נ de la forme נִפְעַל porte un ◻ָ lorsque la syllabe qui suit est accentuée, sinon il porte un cheva.

Exemples : *il fut transféré* נָסַב *il furent transférés* נָסַבּוּ
vous avez langui נְמַקּוֹתֶם

À l'inaccompli et à l'impératif, la voyelle des préfixes est ◻ִ (sauf à la 1re personne de l'inaccompli : אֶ) ; elle est suivi d'un daguesh fort dans la 1re radicale. Avec les suffixes ◻ִי et ◻וּ la 2e radicale porte aussi un daguesh fort.

Exemples : *il sera mesuré* יִמַּד *ils seront mesurés* יִמַּדּוּ
elles languiront תִּמַּקְנָה *purifiez-vous !* הִבָּרוּ

Rappel : Lorsqu'une racine verbale contient une des lettres qui ne peuvent pas porter de daguesh fort, la vocalisation peut être différente, exemple : הִבָּרוּ. Voir leçons 33 à 35.

À l'infinitif absolu la voyelle de la 1re radicale est ֹו.

Exemples : *être pillé* הִבּוֹז *être dépeuplé* הִבּוֹק

À l'infinitif construit la voyelle de la 1re radicale est ◻ֵ

Exemple : *fondre* הִמֵּס

Au participe, la vocalisation peut être ◻◻ֵ◻ָ ou ◻◻ָ◻ָ au masculin singulier.

Exemples : *se fondant* נָמֵס *étant pur* נָבָר

Avec le suffixe du féminin ou du pluriel :

étant facile נְקַלָּה *languissant* נְמַקִּים

se retourner, être tourné, se diriger, être transféré נָסַב

Infinitifs	Participe	Inaccompli	Accompli
Absolu - construit -	-	יִסַּבּוּ	נָסַב נְסַבָּה 1 נָסַבּוּ

Jussif	Impératif	Cohortatif
-	-	-

1 aussi : נָסֵבָּה (Ézéchiel 26,2)

2. Les formes pi'el, pu'al et hithpa'el.

Très souvent, les verbes géminés ont une conjugaison régulière dans ces formes.

Exemples : אֲהַלֵּל מְהַלְלִים הִלַּלְנוּ הִלֵּל etc...
תִּתְהַלֵּל מִתְהַלֵּל לְהִתְהַלֵּל יְהֻלַּל מְהֻלָּל etc...

Mais on trouve aussi des formes de conjugaison identiques à celles des verbes ע"ו ou ע"י (polel, polal et hithpolel) .

Exemples : *elle entourera* תְּסוֹבֵב *poussant des cris* מִתְרוֹנֵן

Remarque : Une même racine peut se conjuguer des 2 façons.

Exemples : *ruinant* מְשַׁדֵּד *il a été détruit* שֻׁדַּד *il détruira* יְשׁוֹדֵד

il rendra gracieux יְחַנֵּן *étant compatissant* מְחוֹנֵן

j'ai imploré grâce הִתְחַנַּנְתִּי

retourner, changer סִבֵּב

Un seul emploi en 2 Samuel 14,20 à l'infinitif construit : סַבֵּב

tourner autour, parcourir, traverser סוֹבֵב

Infinitifs	Participe	Inaccompli	Accompli
<u>Absolu</u> - <u>construit</u> -	-	תְּסוֹבֵב יְסוֹבֵב תְּסוֹבֵב יְסוֹבְבוּ	-

Jussif	Impératif	Cohortatif
-	-	אֲסוֹבְבָה

3. La forme hif'il.

À l'<u>accompli</u> :

a) pour les personnes qui portent un suffixe consonantique :

– la voyelle du préfixe est □ֲ , celle de la 1re radicale est □ִ. La 2e radicale est redoublée par un daguesh fort et porte la voyelle וֹ (ou □ֹ).

Exemples : *tu as détourné* הֲסִבֹּתָ *tu m'as traité à la légère* הֲקִלּוֹתַנִי

b) pour les personnes sans suffixe ou avec un suffixe vocalique :

– la voyelle du préfixe est □ֵ , celle de la 1re radicale est aussi □ֵ ou bien □ַ. Avec un suffixe, la 2e radicale est aussi redoublée par un daguesh fort.

Exemples : *il a détourné* הֵסֵב *ils ont détourné* הֵסַבּוּ
ils ont méprisé הֵקַלּוּ

À l'<u>inaccompli</u>, à l'<u>impératif</u> et aux <u>infinitifs</u> absolu et construit la voyelle des préfixes est □ָ et celle de la 1re radicale est □ֵ (sauf aux 2e et 3e personnes du féminin pluriel de l'inaccompli où le qamats est remplacé par un cheva simple vocal et le tséré par un ḥiriq). La 2e radicale est redoublée par un daguesh fort aux personnes suffixées (si la consonne peut en porter un !).

Exemples : *pour détourner, transférer* לְהָסֵב *détourne !* הָסֵבִּי

aiguisez ! הָבֵרּוּ *il allégera* יָקֵל

Avec ו conversif : וַיָּחֶל *il commença*

mais attention aux **formes aramaïsantes :** וַיִּסֵּב *il détourna*

Au <u>participe</u>, la voyelle du préfixe est tséré : מֵ (ce tséré est remplacé par un cheva au féminin et au pluriel).

Exemples : *détournant* מֵסֵב *commençant* מֵחֵל *faisant le mal* מְרֵעִים

tourner, faire tourner, faire faire un détour, transférer הֵסֵב

Infinitifs	Participes	Inaccompli	Accompli
<u>Absolu</u> - <u>construit</u> לְהָסֵב	<u>Actif</u> מֵסֵב <u>Passif</u> -	יָסֵב נָסֵב יָסֵבּוּ	הֲסִבֹּתִי הֲסִבֹּתָ הֵסֵב הֵסֵבּוּ

Jussif	Impératif	Cohortatif
-	הָסֵבִּי הָסֵב	נָסֵבָּה

4. La forme hof'al.

À <u>tous les temps</u>, la voyelle du préfixe est וֹ□ (ou □ֻ). La voyelle de la 1re radicale est □ַ (sauf au participe masculin singulier où elle devient □ָ) et la 2e radicale porte un daguesh aux personnes suffixées.

Exemples : *il sera gracié* יֻחַן *il fut commencé (= on commença !)* הוּחַל

étant entourées מוּסַבּוֹת

tourner, être tourné הוּסַב

Ce verbe n'est employé qu'au participe féminin pluriel : מֻסַבּוֹת et une seule fois à l'inaccompli : יוּסַב (Ésaïe 28,27).

Exercices :

• Version :

א. וְאַתָּה בֶן־אָדָם אֱמֹר אֶל־בֵּית יִשְׂרָאֵל כֵּן אֲמַרְתֶּם לֵאמֹר כִּי־פְשָׁעֵינוּ וְחַטֹּאתֵינוּ עָלֵינוּ וּבָם אֲנַחְנוּ נְמַקִּים וְאֵיךְ נִחְיֶה׃ אֱמֹר אֲלֵיהֶם חַי־אָנִי נְאֻם אֲדֹנָי יְהוִה אִם־אֶחְפֹּץ בְּמוֹת הָרָשָׁע כִּי אִם־בְּשׁוּב רָשָׁע מִדַּרְכּוֹ וְחָיָה שׁוּבוּ שׁוּבוּ מִדַּרְכֵיכֶם הָרָעִים וְלָמָּה תָמוּתוּ בֵּית יִשְׂרָאֵל׃

ב. וַיַּסֵּב אֱלֹהִים אֶת־הָעָם דֶּרֶךְ הַמִּדְבָּר יַם־סוּף וַחֲמֻשִׁים עָלוּ בְנֵי־יִשְׂרָאֵל מֵאֶרֶץ מִצְרָיִם׃ וַיִּקַּח מֹשֶׁה אֶת־עַצְמוֹת יוֹסֵף עִמּוֹ כִּי הַשְׁבֵּעַ הִשְׁבִּיעַ אֶת־בְּנֵי יִשְׂרָאֵל לֵאמֹר פָּקֹד יִפְקֹד אֱלֹהִים אֶתְכֶם וְהַעֲלִיתֶם אֶת־עַצְמֹתַי מִזֶּה אִתְּכֶם׃

ג. אָבִיךָ הִקְשָׁה אֶת־עֻלֵּנוּ וְעַתָּה הָקֵל מֵעֲבוֹדַת אָבִיךָ הַקָּשָׁה וּמֵעֻלּוֹ הַכָּבֵד אֲשֶׁר־נָתַן עָלֵינוּ וְנַעַבְדֶךָּ׃ וַיֹּאמֶר אֲלֵהֶם עוֹד שְׁלֹשֶׁת יָמִים וְשׁוּבוּ אֵלָי וַיֵּלֶךְ הָעָם׃

ד. חָשַׂף יְהוָה אֶת־זְרוֹעַ קָדְשׁוֹ לְעֵינֵי כָּל־הַגּוֹיִם וְרָאוּ כָּל־אַפְסֵי־אָרֶץ אֵת יְשׁוּעַת אֱלֹהֵינוּ׃ סוּרוּ סוּרוּ צְאוּ מִשָּׁם טָמֵא אַל־תִּגָּעוּ צְאוּ מִתּוֹכָהּ הִבָּרוּ נֹשְׂאֵי כְּלֵי יְהוָה׃

ה. וַעֲשִׂיתֶם צַלְמֵי עִפְלֵיכֶם וְצַלְמֵי עַכְבְּרֵיכֶם הַמַּשְׁחִיתִם אֶת־הָאָרֶץ וּנְתַתֶּם לֵאלֹהֵי יִשְׂרָאֵל כָּבוֹד אוּלַי יָקֵל אֶת־יָדוֹ מֵעֲלֵיכֶם וּמֵעַל אֱלֹהֵיכֶם וּמֵעַל אַרְצְכֶם׃

• Thème :

1. Leurs maisons seront transférées à d'autres.

2. Les cieux ne seront pas mesurés.

3. Ils ont méprisé leurs pères et leurs mères.

4. Ils se rendirent auprès de David à Hébron pour lui transférer la royauté de Saül.

5. À cette époque, on commença à invoquer le nom de l'Éternel.

Vocabulaire :

la mer Rouge	יַם־סוּף	fin, extrémité	אֶפֶס ז׳
délivrance, salut	יְשׁוּעָה נ׳ ||	purifier	הֵבֵר [ברר]
lourd, être lourd	כָּבֵד ||	commencer	הֵחֵל [חלל]
être pillé	נָבַז [בזז]	être commencé	הֻחַל [חלל]
être dépeuplé	נָבַק [בקק]	être grâcié	הֻחַן [חנן]
se purifier	נָבַר [ברר]	être célébré	הֻלַּל
être mesuré	נָמַד [מדד]	détourner, transférer	הֵסֵב [סבב]
se fondre	נָמַס [מסס]	être entouré	הֻסַב [סבב]
languir, s'évanouir	נָמַק [מקק]	rendre léger, mépriser	הֵקַל [קלל]
être tourné	נָסַב [סבב]	rendre dur, endurcir	הִקְשָׁה
être léger, être facile	נָקַל [קלל]	faire le mal, affliger	הֵרַע [רעע]
retourner, changer	סִבֵּב	faire jurer	הִשְׁבִּיעַ
tourner autour	סוֹבֵב [סבב]	détruire, abattre, tuer	|| הִשְׁחִית
s'écarter, se retirer	סָר [סור] ||	implorer la grâce	הִתְחַנֵּן
travail, ouvrage, service	עֲבֹדָה נ׳ ||	pousser des cris	הִתְרוֹנֵן [רנן]
souris, rat des champs	עַכְבָּר ז׳	bras	|| זְרוֹעַ נ׳
tumeurs à l'anus	עֳפָלִים ז׳ ר׳	avoir compassion	חוֹנֵן [חנן]
crime, transgression	פֶּשַׁע ז׳ ||	péché	|| חַטָּאת נ׳
image, figure, idole	צֶלֶם ז׳	armé, en ordre de bataille	חָמוּשׁ
méchant, inique, impie	רָשָׁע ||	faire grâce, rendre doux	חִנֵּן
ruiner, désoler	שִׁדֵּד	découvrir, déployer	חָשַׂף
être détruit, être ravagé	שֻׁדַּד	tumeurs à l'anus	טְחוֹרִים ז׳ ר׳
détruire	שׁוֹדֵד [שדד]	impur, immonde	|| טָמֵא

Remarques :

Le féminin de קָשֶׁה est קָשָׁה.

– <u>Phrase</u> ד : Attention, le verbe תִּגָּעוּ est en pause. La vocalisation normale serait : תִּגְּעוּ !

– <u>Phrase</u> ה : Le qéré de עֳפָלֵיכֶם est טְחֹרֵיכֶם avec le même sens.

Verbe type : קטל

Les formes et les sens de cette racine, donnés ci-dessous, sont purement théoriques ! En réalité, cette racine n'est employée qu'au qal (pa'al) et ne se rencontre qu'à trois reprises dans la Bible.

tuer : קָטַל

Infinitifs	Participes	Inaccompli	Accompli
<u>Absolu</u> קָטוֹל <u>construit</u> קְטֹל בִּקְטֹל כִּקְטֹל לִקְטֹל מִקְּטֹל	<u>Actif</u> קוֹטֵל קוֹטֶלֶת (קוֹטְלָה) קוֹטְלִים קוֹטְלוֹת <u>Passif</u> קָטוּל קְטוּלָה קְטוּלִים קְטוּלוֹת	אֶקְטֹל תִּקְטֹל תִּקְטְלִי יִקְטֹל תִּקְטֹל נִקְטֹל תִּקְטְלוּ תִּקְטֹלְנָה יִקְטְלוּ תִּקְטֹלְנָה	קָטַלְתִּי קָטַלְתָּ קָטַלְתְּ קָטַל קָטְלָה קָטַלְנוּ קְטַלְתֶּם קְטַלְתֶּן קָטְלוּ

Jussif	Impératif	Cohortatif
יִקְטֹל תִּקְטֹל יִקְטְלוּ תִּקְטֹלְנָה	קְטֹל קִטְלִי קִטְלוּ קְטֹלְנָה	אֶקְטְלָה נִקְטְלָה

Remarque : L'inaccompli et l'impératif peuvent être en « a » : שְׁלַח , יִשְׁלַח

se tuer, être tué : נִקְטַל

Infinitifs	Participe	Inaccompli	Accompli
<u>Absolu</u> הִקָּטֵל נִקְטֹל <u>construit</u> הִקָּטֵל בְּהִקָּטֵל כְּהִקָּטֵל לְהִקָּטֵל מֵהִקָּטֵל	נִקְטָל נִקְטֶלֶת (נִקְטָלָה) נִקְטָלִים נִקְטָלוֹת	אֶקָּטֵל (אִקָּטֵל) תִּקָּטֵל תִּקָּטְלִי יִקָּטֵל תִּקָּטֵל נִקָּטֵל תִּקָּטְלוּ תִּקָּטַלְנָה יִקָּטְלוּ תִּקָּטַלְנָה	נִקְטַלְתִּי נִקְטַלְתָּ נִקְטַלְתְּ נִקְטַל נִקְטְלָה נִקְטַלְנוּ נִקְטַלְתֶּם נִקְטַלְתֶּן נִקְטְלוּ

Jussif	Impératif	Cohortatif
יִקָּטֵל תִּקָּטֵל יִקָּטְלוּ תִּקָּטַלְנָה	הִקָּטֵל הִקָּטְלִי הִקָּטְלוּ הִקָּטַלְנָה	אִקָּטְלָה נִקָּטְלָה

tuer intensément, massacrer : קִטֵּל

Infinitifs	Participe	Inaccompli	Accompli
Absolu קַטֵּל קַטֹּל construit קַטֵּל בְּקַטֵּל כְּקַטֵּל לְקַטֵּל מִקַּטֵּל	מְקַטֵּל מְקַטֶּלֶת (מְקַטְּלָה) מְקַטְּלִים מְקַטְּלוֹת	אֲקַטֵּל תְּקַטֵּל תְּקַטְּלִי יְקַטֵּל תְּקַטֵּל נְקַטֵּל תְּקַטְּלוּ תְּקַטֵּלְנָה יְקַטְּלוּ תְּקַטֵּלְנָה	קִטַּלְתִּי קִטַּלְתָּ קִטַּלְתְּ קִטֵּל קִטְּלָה קִטַּלְנוּ קִטַּלְתֶּם קִטַּלְתֶּן קִטְּלוּ

Jussif	Impératif	Cohortatif
יְקַטֵּל תְּקַטֵּל יְקַטְּלוּ תְּקַטֵּלְנָה	קַטֵּל קַטְּלִי קַטְּלוּ קַטֵּלְנָה	אֲקַטְּלָה נְקַטְּלָה

Remarque : Le daguesh fort de la 2e radicale tombe souvent lorsque celle-ci porte un cheva.

être tué intensément, être massacré : קֻטַּל

Infinitifs	Participe	Inaccompli	Accompli
Absolu קֻטֹּל construit קֻטַּל	מְקֻטָּל מְקֻטֶּלֶת (מְקֻטָּלָה) מְקֻטָּלִים מְקֻטָּלוֹת	אֲקֻטַּל תְּקֻטַּל תְּקֻטְּלִי יְקֻטַּל תְּקֻטַּל נְקֻטַּל תְּקֻטְּלוּ תְּקֻטַּלְנָה יְקֻטְּלוּ תְּקֻטַּלְנָה	קֻטַּלְתִּי קֻטַּלְתָּ קֻטַּלְתְּ קֻטַּל קֻטְּלָה קֻטַּלְנוּ קֻטַּלְתֶּם קֻטַּלְתֶּן קֻטְּלוּ

Jussif	Impératif	Cohortatif
-	-	-

faire tuer : הִקְטִיל

Infinitifs	Participe	Inaccompli	Accompli
<u>Absolu</u> הַקְטֵל <u>construit</u> הַקְטִיל בְּהַקְטִיל כְּהַקְטִיל לְהַקְטִיל מֵהַקְטִיל	מַקְטִיל מַקְטֶלֶת (מַקְטִילָה) מַקְטִילִים מַקְטִילוֹת	אַקְטִיל תַּקְטִיל תַּקְטִילִי יַקְטִיל תַּקְטִיל נַקְטִיל תַּקְטִילוּ תַּקְטֵלְנָה יַקְטִילוּ תַּקְטֵלְנָה	הִקְטַלְתִּי הִקְטַלְתָּ הִקְטַלְתְּ הִקְטִיל הִקְטִילָה הִקְטַלְנוּ הִקְטַלְתֶּם הִקְטַלְתֶּן הִקְטִילוּ

Jussif	Impératif	Cohortatif
יַקְטֵל תַּקְטֵל יַקְטִילוּ תַּקְטֵלְנָה	הַקְטֵל הַקְטִילִי הַקְטִילוּ הַקְטֵלְנָה	אַקְטִילָה נַקְטִילָה

être fait tué : הָקְטַל

Infinitifs	Participe	Inaccompli	Accompli
<u>Absolu</u> הָקְטֵל <u>construit</u> הָקְטַל	מָקְטָל מָקְטֶלֶת (מָקְטָלָה) מָקְטָלִים מָקְטָלוֹת	אָקְטַל תָּקְטַל תָּקְטְלִי יָקְטַל תָּקְטַל נָקְטַל תָּקְטְלוּ תָּקְטַלְנָה יָקְטְלוּ תָּקְטַלְנָה	הָקְטַלְתִּי הָקְטַלְתָּ הָקְטַלְתְּ הָקְטַל הָקְטְלָה הָקְטַלְנוּ הָקְטַלְתֶּם הָקְטַלְתֶּן הָקְטְלוּ

Jussif	Impératif	Cohortatif
-	-	-

Remarques :

– La voyelle du préfixe ה est le plus souvent הָ (quelquefois הֻ , surtout dans les verbes פ"ן).

– La voyelle du préfixe מ est le plus souvent מֻ , quelquefois מָ.

se tuer intensément, se massacrer : הִתְקַטֵּל

Infinitifs	Participe	Inaccompli	Accompli
Absolu		אֶתְקַטֵּל	הִתְקַטַּ֫לְתִּי
הִתְקַטֵּל	מִתְקַטֵּל מִתְקַטֶּ֫לֶת (מִתְקַטְּלָה)	תִּתְקַטֵּל תִּתְקַטְּלִי	הִתְקַטַּ֫לְתָּ הִתְקַטַּלְתְּ
construit	מִתְקַטְּלִים מִתְקַטְּלוֹת	יִתְקַטֵּל תִּתְקַטֵּל	הִתְקַטֵּל הִתְקַטְּלָה
הִתְקַטֵּל		נִתְקַטֵּל	הִתְקַטַּ֫לְנוּ
כְּהִתְקַטֵּל בְּהִתְקַטֵּל		תִּתְקַטְּלוּ תִּתְקַטֵּ֫לְנָה	הִתְקַטַּלְתֶּם הִתְקַטַּלְתֶּן
מֵהִתְקַטֵּל לְהִתְקַטֵּל		יִתְקַטְּלוּ תִּתְקַטֵּ֫לְנָה	הִתְקַטְּלוּ

Jussif	Impératif	Cohortatif
יִתְקַטֵּל תִּתְקַטֵּל	הִתְקַטֵּל הִתְקַטְּלִי	אֶתְקַטְּלָה
יִתְקַטְּלוּ תִּתְקַטֵּ֫לְנָה	הִתְקַטְּלוּ הִתְקַטֵּ֫לְנָה	נִתְקַטְּלָה

Remarques :

– La voyelle de la 2e radicale טֵ peut-être טַ :

- à la 3e personne du masculin singulier de l'accompli : הִתְקַטַּל
- à toutes les personnes de l'inaccompli : יִתְקַטַּל
- à l'impératif masculin singulier : הִתְקַטַּל

– Elle peut être טֶ֫ aux 2es et 3es personnes du féminin pluriel de l'inaccompli : תִּתְקַטֶּ֫לְנָה

Lexique Hébreu-Français

		Leçon
	א	
père, aïeul, ancêtre	אָב ז׳ אָבוֹת	15
se perdre, périr	אָבַד	35
vouloir, consentir	אָבָה	35
Abigaïl	אֲבִיגַל et אֲבִיגָיִל	32
Abimélekh	אֲבִימֶלֶךְ	15
être en deuil, être désolé	אָבַל	32
être en deuil, être désolé	הִתְאַבֵּל	32
pierre	אֶבֶן נ׳ אֲבָנִים	6
Ében-Ézer	אֶבֶן הָעֶזֶר	45
Abner	אַבְנֵר	17
Abraham	אַבְרָהָם	7
Absalom	אַבְשָׁלוֹם	23
puissant, majestueux	אַדִּיר	6
Édom	אֱדֹם	11
homme	אָדָם	20
terre	אֲדָמָה נ׳	11
socle, base	אֶדֶן ז׳	39
Seigneur	אֲדֹנָי	21
Adoniya	אֲדֹנִיָּה et אֲדֹנִיָּהוּ	35
désirer, aimer	אָהַב	24
ami	אֹהֵב ז׳	32
tente	אֹהֶל ז׳ אֹהָלִים (אֳהָלִים)	19
Aaron	אַהֲרֹן	14
ou	אוֹ	27
adversaire, ennemi	אוֹיֵב ז׳	31
peut-être	אוּלַי	42

		Leçon
lumière	אוֹר ז׳	23
briller, éclairer	אוֹר	38
briller, illuminer	הֵאִיר	39
signe	אוֹת נ׳ ou ז׳	39
oreille	אֹזֶן נ׳ אָזְנַיִם	6
	אָזַן inusité	
prêter l'oreille, écouter	הֶאֱזִין	38
indigène	אֶזְרָח ז׳	43
frère	אָח ז׳ אַחִים	27
un, une	אֶחָד ז׳	16
onze	אַחַד עָשָׂר ז׳	20
sœur	אָחוֹת נ׳ אֲחָיוֹת	6
Ahitophel	אֲחִיתֹפֶל	23
autre	אַחֵר	18
après, derrière, ensuite	אַחַר	27
tarder, s'attarder	אֵחַר	34
derrière, dernier	אַחֲרוֹן	24
après, derrière	אַחֲרֵי	18
Assuérus	אֲחַשְׁוֵרוֹשׁ	28
un, une	אַחַת נ׳	20
onze	אַחַת עֶשְׂרֵה נ׳	20
où ?	אֵי et אַיֵּה	18
haïr	אָיַב	31
Job	אִיּוֹב	27
comment ? ah ! comme !	אֵיךְ	27
ne...pas, il n'y a pas	אֵין	11
où ?	אֵיפֹה	8

homme	אִישׁ ז׳ אֲנָשִׁים	6
Ich-Bochet	אִישׁ בֹּשֶׁת	22
certes, mais	אַךְ	22
manger	אָכַל	8
être mangé, se manger	נֶאֱכַל	41
nourriture	אָכְלָה נ׳	41
à, vers, sur, contre	אֶל (אֶל־)	12
Dieu	אֵל	9
ceux-ci, celles-ci, ces	אֵלֶּה	9
Dieu	אֱלֹהִים	9
Élie	אֵלִיָּהוּ et אֵלִיָּה	36
Éliakim	אֶלְיָקִים	28
Élisée	אֱלִישָׁע	43
mille	אֶלֶף ז׳ אֲלָפִים	20
Elqana	אֶלְקָנָה	20
si, quoique, ou, mais, certes	אִם	26
mère, aïeule	אֵם נ׳	40
fidélité, vérité, probité	אֱמוּנָה נ׳	28
pacte, alliance	אֲמָנָה נ׳	10
dire, parler	אָמַר	10
parole, ordre	אֹמֶר ז׳	29
parole	אִמְרָה נ׳	38
Amoréen	אֱמֹרִי	44
vérité	אֱמֶת נ׳	6
ici et là	אָנֶה וָאָנָה	43
nous	אֲנַחְנוּ et נַחְנוּ ז׳ ou נ׳	8
je, moi	אֲנִי et אָנֹכִי ז׳ ou נ׳	7
vaisseau	אֳנִיָּה נ׳	7
amasser, assembler	אָסַף	40
cuire (au four)	אָפָה	35

fin, extrémité	אֶפֶס ז׳	48
Éphraïm	אֶפְרַיִם	40
Éphratien, Éphraïmite	אֶפְרָתִי	19
près de	אֵצֶל	18
quatre	אַרְבַּע נ׳	20
quatre	אַרְבָּעָה ז׳	20
quatorze	אַרְבָּעָה עָשָׂר ז׳	20
quarante	אַרְבָּעִים ז׳ ou נ׳	20
quatorze	אַרְבַּע עֶשְׂרֵה נ׳	20
au quadruple	אַרְבַּעְתָּיִם	20
coffre, arche	אֲרוֹן ז׳ ou נ׳	9
cèdre	אֶרֶז ז׳	29
terre, pays	אֶרֶץ נ׳ אֲרָצוֹת	6
maudire	אָרַר	41
feu	אֵשׁ נ׳	6
Asdod	אַשְׁדּוֹד	45
femme	אִשָּׁה נ׳ נָשִׁים	6
Assyrie	אַשּׁוּר	27
qui, que, ce que, dont, celui qui	אֲשֶׁר	12
avec	אֵת (אֶת־)	10
introduit le c.o. direct déterminé	אֵת (אֶת־)	12
tu, toi	אַתְּ נ׳	8
tu, toi	אַתָּה ז׳	7
anesse	אָתוֹן נ׳	36
vous	אַתֶּם ז׳	8
vous	אַתֵּנָה et אַתֵּן נ׳	8

ב

à, en, dans, sur, avec, par, parmi	בְּ	11
Beer-Schéba	בְּאֵר שֶׁבַע	38

Babylone, Babel	בָּבֶל	22
à cause de	בִּגְלַל	18
inusité	בָּדַל	
séparer	הִבְדִּיל 28	
fissure, brèche, ruines	בֶּדֶק ז׳	14
entrer, venir, arriver	בּוֹא	40
faire entrer, amener	הֵבִיא 40	
être amené	הוּבָא 40	
être honteux	בּוֹשׁ	38
piller	בָּזַז	
être pillé	נָבַז 48	
jeune homme	בָּחוּר	19
choisir, élire	בָּחַר	18
avoir confiance	בָּטַח	23
apercevoir, comprendre	בִּין	
considérer	הִתְבּוֹנֵן 42	
entre	בֵּין	18
maison	בַּיִת ז׳ בָּתִּים	6
Bethléem	בֵּית־לֶחֶם	11
prison	בֵּית סֹהַר ז׳	34
pleurer	בָּכָה	22
pleurs, larmes	בְּכִי ז׳	26
aînée	בְּכִירָה נ׳	46
sans, outre, hormis	בִּלְעֲדֵי	18
Balaam	בִּלְעָם	46
Balak	בָּלָק	46
point, sans que, sans, hors	בִּלְתִּי	18
fils	בֵּן ז׳ בָּנִים	7
bâtir, construire	בָּנָה	15

Benjamin	בִּנְיָמִין	34
Ammonites	בְּנֵי־עַמּוֹן	46
Ben-Ammi	בֶּן־עַמִּי	46
pour, à cause de	בַּעֲבוּר	18
au-delà	בְּעֵבֶר	27
autour, en faveur de	בַּעַד et בְּעַד	18
vider, dépeupler	בָּקַק	
être dépeuplé	נָבַק 48	
bœuf, gros bétail	בָּקָר ז׳	19
matin	בֹּקֶר ז׳	34
chercher, désirer, vouloir	בִּקֵּשׁ	20
être cherché, être examiné	בֻּקַּשׁ 25	
loué, béni	בָּרוּךְ	32
fuir, s'enfuir	בָּרַח	39
gras, engraissé	בָּרִיא	20
barre, verrou	בְּרִיחַ ז׳	39
alliance	בְּרִית נ׳	6
s'agenouiller, louer, bénir	בָּרַךְ	
être béni, se bénir	נִבְרַךְ 27	
louer, bénir	בֵּרֵךְ 34	
être loué, être béni	בֹּרַךְ 34	
se bénir, être béni	הִתְבָּרֵךְ 30	
séparer, trier, choisir	בָּרַר	
se purifier	נָבַר 48	
purifier	הֵבֵר 48	
Besor	בְּשׂוֹר	33
chair, viande	בָּשָׂר ז׳	39
fille	בַּת נ׳ בָּנוֹת	6
Béthuel	בְּתוּאֵל	12

ג

racheter, délivrer, libérer	גָּאַל	32
être haut, être élevé	גָּבַהּ	26
hauteur, fierté, insolence	גֹּבַהּ ז׳	29
frontière, limite	גְּבוּל et גְּבֻל ז׳	27
héros, guerrier	גִּבּוֹר ז׳	29
colline	גִּבְעָה נ׳	30
Gad	גָּד	24
grand	גָּדוֹל	6
faire grandir, élever	גִּדֵּל	14
agrandir, rendre grand	הִגְדִּיל	29
dos, milieu	גֵּו ז׳	40
peuple, nation	גּוֹי ז׳ גּוֹיִם	7
se réjouir	גּוּל et גִּיל	26
séjourner, demeurer	גּוּר	38
découvrir, révéler	גָּלָה	41
être à découvert, se révéler	נִגְלָה	41
découvrir, ouvrir	גִּלָּה	41
être dévoilé	גֻּלָּה	41
déporter	הִגְלָה	41
être déporté	הָגְלָה	41
se découvrir	הִתְגַּלָּה	41
Galaad	גִּלְעָד	30
aussi, même	גַּם	11
chameau	גָּמָל ז׳ ou נ׳	31
jardin	גַּן ז׳ ou נ׳	30
voler, dérober, enlever	גָּנַב	26
être volé	נִגְנַב	26
étranger	גֵּר ז׳	40
Garizim	גְּרִזִּים	34
pluie	גֶּשֶׁם ז׳	42
pressoir	גַּת נ׳	40

ד

Déborah	דְּבוֹרָה	12
parler, dire	דָּבַר	18
parler, dire	דִּבֶּר	14
parole, chose	דָּבָר ז׳ דְּבָרִים	11
miel	דְּבַשׁ ז׳	7
Dagon	דָּגוֹן	45
oncle (frère du père)	דּוֹד ז׳	36
David	דָּוִד	7
assez, suffisamment	דַּי	18
inusité	דָּכָא	
être écrasé, être opprimé	הִדַּכָּא	30
pauvre	דַּל דַּלִּים	11
être pauvre, être faible	דָּלַל	47
porte	דֶּלֶת נ׳ דְּלָתוֹת	6
sang	דָּם ז׳	17
Dan	דָּן	7
Daniel	דָּנִיֵּאל et דָּנִאֵל	19
connaissance, science	דַּעַת ז׳ ou נ׳	29
génération, race	דֹּר et דּוֹר ז׳	43
Darius	דָּרְיָוֶשׁ	28
fouler, marcher	דָּרַךְ	37
chemin, route	דֶּרֶךְ ז׳ ou נ׳ דְּרָכִים	12
chercher, rechercher	דָּרַשׁ	23
être recherché	נִדְרַשׁ	35

ה

27	הֶבֶל	Abel
8	הוּא	il, lui
8	הִיא	elle
19	הָיָה	être, exister
9	הֵיכָל ז׳ ou נ׳	palais, temple
15	הָלַךְ	aller, marcher
43	הִלֵּךְ	aller, marcher, voyager
43	הוֹלִיךְ	conduire
30	הִתְהַלֵּךְ	se promener
32	הִלֵּל	louer, célébrer
48	הֻלַּל	être célébré
30	הִתְהַלֵּל	être loué, se louer
8	הֵם et הֵמָּה	ils, eux
8	הֵנָּה et הֵן	elles
13	הִנֵּה	voici
34	הָפַךְ	retourner, détruire
34	הֲפֵכָה נ׳	destruction
9	הַר ז׳ הָרִים	montagne
19	הַרְבֵּה	beaucoup
17	הָרַג	tuer, assassiner
33	נֶהֱרַג	être tué
41	הָרָה	concevoir, être enceinte
43	הָרַס	renverser, démolir

ו

7	וְ	et
42	וַשְׁתִּי	Washti

ז

34	זָבַח	immoler, sacrifier
29	זֶבַח ז׳	victime, sacrifice
9	זֶה , זֹאת	celui-ci, celle-ci, ce, cette
46	זָהָב ז׳	or
44	זוּב	couler
6	זַיִת ז׳ זֵתִים (זֵיתִים)	olivier
21	זָכַר	se souvenir
6	זָכָר	mâle (masculin)
29	זַעַף ז׳	colère, rage
26	זְעָקָה נ׳	cri, plainte, supplication
19	זָקֵן	vieux
33	זָקֵן	être vieux, devenir vieux
24	זָקַף	redresser, relever
40	זֵר ז׳	bord, bordure, couronne
48	זְרוֹעַ נ׳	bras
19	זֶרַע ז׳	semence, descendance

ח

	חָבָא	inusité
30	הִתְחַבֵּא	se cacher
20	חֶבְרוֹן	Hébron
47	חַג et חָג ז׳	fête
47	חַג הַסֻּכּוֹת	fête des cabanes
47	חָגַג	fêter, célébrer une fête
35	חַגִּית	Haggith
9	חָדָשׁ	nouveau
9	חֹדֶשׁ ז׳ חֳדָשִׁים	mois
6	חוֹמָה נ׳	mur
24	חָזָה	voir, avoir des visions
41	חָזָק	fort, dur
33	חָזַק	être fort, être dur

fortifier, endurcir, réparer	חִזֵּק	14
force, secours	חֵ֫זֶק ז׳	29
Ézéchias	חִזְקִיָּהוּ et חִזְקִיָּה	29
manquer, pécher	חָטָא	35
péché	חַטָּאת נ׳	48
vivant	חַי	30
vivre, rester en vie	חָיָה	41
faire revivre, laisser en vie	הֶחֱיָה	41
bête, animal	חַיָּה	28
vie	חַ֫יִּים ז׳ ר׳	17
force, armée	חַ֫יִל ז׳	11
Hachila	חֲכִילָה	30
sage	חָכָם חֲכָמִים	9
sagesse	חָכְמָה נ׳	22
lait	חָלָב ז׳	7
graisse	חֵ֫לֶב ז׳	47
songe, rêve	חֲלוֹם ז׳ חֲלוֹמוֹת	14
frappé, blessé, tué	חָלָל ז׳	31
creuser, danser	חָלַל	
violer, profaner	חִלֵּל	14
commencer	הֵחֵל	48
être commencé	הֻחַל	48
rêver	חָלַם	42
part, partage	חֵ֫לֶק ז׳	29
Hilqiya	חִלְקִיָּהוּ et חִלְקִיָּה	40
Cham	חָם	46
armé, en ordre de bataille	חָמוּשׁ	48
cinquième	חֲמִישִׁי ז׳	24
cinquième	חֲמִישִׁית נ׳	24
âne	חֲמֹר et חֲמוֹר ז׳	31
cinq	חָמֵשׁ נ׳	20
cinq	חֲמִשָּׁה ז׳	20
quinze	חֲמִשָּׁה עָשָׂר ז׳	20
cinquante	חֲמִשִּׁים ז׳ ou נ׳	20
quinze	חֲמֵשׁ עֶשְׂרֵה נ׳	20
grâce, faveur	חֵן ז׳	29
faire grâce, épargner, compatir	חָנַן	47
faire grâce, rendre doux	חִנֵּן	48
avoir compassion	חוֹנֵן	48
être grâcié	הֻחַן	48
implorer la grâce	הִתְחַנֵּן	48
bienveillance, bonté	חֶ֫סֶד ז׳	7
être privé, manquer	חָסֵר	33
vouloir, désirer, aimer	חָפֵץ	33
Hophra	חָפְרַע	31
cour	חָצֵר ז׳ ou נ׳	31
usage, loi, droit	חֹק ז׳ חֻקִּים	21
coutume, loi	חֻקָּה נ׳	21
rechercher, examiner, sonder	חָקַר	33
être sondé	נֶחְקַר	33
recherche, méditation	חֵ֫קֶר ז׳	29
glaive, épée	חֶ֫רֶב נ׳ חֲרָבוֹת	17
Haran	חָרָן	21
bois, forêt, feuillage	חֹ֫רֶשׁ ז׳	30
ceinture	חֵ֫שֶׁב ז׳	29
Hechbon	חֶשְׁבּוֹן	44
empêcher, retenir, arrêter	חָשַׂךְ	38
découvrir, déployer	חָשַׂף	48
désir,délices	חֵ֫שֶׁק ז׳	29
lier, marier	חָתַן	
s'allier (en mariant ses enfants)	הִתְחַתֵּן	40

ט

boucher, bourreau, garde	טַבָּח ז׳	43
être bon, être agréable	טוֹב	38
bon	טוֹב	6
bonté, beauté, le meilleur	טוּב ז׳	47
tumeurs à l'anus	טְחוֹרִים	48
être impur	טָמֵא	
se souiller, se rendre impur	הִטַּמֵּא	30
impur, immonde	טָמֵא	48
goûter	טָעַם	38

י

inusité	יָאַל	
essayer, persister (à)	הוֹאִיל	44
être sec, devenir sec	יָבֵשׁ	42
rendre sec, dessécher	יִבֵּשׁ	42
sécher	הוֹבִישׁ	42
Yabech	יָבֵשׁ et יָבֵישׁ	30
craindre, redouter	יָגֹר	44
main	יָד נ׳ יָדַיִם	6
jeter	יָדָה	
louer, confesser	הִתְוַדָּה	43
savoir, connaître	יָדַע	11
être connu, être reconnu	נוֹדַע	43
se faire connaître	הִתְוַדַּע	43
Juda	יְהוּדָה	7
l'Éternel	יְהוָֹה	8
Josué	יְהוֹשֻׁעַ et יְהוֹשׁוּעַ	30
Joab	יוֹאָב	22
jour	יוֹם ז׳ יָמִים	7
nourrisson	יוֹנֵק ז׳	28
Joseph	יוֹסֵף	14
Jotam	יוֹתָם	12
être uni, s'unir	יָחַד	43
ensemble	יַחְדָּו et יַחְדָּיו	30
unique (singulier)	יָחִיד	6
espérer, compter sur	יִחֵל	23
Jakhath	יַחַת	28
être bon, plaire	יָטַב	42
bien faire, faire du bien	הֵיטִיב	42
inusité	יָכַח	
entrer en procès	הִתְוַכַּח	43
pouvoir	יָכֹל	44
enfanter, engendrer	יָלַד	12
naître	נוֹלַד	43
aider à accoucher	יִלֵּד	43
enfant	יֶלֶד ז׳ יְלָדִים	7
inusité	יָלַל	
gémir, hurler, se lamenter	הֵילִיל	42
mer	יָם ז׳ יַמִּים	27
la mer Rouge	יַם־סוּף	48
la droite	יָמִין	30
inusité	יָמַן	
aller à droite	הֵימִין	42
sucer, téter	יָנַק	42
donner à téter, allaiter	הֵינִיק	42
conseiller	יָעַץ	
délibérer	הִתְיָעֵץ	44
Jacob	יַעֲקֹב	15
Japhet	יֶפֶת	46

sortir	יָצָא	11
faire sortir	הוֹצִיא	43
être emmené (hors de)	הוּצָא	43
	יָצַב inusité	
être placé, être préposé	נִצַּב	45
placer, mettre, fixer	הִצִּיב	45
être placé, être planté	הֻצַּב	45
se placer, se présenter	הִתְיַצֵּב	45
	יָצַג inusité	
placer, présenter, mettre	הִצִּיג	45
être laissé, demeurer	הֻצַּג	45
Isaac	יִצְחָק	7
	יָצַע inusité	
étendre (pour servir de lit)	הִצִּיעַ	45
être placé dessous	הֻצַּע	45
verser, répandre, fondre	יָצַק	45
placer, poser	הִצִּיק	45
verser	הוֹצִיק	45
être versé, être fondu	הֻצַּק	45
fabriquer, former	יָצַר	45
être formé	נוֹצַר	45
être fixé	יֻצַּר	45
être forgé	הוּצַר	45
enflammer, brûler	יָצַת	45
être brûlé	נִצַּת	45
allumer, incendier	הִצִּית	45
s'éveiller	יָקַץ	42
rare, précieux	יָקָר	19
tendre un piège	יָקֹשׁ	44
tomber dans un piège	נוֹקַשׁ	44
avoir peur, craindre	יָרֵא	44

effrayer, intimider	יֵרֵא	44
être craint, être révéré	נוֹרָא	44
Jéroboam	יָרָבְעָם	39
descendre, tomber, déchoir	יָרַד	27
faire descendre	הוֹרִיד	43
être descendu	הוּרַד	43
le Jourdain	יַרְדֵּן	27
Jérusalem	יְרוּשָׁלַ͏ִם	6
Jérémie	יִרְמְיָהוּ	11
prendre possession	יָרֵשׁ	44
être réduit à la misère	נוֹרַשׁ	44
consumer, ronger	יֵרֵשׁ	44
prendre possession	הוֹרִישׁ	44
il y a, il est	יֵשׁ (יֶשׁ־)	18
habiter, être assis, demeurer	יָשַׁב	9
placer , établir	יִשֵּׁב	43
faire asseoir, faire habiter	הוֹשִׁיב	43
délivrance, salut	יְשׁוּעָה נ׳	48
Isaï	יִשַׁי	19
solitude, désert, Yechimon	יְשִׁימוֹן ז׳	30
Ismaël	יִשְׁמָעֵאל	7
Ismaélite	יִשְׁמְעֵאלִי	43
s'endormir	יָשֵׁן et יָשַׁן	44
être droit, marcher droit	יָשַׁר	42
rendre droit	יִשֵּׁר	42
rendre droit, aplanir	הֵישִׁיר	42
droit	יָשָׁר	6
Israël	יִשְׂרָאֵל	8
Issachar	יִשָּׂשכָר	34
	יָתַר inusité	

rester, demeurer	נוֹתַר	43

כ

comme, selon, d'après, environ	כְּ	11
comme, autant que	כַּאֲשֶׁר	23
lourd	כָּבֵד	48
honneur, gloire	כָּבוֹד ז׳	10
agneau	כֶּבֶשׂ ז׳ כְּבָשִׂים	7
assujettir, vaincre	כָּבַשׁ	
être assujetti, être vaincu	נִכְבַּשׁ	28
ainsi, de cette manière	כֹּה	18
prêtre	כֹּהֵן ז׳ כֹּהֲנִים	7
casque	כּוֹבַע ז׳	40
inusité	כּוּן	
être fondé, être préparé	נָכוֹן	38
car, que, parce que	כִּי	8
cercle, circonférence, plaine	כִּכָּר נ׳	34
tout	כֹּל (כָּל־)	13
ustensile, vase, instrument	כְּלִי ז׳ כֵּלִים	27
comme	כְּמוֹ	18
ainsi, de cette manière	כֵּן	26
Canaan	כְּנַעַן	20
Cananéen	כְּנַעֲנִי	44
trône, siège	כִּסֵּא ז׳ כִּסְאוֹת	11
argent	כֶּסֶף ז׳	37
paume	כַּף נ׳	
plante du pied	כַּף רֶגֶל נ׳	37
plier, courber	כָּפַף	24
expier	כִּפֶּר	25
être pardonné, être expié	כֻּפַּר	25
chérubin	כְּרוּב ז׳	6
vigne, vignoble	כֶּרֶם ז׳ כְּרָמִים	7
couper	כָּרַת	10
faire alliance	כָּרַת בְּרִית	10
être coupé, chassé, manquer	נִכְרַת	26
exterminer, ruiner, retirer	הִכְרִית	28
les Chaldéens, la Chaldée	כַּשְׂדִּים	28
écrire	כָּתַב	8
être écrit	נִכְתַּב	26

ל

à, vers, pour	לְ	11
ne...pas	לֹא	10
cœur	לֵב ז׳ לִבּוֹת	18
seul, seulement	לְבַד	43
Laban	לָבָן	21
table (sur laquelle on écrit)	לוּחַ ז׳ לֻחֹת	21
Lot	לוֹט	19
Lévi, Lévite	לֵוִי לְוִיִּם	15
pain, nourriture	לֶחֶם ז׳	7
lutter, combattre	לָחַם	16
combattre, se faire la guerre	נִלְחַם	30
nuit	לַיְלָה ז׳ לֵילוֹת	6
Lachis	לָכִישׁ	27
sans	לְלוֹא et לְלֹא	35
apprendre, étudier	לָמַד	8
enseigner	לִמֵּד	14
être dressé, être appris	לֻמַּד	25
pourquoi ?	לָמָּה, לָמָה, לָמֶה	27
à cause de, en faveur de	לְמַעַן	18

43	לִין , (לוּן)	passer la nuit, rester
18	לִפְנֵי	devant, avant
38	לָפַת	palper
37	לָקַח	saisir, prendre
37	נִלְקַח	être pris
37	לֻקַּח	être pris
37	מִתְלַקַּחַת	se répandant
18	לִקְרַאת	au-devant de

מ

9	מְאֹד	très
20	מֵאָה נ׳ מֵאוֹת	cent
27	מֵאַיִן	d'où ?
41	מַאֲכָל ז׳	nourriture, vivres
22	מָאַס	mépriser, rejeter
26	מִדְבָּר ז׳	désert
31	מָדַד	mesurer
48	נָמַד	être mesuré
27	מַדּוּעַ	pourquoi ?
28	מָדַי	Médie
10	מַה, מָה, מֶה	quoi, qu'est-ce que ?
34	מִהֵר	se hâter, accélérer
38	מוֹאָב	Moab
42	מוֹלֶדֶת נ׳	naissance, race, patrie
28	מוֹעֵד ז׳	réunion, rencontre
27	מוֹקֵשׁ ז׳	filet, piège
38	מוּת	mourir, périr
39	הֵמִית	tuer, faire mourir
10	מָוֶת ז׳	la mort
11	מִזְבֵּחַ ז׳ מִזְבְּחוֹת	autel
27	מִזְרָח ז׳	le levant, l'est, l'orient
37	מָחָר	le lendemain, demain
16	מַטֶּה ז׳ ou נ׳ מַטּוֹת	bâton, sceptre
8	מִי	qui ?
6	מַיִם ז׳ ר׳	eau
42	מַכְאוֹב ז׳	douleur, souffrance
26	מָכַר	vendre
26	נִמְכַּר	être vendu, se vendre
35	מִלֵּא	emplir, remplir
35	מֻלָּא	être rempli
35	הִתְמַלֵּא	s'amasser, s'assembler
16	מַלְאָךְ ז׳	messager, ange
28	מְלָאכָה נ׳	mission, travail, ouvrage
34	מְלוֹא et מְלֹא ז׳	ce qui remplit
36	מְלוּכָה נ׳	règne, royaume
	מָלַט inusité	
37	נִמְלַט	se sauver, fuir
18	מָלַךְ	régner, être roi
28	הִמְלִיךְ	faire roi, introniser
28	הָמְלַךְ	être établi roi
7	מֶלֶךְ ז׳ מְלָכִים	roi
12	מִלְכָּה	Milka
28	מַלְכוּת נ׳	règne, royaume
46	מַמְלָכָה נ׳	règne, royaume
27	מֶמְשָׁלָה נ׳	domination, puissance
11	מִן	de
15	מִנְחָה נ׳	présent, offrande
40	מְנַשֶּׁה	Manassé
40	מַס ז׳	tribut
	מָסַס	dépérir

se fondre	נָמַס	48
un peu, peu	מְעַט et מְעָט	38
de la part de, d'entre	מֵעִם	19
caverne	מְעָרָה נ׳	43
œuvre, ouvrage	מַעֲשֶׂה ז׳	15
trouver	מָצָא	20
être trouvé, se trouver	נִמְצָא	27
faire parvenir	הִמְצִיא	35
lieu fort	מְצַד ז׳ מְצָדוֹת	30
commandement	מִצְוָה נ׳ מִצְוֹת	12
front	מֵצַח ז׳	41
Mitspa	מִצְפָּה	21
Égyptien	מִצְרִי	43
l'Égypte	מִצְרַיִם	15
lieu, endroit	מָקוֹם ז׳ ou נ׳ מְקוֹמוֹת	15
à la fin, au bout de	מִקֵּץ	42
	מָקַק inusité	
languir, s'évanouir	נָמַק	48
Moïse	מֹשֶׁה	9
oindre, sacrer	מָשַׁח	13
oint, messie	מָשִׁיחַ	43
demeure, tabernacle	מִשְׁכָּן ז׳	39
famille, race, peuple	מִשְׁפָּחָה נ׳	27
jugement, droit	מִשְׁפָּט ז׳	6
quand ?	מָתַי	27

נ

particule d'insistance (déprécative)	נָא	23
parole, ce qui est dit, oracle	נְאֻם ז׳	25
fidèle	נֶאֱמָן	9
prophète	נָבִיא ז׳	17
midi, sud	נֶגֶב	27
en face, vis-à-vis, devant	נֶגֶד	18
	נָגַד inusité	
dire, raconter, annoncer	הִגִּיד	36
prince, chef	נָגִיד ז׳	45
toucher, atteindre	נָגַע	36
s'approcher, s'avancer	נָגַשׁ	36
fleuve	נָהָר ז׳ נְהָרוֹת et נְהָרִים	22
Noé	נֹחַ	8
Nahor	נָחוֹר	12
torrent, fleuve, cours d'eau	נַחַל ז׳	33
partage, héritage, patrimoine	נַחֲלָה נ׳	45
consoler, soulager	נִחַם	34
agréable, précieux	נֶחְמָד	7
serpent	נָחָשׁ ז׳	35
laisser, délaisser	נָטַשׁ	36
Néko	נְכֹה et נְכוֹ	28
devant, en face, vis-à-vis	נֹכַח	18
biens, richesses	נְכָסִים ז׳ ר׳	10
garçon, serviteur	נַעַר ז׳	29
jeune fille, servante	נַעֲרָה נ׳	42
tomber	נָפַל	24
faire tomber, renverser	הִפִּיל	36
souffle, âme	נֶפֶשׁ נ׳ ou ז׳ נְפָשׁוֹת	6
Nephtali	נַפְתָּלִי	7
	נָצַל inusité	
être sauvé, se délivrer	נִצַּל	36
délivrer, sauver	הִצִּיל	36
être sauvé	הֻצַּל	36

6	נְקֵבָה	femelle (féminin)
6	נֵר ז׳ נֵרוֹת	lumière, lampe
36	נָשָׂא	lever, élever, s'élever
35	הִתְנַשֵּׂא	se lever, s'élever
45	נָשַׁק	donner un baiser
47	נֶשֶׁר ז׳	aigle
18	נָתַן	donner, livrer, mettre
37	נִתַּן	être donné, être livré
37	יִתֵּן	il sera donné
24	נָתָן	Nathan

ס

47	סָבַב	tourner, faire le tour
48	נָסַב	être tourné
48	סִבֵּב	retourner, changer
48	סוֹבֵב	tourner autour
48	הֵסֵב	détourner, transférer
48	הֻסַב	être entouré
18	סָבִיב	autour
31	סְבִיבוֹת נ׳ ר׳	les alentours, autour
29	סְדֹם	Sodome
17	סוּס ז׳	cheval
48	סוּר	s'écarter, se retirer
44	סִיחֹן	Sihon
45	סִינַי	Sinaï
43	סֻכָּה נ׳	tente, cabane
27	סָכָל	fou, insensé
36	סַלָּח	prêt à pardonner
24	סָמַךְ	appuyer, mettre, soutenir
38	נִסְמַךְ	s'appuyer
27	סַנְחֵרִיב	Sennachérib
40	סַף ז׳	bassin, coupe, seuil
8	סֵפֶר ז׳ סְפָרִים	lettre, livre
14	סִפֵּר	raconter, publier
43	סָרִיס ז׳	eunuque
	סָתַר	inusité
30	הִסְתַּתֵּר	se cacher

ע

40	עָבַד	travailler, servir, rendre un culte
33	נֶעֱבַד	être travaillé
19	עֶבֶד ז׳ עֲבָדִים	serviteur, esclave
48	עֲבֹדָה נ׳	travail, ouvrage, service
28	עֹבַדְיָהוּ et עֹבַדְיָה	Obadiah, Abdias
13	עָבַר	passer, transgresser
33	הֶעֱבִיר	faire passer, faire traverser
25	עֵגֶל ז׳ עֲגָלִים	veau
40	עֵד ז׳	témoin, témoignage
11	עַד	jusque, jusqu'à
24	עֵדָה נ׳	assemblée, communauté
16	עוֹד	encore
40	עוֹלָה et עֹלָה נ׳	holocauste, degré
28	עוֹלָל et עוֹלֵל ז׳	jeune enfant
19	עוֹלָם ז׳	éternité, siècles, univers
25	עָוֹן ז׳ עֲוֹנוֹת	péché, faute
28	עוֹף ז׳	oiseau
40	עֵז נ׳	chèvre
43	עָזַב	abandonner, délaisser
33	נֶעֱזַב	être abandonné
20	עַזְגָּד	Azgad

secourir, aider, assister	עָזַר	24
couronne, diadème	עֲטָרָה נ׳	46
Aï	עַי	24
œil	עַ֫יִן נ׳ עֵינַ֫יִם	7
ville	עִיר נ׳ עָרִים	6
souris, rat des champs	עַכְבָּר ז׳	48
sur	עַל	8
joug	עֹל et עוֹל ז׳	40
monter	עָלָה	13
faire monter	הֶעֱלָה	41
se réjouir, triompher	עָלַץ	34
peuple	עַם ז׳ ou נ׳ עַמִּים	6
avec	עִם	10
se tenir debout	עָמַד	9
placer, établir, affermir	הֶעֱמִיד	33
être placé, être présenté	הָעֳמַד	33
colonne	עַמּוּד ז׳	38
Amalek	עֲמָלֵק	22
vallée	עֵ֫מֶק ז׳	29
répondre	עָנָה	17
humble, doux	עָנָו	9
nuage, nuée	עָנָן ז׳ עֲנָנִים	7
tumeurs à l'anus	עֳפָלִים	48
poussière	עָפָר ז׳	27
arbre	עֵץ ז׳	6
os, même	עֶ֫צֶם ז׳ et נ׳	46
peau	עֹר ז׳ עֹרוֹת	6
corbeau	עֹרֵב ז׳	42
Araba, lieu aride	עֲרָבָה נ׳	17
herbe	עֵ֫שֶׂב ז׳	42
faire, agir	עָשָׂה	15
Ésaü	עֵשָׂו	25
riche, le riche	עָשִׁיר ז׳	19
dixième	עֲשִׂירִי ז׳	24
dixième	עֲשִׂירִית נ׳	24
richesse	עֹ֫שֶׁר ז׳	10
dix	עֶ֫שֶׂר נ׳	20
dix	עֲשָׂרָה ז׳	20
vingt	עֶשְׂרִים נ׳ ou ז׳	20
temps, époque	עֵת נ׳ou ז׳ עִתִּים	6
à présent, maintenant	עַתָּה	23

פ

racheter, délivrer, sauver	פָּדָה	18
Padan-Aram	פַּדַּן אֲרָם	46
être las, être faible	פִּגֵּר	33
ici	פֹּה	8
bouche, tranchant	פֶּה ז׳ (פִּי־)	30
Potiphar	פּוֹטִיפַר	43
filet, piège, feuille (de métal)	פַּח ז׳	40
terreur, crainte	פַּ֫חַד	29
Pichol	פִּיכֹל	35
cruche, fiole	פַּךְ ז׳	45
Philistin	פְּלִשְׁתִּי	38
se tourner	פָּנָה	27
Peniel, Penuel	פְּנִיאֵל et פְּנוּאֵל	15
visage, face	פָּנִים ז׳ ר׳	15
tailler, sculpter	פָּסַל	45
image taillée, statue	פֶּ֫סֶל ז׳	29
chercher, visiter, intervenir	פָּקַד	41
être établi, être préposé	הָפְקַד	28

30	הִתְפָּקֵד	être recensé
7	פַּר ז׳ פָּרִים	taureau
31	פֶּרֶד ז׳	mulet
35	פְּרִי ז׳	fruit
14	פַּרְעֹה	Pharaon
27	פָּרַץ	disperser, s'étendre, croître
48	פֶּשַׁע ז׳	crime, transgression
40	פַּת נ׳	morceau
42	פִּתְאֹם	soudain, aussitôt

צ

19	צֹאן ז׳ ou נ׳	menu bétail, chèvres
13	צָבָא ז׳ צְבָאוֹת	armée
40	צַד ז׳	côté
7	צַדִּיק	juste
	צָדַק	être juste, avoir raison
30	הִצְטַדֵּק	se justifier
29	צֶדֶק ז׳	droiture, justice
7	צְדָקָה נ׳	droiture, justice
32	צִדְקִיָּהוּ	Sédécias
41	צִוָּה	commander, ordonner
45	צוּר ז׳	pierre, rocher
11	צִיּוֹן	Sion
34	צָלַח	saisir, éclater
48	צֶלֶם ז׳	image, figure, idole
46	צָעִיר	petit, jeune, dernier
34	צָעַק	crier
34	צִעֵק	crier (de façon répétée)
6	צָפוֹן נ׳ ou ז׳	nord
42	צֳרִי ז׳	baume

ק

47	קָבַב	maudire
	קָבַץ	recueillir, assembler
27	נִקְבַּץ	être recueilli, se rassembler
30	הִתְקַבֵּץ	se rassembler
32	קָבַר	enterrer
38	נִקְבַּר	être enterré
8	קָדוֹשׁ	saint
27	קֶדֶם	l'est, l'orient
43	קִדְרוֹן	Cédron
14	קָדַשׁ	être pur, être saint
26	נִקְדַּשׁ	être sanctifié, être glorifié
14	קִדֵּשׁ	sanctifier, consacrer
25	קֻדַּשׁ	être consacré, être sanctifié
30	הִתְקַדֵּשׁ	se purifier, se sanctifier
23	קֹדֶשׁ ז׳	sainteté
	קָהַל inusité	
28	נִקְהַל	s'assembler
28	הִקְהִיל	convoquer, faire assembler
23	קָהָל ז׳	assemblée, multitude
6	קוֹל ז׳ קוֹלוֹת	voix
15	קוּם	se lever
39	קִיֵּם	valider, confirmer
39	קוֹמֵם	relever, rebâtir
39	הֵקִים	dresser, établir, relever
39	הוּקַם	être dressé, être érigé
39	הִתְקוֹמֵם	s'élever contre
31	קָטָן et קָטֹן	petit
27	קַיִן	Caïn
6	קִיר ז׳ קִירוֹת	mur

être léger, diminuer	קָלַל	47
être léger, être facile	נָקַל	48
rendre léger, mépriser	הֵקַל	48
être jaloux, être zélé	קִנֵּא	43
acquérir, acheter	קָנָה	23
roseau, tige d'épis	קָנֶה ז׳	20
fin, extrémité	קֵץ ז׳	42
fin, extrémité, bout	קָצֶה ז׳ (קְצֵה־)	38
appeler, invoquer, lire	קָרָא	15
être appelé, être lu	נִקְרָא	26
être appelé	קֹרָא	35
être près, approcher	קָרֵב et קָרַב	
faire approcher, présenter	הִקְרִיב	28
proche	קָרוֹב	9
planche	קֶרֶשׁ ז׳	39
dur, rude, inflexible	קָשֶׁה	41
être dur, être difficile	קָשָׁה	
rendre dur, endurcir	הִקְשָׁה	48

ר

voir	רָאָה	15
faire voir, montrer	הֶרְאָה et הִרְאָה	41
tête, chef	רֹאשׁ ז׳ רָאשִׁים	16
premier	רִאשׁוֹן	24
grand, puissant	רַב	44
dix mille, myriade	רְבָבָה נ׳	20
dix mille, myriade	רִבּוֹ et רִבּוֹא נ׳	20
nombreux (pluriel)	רַבִּים	6
quatrième	רְבִיעִי ז׳	24
quatrième	רְבִיעִית נ׳	24
Rébecca	רִבְקָה	25
pied	רֶגֶל נ׳ רַגְלַיִם	6
lancer des pierres, lapider	רָגַם	24
suivre, poursuivre	רָדַף	23
souffle, vent, esprit	רוּחַ נ׳	18
être haut, être élevé	רוּם	
élever, exalter	רוֹמֵם	39
élever, lever, prélever	הֵרִים	40
inusité	רוּע	
pousser des cris	הֵרִיעַ	40
Ruth	רוּת	8
Rachel	רָחֵל	33
avoir pitié, faire miséricorde	רִחֵם	47
lance, javelot	רֹמַח ז׳	29
chanter, se réjouir	רָנַן	47
pousser des cris	הִתְרוֹנֵן	48
allégresse	רְנָנָה נ׳	40
mal, malheur	רַע ז׳	32
faim, famine	רָעָב ז׳	41
mal, malheur, méchanceté	רָעָה נ׳	28
retentir, faire du bruit	רָעַם	34
être mal, être mauvais, déplaire	רָעַע	47
faire le mal, affliger	הֵרַע	48
guérir, rétablir	רָפָא	
être guéri, guérir	נִרְפָּא	42
faveur, plaisir, volonté	רָצוֹן ז׳	40
étendue	רָקִיעַ ז׳	39
méchant, inique, impie	רָשָׁע	48
genêt, genévrier	רֹתֶם ז׳	44

ש

10	שְׁאוֹל ז׳ ou נ׳	séjour des morts
7	שָׁאוּל	Saül
10	שָׁאַל	demander
38	שַׁאֲנָן	tranquille, indolent
28	שְׁאֵרִית et שֵׁרִית נ׳	le reste
41	שָׁבָה	faire prisonnier
20	שֵׁבֶט et שֶׁבֶט ז׳ שְׁבָטִים	bâton, tribu
24	שְׁבִיעִי ז׳	septième
24	שְׁבִיעִית נ׳	septième
20	שִׁבֹּלֶת נ׳ שִׁבֳּלִים	épi
	שָׁבַע	jurer
30	נִשְׁבַּע	jurer
48	הִשְׁבִּיעַ	faire jurer
	שָׂבַע	se rassasier, être rassasié
28	הִשְׂבִּיעַ	rassasier
20	שֶׁבַע נ׳	sept
20	שִׁבְעָה ז׳	sept
20	שִׁבְעָה עָשָׂר ז׳	dix-sept
20	שִׁבְעִים ז׳ ou נ׳	soixante-dix
20	שְׁבַע עֶשְׂרֵה נ׳	dix-sept
20	שִׁבְעָתַיִם	au septuple
	שָׁבַר	rompre, briser
42	נִשְׁבַּר	se briser, être brisé
45	שִׁבֵּר	briser, rompre
14	שַׁבָּת נ׳ ou ז׳ שַׁבָּתוֹת	Sabbat
47	שָׁדַד	détruire, dévaster, saccager
48	שִׁדֵּד	ruiner, désoler
48	שֻׁדַּד	être détruit, être ravagé
48	שׁוֹדֵד	détruire
7	שָׂדֶה ז׳ שָׂדוֹת	champ, campagne
15	שׁוּב	retourner, revenir
39	שׁוֹבֵב	être restauré
39	הֵשִׁיב	ramener, rapporter
31	שׁוֹמֵר ז׳	gardien, sentinelle
17	שַׁוְעָה נ׳	cri, plainte
31	שׁוֹפֵט ז׳	juge
22	שׁוֹפָר ז׳	cor, trompette
34	שִׁחֵת	détruire, dévaster
48	הִשְׁחִית	détruire, abattre, tuer
27	שָׂטָן	adversaire, accusateur
15	שִׂים	poser, mettre
38	שִׁיר	chanter
26	שִׂישׂ et שׂוּשׂ	se réjouir
39	שִׁישַׁק	Chichak
44	שָׁכַב	se coucher, être couché
	שָׁכַח	oublier
34	נִשְׁכַּח	être oublié
	שָׁכַם inusité	
47	הִשְׁכִּים	se lever de bon matin
11	שָׁכַן	demeurer, séjourner
28	הִשְׁכִּין	faire demeurer
	שָׁכַר	boire à satiété
30	הִשְׁתַּכֵּר	s'enivrer
28	שִׁלוֹ, שִׁלֹה, שִׁילוֹ, שִׁילֹה	Siloh
7	שָׁלוֹם ז׳	paix
12	שָׁלַח	envoyer
34	שִׁלַּח	envoyer, renvoyer, lancer
6	שֻׁלְחָן ז׳ שֻׁלְחָנוֹת	table
24	שְׁלִישִׁי ז׳	troisième

troisième	שְׁלִישִׁית et שְׁלִישִׁיָּה נ׳	24
payer, récompenser	שִׁלֵּם	25
être payé, être récompensé	שֻׁלַּם	25
Salomon	שְׁלֹמֹה	11
trois	שָׁלֹשׁ נ׳	20
trois	שְׁלֹשָׁה ז׳	20
treize	שְׁלֹשָׁה עָשָׂר ז׳	20
trente	שְׁלֹשִׁים ז׳ ou נ׳	20
treize	שְׁלֹשׁ עֶשְׂרֵה נ׳	20
nom	שֵׁם ז׳ שֵׁמוֹת	6
Sem	שֵׁם	46
là, y, en cet endroit	שָׁם	11
la gauche	שְׂמֹאל et שְׂמֹאול	38
Samuel	שְׁמוּאֵל	7
nouvelle, annonce	שְׁמוּעָה נ׳	36
être gai, se réjouir	שָׂמֵחַ et שָׂמַח	23
réjouir, donner de la joie	שִׂמַּח	40
joyeux, content, gai	שָׂמֵחַ	47
joie, cris de joie, plaisir	שִׂמְחָה נ׳	40
ciel, cieux	שָׁמַיִם ז׳ ר׳	13
huitième	שְׁמִינִי ז׳	24
huitième	שְׁמִינִית נ׳	24
graisse, huile	שֶׁמֶן ז׳	35
huit	שְׁמֹנֶה נ׳	20
huit	שְׁמֹנָה ז׳	19
dix-huit	שְׁמֹנָה עָשָׂר ז׳	20
dix-huit	שְׁמֹנֶה עֶשְׂרֵה נ׳	20
quatre-vingts	שְׁמֹנִים ז׳ ou נ׳	20
entendre, écouter	שָׁמַע	12
être entendu, être exaucé	נִשְׁמַע	26
convoquer, assembler	שִׁמַּע	34
faire entendre, annoncer	הִשְׁמִיעַ	34
Siméon	שִׁמְעוֹן	34
Chiméi	שִׁמְעִי	43
garder, observer	שָׁמַר	8
être gardé, prendre garde	נִשְׁמַר	26
Samarie	שֹׁמְרוֹן	7
Samson	שִׁמְשׁוֹן	38
haïr, prendre en aversion	שָׂנֵא	35
année	שָׁנָה נ׳ שָׁנִים	6
deuxième	שֵׁנִי ז׳	24
deux	שְׁנַיִם ז׳	20
douze	שְׁנֵים עָשָׂר ז׳	20
deuxième	שֵׁנִית נ׳	20
lèvre, langue	שָׂפָה נ׳ ou ז׳ שְׂפָתוֹת	20
juger, décider, faire justice	שָׁפַט	11
être jugé, exercer la justice	נִשְׁפַּט	26
verser, répandre	שָׁפַךְ	17
daman, lapin	שָׁפָן ז׳	31
mensonge, fausseté	שֶׁקֶר ז׳	14
prince, grand, maître	שַׂר ז׳ שָׂרִים	31
brûler	שָׂרַף	29
six	שֵׁשׁ נ׳	20
six	שִׁשָּׁה ז׳	20
seize	שִׁשָּׁה עָשָׂר ז׳	20
sixième	שִׁשִּׁי ז׳	24
soixante	שִׁשִּׁים ז׳ ou נ׳	20
sixième	שִׁשִּׁית נ׳	24
seize	שֵׁשׁ עֶשְׂרֵה נ׳	20
boire	שָׁתָה	21

20	שְׁתַּ֫יִם נ׳	deux
20	שְׁתֵּים עֶשְׂרֵה נ׳	douze

ת

46	תֵּבָה נ׳	boîte, arche
47	תְּבוּאָה נ׳	produit (de la terre), fruit
18	תֶּ֫בֶן ז׳	paille
28	תָּ֫וֶךְ ז׳ (תּוֹךְ־)	milieu
6	תּוֹרָה נ׳	loi
9	תַּ֫חַת	sous, à la place de
47	תָּמַם	achever, finir
40	תְּפִלָּה נ׳	prière, supplication
38	תָּקַע	sonner (d'un instrument)
26	תֹּר et תּוֹר נ׳ ou ז׳	tourterelle
40	תְּרוּמָה נ׳	don, présent, offrande
46	תֶּ֫רַח	Térah
24	תְּשִׁיעִי ז׳	neuvième
24	תְּשִׁיעִית נ׳	neuvième
20	תֵּ֫שַׁע נ׳	neuf
20	תִּשְׁעָה ז׳	neuf
20	תִּשְׁעָה עָשָׂר ז׳	dix-neuf
20	תִּשְׁעִים ז׳ ou נ׳	quatre-vingt dix
20	תְּשַׁע עֶשְׂרֵה נ׳	dix-neuf

Lexique Français-Hébreu

A

à	אֶל (אֶל־), לְ, בְּ
Aaron	אַהֲרֹן
abandonner	עָזַב
être abandonné	נֶעֱזַב
abattre	הִשְׁחִית
Abdias	עֹבַדְיָהוּ et עֹבַדְיָה
Abel	הֶבֶל
Abigaïl	אֲבִיגַל et אֲבִיגָיִל
Abimélekh	אֲבִימֶלֶךְ
Abner	אַבְנֵר
Abraham	אַבְרָהָם
Absalom	אַבְשָׁלוֹם
accélérer	מִהֵר
accoucher	יָלַד
aider à accoucher	יִלֵּד
accusateur	שָׂטָן
acheter	קָנָה
achever	תַּם [תמם]
acquérir	קָנָה
Adoniya	אֲדֹנִיָּה et אֲדֹנִיָּהוּ
adversaire	אוֹיֵב ז׳, שָׂטָן
affermir	הֶעֱמִיד
affliger	הֵרַע [רעע]
agenouiller (s')	בֵּרַךְ
agir	עָשָׂה
agneau	כֶּבֶשׂ ז׳ כְּבָשִׂים
agrandir	הִגְדִּיל
agréable	נֶחְמָד
être agréable	טוֹב [טוב]
ah !	אֵיךְ
Ahitophel	אֲחִיתֹפֶל
Aï	עַי
aider	עָזַר
aïeul	אָב ז׳ אָבוֹת
aïeule	אֵם נ׳
aigle	נֶשֶׁר ז׳
aimer	אָהַב, חָפֵץ
aînée	בְּכִירָה נ׳
ainsi	כֹּה, כֵּן
alentours	סְבִיבוֹת נ׳ ר׳
allaiter	הֵינִיק [ינק]
allégresse	רְנָנָה נ׳
aller	הָלַךְ, הִלֵּךְ
alliance	בְּרִית נ׳ אֲמָנָה נ׳
faire alliance	כָּרַת בְּרִית
allier (s') (en mariant ses enfants)	הִתְחַתֵּן
allumer	הִצִּית [יצת]
Amalek	עֲמָלֵק
amasser	אָסַף
s'amasser	הִתְמַלֵּא
âme	נֶפֶשׁ נ׳ ou ז׳ נְפָשׁוֹת
amener	הֵבִיא [בוא]
être amené	הוּבָא [בוא]

ami	אֹהֵב ז׳
Ammonites	בְּנֵי־עַמּוֹן
Amoréen	אֱמֹרִי
âne	חֲמֹר et חֲמוֹר ז׳
anesse	אָתוֹן נ׳
ange	מַלְאָךְ ז׳
animal	חַיָּה
année	שָׁנָה נ׳ שָׁנִים
annonce	שְׁמוּעָה נ׳
annoncer	הִשְׁמִיעַ, הִגִּיד [נגד]
aplanir	הֵישִׁיר [ישר]
appeler	קָרָא
être appelé	נִקְרָא, קֹרָא
apporter	הֵבִיא [בוא]
apprendre	לָמַד
être appris	לֻמַּד
approcher	קָרֵב et קָרַב
s'approcher	נָגַשׁ
faire approcher	הִקְרִיב
appuyer	סָמַךְ
s'appuyer	נִסְמַךְ
après	אַחַר, אַחֲרֵי
d'après	כְּ
Araba	עֲרָבָה נ׳
arbre	עֵץ ז׳
arche	אֲרוֹן ז׳ נ׳, ou תֵּבָה נ׳
argent	כֶּסֶף ז׳
aride	יָבֵשׁ
lieu aride	עֲרָבָה נ׳
armé	חָמוּשׁ
armée	צָבָא ז׳ צְבָאוֹת, חַיִל ז׳
arrêter	חָשַׂךְ
arriver	בָּא [בוא]
Asdod	אַשְׁדּוֹד
assassiner	הָרַג
assemblée	עֵדָה נ׳, קָהָל ז׳
assembler	קִבֵּץ, אָסַף, שִׁמַּע
s'assembler	נִקְהַל, הִתְמַלֵּא
faire assembler	הִקְהִיל
asseoir (s')	יָשַׁב
faire asseoir	הוֹשִׁיב [ישב]
être assis	יָשַׁב
assez	דַּי
assister	עָזַר
Assuérus	אֲחַשְׁוֵרוֹשׁ
assujettir	כָּבַשׁ
être assujetti	נִכְבַּשׁ
Assyrie	אַשּׁוּר
attarder (s')	אֵחַר
atteindre	נָגַע
au-delà	בְּעֵבֶר
aussi	גַּם
aussitôt	פִּתְאֹם
autant que	כַּאֲשֶׁר
autel	מִזְבֵּחַ ז׳ מִזְבְּחוֹת
autour	סָבִיב, סְבִיבוֹת, בַּעַד et בְּעַד
autre	אַחֵר
avancer (s')	נָגַשׁ
avant	לִפְנֵי
avec	אֵת (אֶת־), עִם, בְּ

aversion	שִׂנְאָה נ׳
prendre en aversion	שָׂנֵא
avoir	הָיָה לְ
il y a	יֵשׁ (יֶשׁ־)
il n'y a pas	אֵין
Azgad	עַזְגָּד

B

Babel	בָּבֶל
Babylone	בָּבֶל
baiser	נְשִׁיקָה נ׳
donner un baiser	נָשַׁק
Balaam	בִּלְעָם
Balak	בָּלָק
barre	בְּרִיחַ ז׳
base	אֶדֶן ז׳
bassin	סַף ז׳
bataille	מִלְחָמָה נ׳
en ordre de bataille	חָמוּשׁ
bâtir	בָּנָה
bâton	מַטֶּה ז׳ ou נ׳, שֵׁבֶט et שֶׁבֶט ז׳
baume	צֳרִי ז׳
beaucoup	הַרְבֵּה
beauté	טוּב ז׳
Beer-Schéba	בְּאֵר שֶׁבַע
Ben-Ammi	בֶּן־עַמִּי
bénir	בָּרַךְ, בֵּרֵךְ
béni	בָּרוּךְ
être béni	נִבְרַךְ, הִתְבָּרֵךְ, בֹּרַךְ
se bénir	נִבְרַךְ, הִתְבָּרֵךְ
Benjamin	בִּנְיָמִין
Besor	בְּשׂוֹר
bétail	בְּהֵמָה
gros bétail	בָּקָר ז׳
menu bétail	צֹאן ז׳ ou נ׳
bête	חַיָּה
Bethléem	בֵּית־לֶחֶם
Béthuel	בְּתוּאֵל
bien	טוֹב
faire du bien	הֵיטִיב [יטב]
biens	נְכָסִים ז׳ ר׳
bienveillance	חֶסֶד ז׳
blessé	חָלָל ז׳
bœuf	בָּקָר ז׳
boire	שָׁתָה
boire à satiété	שָׁכַר
bois	חֹרֶשׁ ז׳
boîte	תֵּבָה נ׳
bon	טוֹב
être bon	טוֹב [טוב], יָטַב
bonté	חֶסֶד ז׳, טוּב ז׳
bord	זֵר ז׳
bordure	זֵר ז׳
bouche	פֶּה ז׳ (פִּי־)
boucher	טַבָּח ז׳
bourreau	טַבָּח ז׳
bout	קָצֶה ז׳ (קְצֵה־)
au bout de	מִקֵּץ
bras	זְרוֹעַ נ׳
brèche	בֶּדֶק ז׳

briller	אוֹר [אור], הֵאִיר [אור]
briser	שִׁבֵּר
se briser, être brisé	נִשְׁבַּר
bruit	רַעַשׁ ז׳
faire du bruit	רָעַם
brûler	שָׂרַף, יָצַת
être brûlé	נִצַּת [יצת]

C

cabane	סֻכָּה נ׳
cacher	הִסְתִּיר
se cacher	הִסְתַּתֵּר, הִתְחַבֵּא
Caïn	קַיִן
campagne	שָׂדֶה ז׳ שָׂדוֹת
Canaan	כְּנַעַן
Cananéen	כְּנַעֲנִי
car	כִּי
casque	כּוֹבַע ז׳
cause	
à cause de	בִּגְלַל, בַּעֲבוּר, לְמַעַן
caverne	מְעָרָה נ׳
ce, cet, cette	זֶה , זֹאת
ce que	אֲשֶׁר
cèdre	אֶרֶז ז׳
Cédron	קִדְרוֹן
ceinture	חֵשֶׁב ז׳
célébrer	הִלֵּל
célébrer une fête	חָגַג
être célébré	הֻלַּל
celui-ci, celle-ci	זֶה, זֹאת
celui qui	אֲשֶׁר
cent	מֵאָה נ׳ מֵאוֹת
cercle	כִּכָּר נ׳
certes	אַךְ, אִם
ces	אֵלֶּה
ceux-ci, celles-ci	אֵלֶּה
chair	בָּשָׂר ז׳
Chaldée	כַּשְׂדִּים
Chaldéens	כַּשְׂדִּים
Cham	חָם
chameau	גָּמָל ז׳ ou נ׳
champ	שָׂדֶה ז׳ שָׂדוֹת
chanter	שָׁר [שיר], רָנַן
chasser	גֵּרֵשׁ
être chassé	נִכְרַת
chef	רֹאשׁ ז׳ רָאשִׁים, נָגִיד ז׳
chemin	דֶּרֶךְ ז׳ ou נ׳ דְּרָכִים
chercher	דָּרַשׁ, בִּקֵּשׁ, פָּקַד
être cherché	בֻּקַּשׁ
chérubin	כְּרוּב ז׳
cheval	סוּס ז׳
chèvre	עֵז נ׳
chèvres	צֹאן ז׳ ou נ׳
Chichak	שִׁישַׁק
Chiméi	שִׁמְעִי
choisir	בָּחַר
chose	דָּבָר ז׳ דְּבָרִים
ciel, cieux	שָׁמַיִם ז׳ ר׳
cinq	חָמֵשׁ נ׳ חֲמִשָּׁה ז׳
cinquante	חֲמִשִּׁים ז׳ ou נ׳
cinquième	חֲמִישִׁי ז׳ חֲמִישִׁית נ׳

circonférence	כִּכָּר נ׳
cœur	לֵב ז׳ לְבּוֹת
coffre	אֲרוֹן ז׳ ou נ׳
colère	זַעַף ז׳
colline	גִּבְעָה נ׳
colonne	עַמּוּד ז׳
combattre	לָחַם, נִלְחַם
commandement	מִצְוָה נ׳ מִצְוֹת
commander	צִוָּה
comme	כְּ, כְּמוֹ, כַּאֲשֶׁר
comme !	אֵיךְ
commencer	הֵחֵל [חלל]
être commencé	הֻחַל [חלל]
comment ?	אֵיךְ
communauté	עֵדָה נ׳
compassion	רַחֲמִים ז׳ ר׳
avoir compassion	חוֹנֵן [חנן]
compatir	חָנַן
compter sur	יִחֵל
concevoir	הָרָה
conduire	הוֹלִיךְ [הלך]
confesser	הִתְוַדָּה [ידה]
confiance	בֶּטַח ז׳
avoir confiance	בָּטַח
confirmer	קִיֵּם [קום]
connaissance	דַּעַת ז׳ ou נ׳
connaître	יָדַע
se faire connaître	הִתְוַדַּע [ידע]
être connu	נוֹדַע [ידע]
consacrer	קִדֵּשׁ
être consacré	קֻדַּשׁ
consentir	אָבָה
considérer	הִתְבּוֹנֵן [בין]
consoler	נִחַם
construire	בָּנָה
consumer	יֵרֵשׁ
content	שָׂמֵחַ
contre	אֶל (אֶל־)
convoquer	הִקְהִיל, שִׁמַּע
cor	שׁוֹפָר ז׳
corbeau	עֹרֵב ז׳
côté	צַד ז׳
coucher (se)	שָׁכַב
être couché	שָׁכַב
couler	זָב [זוב]
coupe	סַף ז׳
couper	כָּרַת
être coupé	נִכְרַת
cour	חָצֵר ז׳ ou נ׳
courber	כָּפַף
couronne	זֵר ז׳, עֲטָרָה נ׳
coutume	חֻקָּה נ׳
couvrir	כִּסָּה
craindre	יָרֵא, יָגֹר
être craint	נוֹרָא [ירא]
crainte	פַּחַד
cri	שַׁוְעָה נ׳, זְעָקָה נ׳
cris de joie	שִׂמְחָה נ׳
pousser des cris	הֵרִיעַ [רוע], הִתְרֹנֵן

crier	צָעַק, צָעֵק
crime	פֶּשַׁע ז׳
croître	פָּרַץ
cruche	פַּךְ ז׳
cuire (au four)	אָפָה
culte	עֲבֹדָה נ׳
rendre un culte	עָבַד

D

Dagon	דָּגוֹן
daman	שָׁפָן ז׳
Dan	דָּן
Daniel	דָּנִיֵּאל et דָּנִאֵל
dans	בְּ
Darius	דָּרְיָוֶשׁ
David	דָּוִד
de	מִן־
Déborah	דְּבוֹרָה
debout	עוֹמֵד
se tenir debout	עָמַד
déchoir	יָרַד
décider	שָׁפַט
découvrir	גָּלָה, גִּלָּה, חָשַׂף
être à découvert	נִגְלָה
se découvrir	הִתְגַּלָּה
degré	עוֹלָה et עֹלָה נ׳
délaisser	נָטַשׁ, עָזַב
délibérer	הִתְיָעֵץ
délices	חֵשֶׁק ז׳
délivrance	יְשׁוּעָה נ׳

délivrer	הִצִּיל [נצל], פָּדָה
se délivrer	נִצַּל [נצל]
demain	מָחָר
demander	שָׁאַל
demeure	מִשְׁכָּן ז׳
demeurer	יָשַׁב, שָׁכַן, גָּר [גור]
faire demeurer	הִשְׁכִּין
démolir	הָרַס
dépeupler	בָּקַק
être dépeuplé	נָבַק [בקק]
déplaire	רָעַע
déployer	חָשַׂף
déporter	הִגְלָה
être déporté	הָגְלָה
dernier	אַחֲרוֹן, צָעִיר
dérober	גָּנַב
derrière	אַחַר, אַחֲרֵי, אַחֲרוֹן
descendance	זֶרַע ז׳
descendre	יָרַד
être descendu	הוּרַד [ירד]
faire descendre	הוֹרִיד [ירד]
désert	מִדְבָּר ז׳, יְשִׁימוֹן ז׳
désir	חֵשֶׁק ז׳
désirer	בִּקֵּשׁ, אָהַב, חָפֵץ
désoler	הֶאֱבִיל, שִׁדֵּד
être désolé	אָבַל, הִתְאַבֵּל
dessécher	יָבֵשׁ
destruction	הֲפֵכָה נ׳
détourner	הֵסֵב [סבב]

détruire שָׁדַד, שׁוֹדֵד [שׁדד], הִשְׁחִית

être détruit שֻׁדַּד

deuil אֵבֶל ז׳

être en deuil אָבַל, הִתְאַבֵּל

deux שְׁנַיִם ז׳, שְׁתַּיִם נ׳

deuxième שֵׁנִי ז׳, שֵׁנִית נ׳

devant לִפְנֵי, נֶגֶד, נֹכַח

au-devant de לִקְרַאת

dévaster שָׁדַד, שִׁחֵת

dévoiler גִּלָּה

être dévoilé גֻּלָּה

diadème עֲטָרָה נ׳

Dieu אֵל, אֱלֹהִים

diminuer קָלַל

dire אָמַר, דָּבַר, דִּבֵּר, הִגִּיד [נגד]

ce qui est dit נְאֻם ז׳

disperser פֵּרַץ

dix עֲשָׂרָה ז׳, עֶשֶׂר נ׳

dix-huit שְׁמֹנָה עָשָׂר ז׳, שְׁמֹנֶה עֶשְׂרֵה נ׳

dixième עֲשִׂירִי ז׳, עֲשִׂירִית נ׳

dix-neuf תִּשְׁעָה עָשָׂר ז׳, תְּשַׁע עֶשְׂרֵה נ׳

dix-sept שִׁבְעָה עָשָׂר ז׳, שְׁבַע עֶשְׂרֵה נ׳

domination מֶמְשָׁלָה נ׳

don תְּרוּמָה נ׳

donner נָתַן

être donné נִתַּן [נתן]

il sera donné יֻתַּן [נתן]

dont אֲשֶׁר

dos גֵּו ז׳

douleur מַכְאוֹב ז׳

doux עָנָו

rendre doux חִנֵּן

douze שְׁנֵים עָשָׂר ז׳, שְׁתֵּים עֶשְׂרֵה נ׳

dresser הֵקִים [קום], לִמֵּד

être dressé הוּקַם [קום], לֻמַּד

droit יָשָׁר

être droit יָשַׁר

rendre droit יִשֵּׁר, הֵישִׁיר [ישׁר]

marcher droit יָשַׁר

droit (le) חֹק ז׳ חֻקִּים, מִשְׁפָּט

droite (la) יָמִין

aller à droite הֵימִין [ימן]

droiture צֶדֶק ז׳, צְדָקָה נ׳

dur חָזָק, קָשֶׁה

être dur חָזַק

rendre dur הִקְשָׁה

E

eau מַיִם ז׳ ר׳

Ében-Ézer אֶבֶן הָעֵזֶר

écarter (s') סָר [סור]

éclairer אוֹר [אור]

éclater צָלַח

écouter שָׁמַע, הֶאֱזִין

écraser דִּכֵּא

être écrasé הֻדַּכָּא

écrire כָּתַב

être écrit נִכְתַּב

Édom אֱדֹם

effrayer יֵרָא

Égypte (l') מִצְרַיִם

Égyptien	מִצְרִי
élever	נָשָׂא, גִּדֵּל, הִגְבִּיהַּ, רוֹמֵם [רום]
être élevé	גָּדַל, גָּבַהּ
s'élever	נָשָׂא, הִתְנַשֵּׂא
s'élever contre	הִתְקוֹמֵם [קום]
Éliakim	אֶלְיָקִים
Élie	אֵלִיָּהוּ et אֵלִיָּה
élire	בָּחַר
Élisée	אֱלִישָׁע
elle	הִיא
elles	הֵנָּה et הֵן
Elqana	אֶלְקָנָה
emmener	הוֹלִיךְ
être emmené (hors de)	הוּצָא [יצא]
empêcher	חָשַׂךְ
emplir	מִלֵּא
en	בְּ
enceinte	הָרָה
être enceinte	הָרָה
encore	עוֹד
endormir (s')	יָשֵׁן
endroit	מָקוֹם ז׳ ou נ׳ מְקוֹמוֹת
en cet endroit	שָׁם
endurcir	חִזֵּק, הִקְשָׁה
enfant	יֶלֶד ז׳ יְלָדִים
jeune enfant	עוֹלָל et עוֹלֵל ז׳
enfanter	יָלַד
enflammer	יָצַת
enfuir (s')	בָּרַח
engendrer	יָלַד
engraissé	בָּרִיא
enivrer (s')	הִשְׁתַּכֵּר
enlever	גָּנַב
ennemi	אוֹיֵב ז׳
enseigner	לִמֵּד
ensemble	יַחְדָּו et יַחְדָּיו
ensuite	אַחַר
entendre	שָׁמַע
être entendu	נִשְׁמַע
faire entendre	הִשְׁמִיעַ
enterrer	קָבַר
être enterré	נִקְבַּר
entourer	סָבַב
être entouré	הֻסַב [סבב]
entre	בֵּין
d'entre	מֵעִם
entrer	בָּא [בוא]
faire entrer	הֵבִיא [בוא]
environ	כְּ
envoyer	שָׁלַח, שִׁלַּח
épée	חֶרֶב נ׳ חֲרָבוֹת
Éphraïm	אֶפְרַיִם
Éphraïmite	אֶפְרָתִי
Éphratien	אֶפְרָתִי
épi	שִׁבֹּלֶת נ׳ שִׁבֳּלִים
époque	עֵת נ׳ou ז׳ עִתִּים
ériger	הֵקִים [קום]
être érigé	הוּקַם [קום]
Ésaü	עֵשָׂו
esclave	עֶבֶד ז׳ עֲבָדִים

espérer	יִחֵל
esprit	רוּחַ נ׳
essayer	הוֹאִיל [יאל]
est (l')	מִזְרָח ז׳, קֶדֶם
et	וְ
établir	הִפְקִיד, יִשֵּׁב, הֵקִים [קום]
être établi	הָפְקַד
étendre (pour servir de lit)	הִצִּיעַ [יצע]
étendre la main	שָׁלַח יָד
s'étendre	פָּרַץ
étendue	רָקִיעַ ז׳
Éternel (l')	יְהוָה
éternité	עוֹלָם ז׳
étranger	גֵּר ז׳
être	הָיָה
il est	יֵשׁ (יֶשׁ־)
étudier	לָמַד
eunuque	סָרִיס ז׳
eux	הֵם et הֵמָּה
évanouir (s')	נָמַק [מקק]
éveiller (s')	יָקַץ
exalter	רוֹמֵם [רום]
examiner	פָּקַד, בִּקֵּשׁ, חָקַר
être examiné	נִפְקַד, בֻּקַּשׁ
exaucer	שָׁמַע
être exaucé	נִשְׁמַע
exister	הָיָה
expier	כִּפֶּר
être expié	כֻּפַּר
exterminer	הִכְרִית
extrémité	קָצֶה ז׳ (קְצֵה), קֵץ ז׳
Ézéchias	חִזְקִיָּהוּ et חִזְקִיָּה

F

fabriquer	יָצַר
face	פָּנִים ז׳ ר׳
en face	נֶגֶד, נֹכַח
facile	
être facile	נָקַל [קלל]
faible	דַּל
être faible	דָּלַל, פִּגֵּר
faim	רָעָב ז׳
faire	עָשָׂה
bien faire	הֵיטִיב [יטב]
famille	מִשְׁפָּחָה נ׳
famine	רָעָב ז׳
fausseté	שֶׁקֶר ז׳
faute	עָוֹן ז׳ עֲוֹנוֹת
faveur	חֵן ז׳, רָצוֹן ז׳
en faveur de	בַּעַד et בְּעַד, לְמַעַן
femelle (féminin)	נְקֵבָה
femme	אִשָּׁה נ׳ נָשִׁים
fête	חַג et חָג ז׳
fête des cabanes	חַג הַסֻּכּוֹת
célébrer une fête	חָגַג
fêter	חָגַג
feu	אֵשׁ נ׳
feuillage	חֹרֶשׁ ז׳
feuille (de métal)	פַּח ז׳
fidèle	נֶאֱמָן

fidélité	אֱמוּנָה נ׳
fierté	גֹּבַהּ ז׳
figure	צֶלֶם ז׳
filet	מוֹקֵשׁ ז׳, פַּח ז׳
fille	בַּת נ׳ בָּנוֹת
jeune fille	נַעֲרָה נ׳
fils	בֵּן ז׳ בָּנִים
fin	קֵץ ז׳, אֶפֶס ז׳
à la fin	מִקֵּץ
finir	תַּם [תמם]
fiole	פַּךְ ז׳
fissure	בֶּדֶק ז׳
fixer	הִצִּיב [יצב]
être fixé	יֻצַּר
fleuve	נָהָר ז׳ נְהָרוֹת et נְהָרִים, נַחַל ז׳
fonder	כּוֹנֵן [כון]
être fondé	נָכוֹן [כון]
fondre	יָצַק
se fondre	נָמַס [מסס]
être fondu	הֻצַּק [יצק]
force	חֹזֶק ז׳, חַיִל ז׳
forêt	חֹרֶשׁ ז׳
forger	יָצַר
être forgé	הוּצַּר [יצר]
former	יָצַר
être formé	נוֹצַר [יצר]
fort	חָזָק
être fort	חָזַק
fortifier	חִזֵּק
fou	סָכָל
fouler	דָּרַךְ
frappé	חָלָל ז׳
frère	אָח ז׳ אַחִים
front	מֵצַח ז׳
frontière	גְּבוּל et גְּבֻל ז׳
fruit	פְּרִי ז׳, תְּבוּאָה נ׳
fuir	נִמְלַט, בָּרַח

G

Gad	גָּד
gai	שָׂמֵחַ
être gai	שָׂמֵחַ et שָׂמַח
Galaad	גִּלְעָד
garçon	נַעַר ז׳
garde (f.)	מִשְׁמֶרֶת נ׳
prendre garde	נִשְׁמַר
garde (m.)	טַבָּח ז׳
garder	שָׁמַר
être gardé	נִשְׁמַר
gardien	שׁוֹמֵר ז׳
Garizim	גְּרִזִּים
gauche (la)	שְׂמֹאל et שְׂמֹאול
gémir	הֵילִיל [ילל]
génération	דֹּר et דּוֹר ז׳
genêt	רֹתֶם ז׳
genévrier	רֹתֶם ז׳
glaive	חֶרֶב נ׳ חֲרָבוֹת
gloire	כָּבוֹד ז׳
glorifier	כִּבֵּד
être glorifié	כֻּבַּד, נִקְדַּשׁ
goûter	טָעַם

grâce	חֵן ז׳
faire grâce	חָנַן, חִנֵּן
implorer la grâce	הִתְחַנֵּן
grâcier	
être grâcié	הֻחַן [חנן]
graisse	חֵלֶב ז׳, שֶׁמֶן ז׳
grand adj.	גָּדוֹל, רַב
grand n.	שַׂר ז׳ שָׂרִים
grandir	גָּדַל
faire grandir	גִּדֵּל
rendre grand	הִגְדִּיל
gras	בָּרִיא
guérir	נִרְפָּא
être guéri	נִרְפָּא
guerre	מִלְחָמָה נ׳
se faire la guerre	נִלְחַם
guerrier	גִּבּוֹר ז׳

H

habiter	יָשַׁב
faire habiter	הוֹשִׁיב [ישב]
Hachila	חֲכִילָה
Haggith	חַגִּית
haïr	אָיַב, שָׂנֵא
Haran	חָרָן
hâter (se)	מִהֵר
haut	גָּבֹהַּ
être haut	גָּבַהּ
hauteur	גֹּבַהּ ז׳
Hébron	חֶבְרוֹן
Hechbon	חֶשְׁבּוֹן
herbe	עֵשֶׂב ז׳
héritage	נַחֲלָה נ׳
héros	גִּבּוֹר ז׳
Hilqiya	חִלְקִיָּהוּ et חִלְקִיָּה
holocauste	עוֹלָה et עֹלָה נ׳
homme	אִישׁ ז׳ אֲנָשִׁים , אָדָם
jeune homme	בָּחוּר
honneur	כָּבוֹד ז׳
honteux	
être honteux	בּוֹשׁ [בוש]
Hophra	חָפְרַע
hormis	בִּלְעֲדֵי
hors	בִּלְתִּי
huile	שֶׁמֶן ז׳
huit	שְׁמֹנָה ז׳, שְׁמֹנֶה נ׳
huitième	שְׁמִינִי ז׳, שְׁמִינִית נ׳
humble	עָנָו
hurler	הֵילִיל [ילל]

I

Ich-Bochet	אִישׁ בֹּשֶׁת
ici	פֹּה
ici et là	אָנֶה וָאָנָה
idole	צֶלֶם ז׳
il	הוּא
illuminer	הֵאִיר [אור]
ils	הֵם et הֵמָּה
image	צֶלֶם ז׳
image taillée	פֶּסֶל ז׳
immoler	זָבַח
immonde	טָמֵא
impie	רָשָׁע

implorer	
implorer la grâce	הִתְחַנֵּן
impur	טָמֵא
être impur	טָמֵא
se rendre impur	הִטַּמֵּא
incendier	הִצִּית [יצת]
indigène	אֶזְרָח ז׳
indolent	שַׁאֲנָן
inflexible	קָשֶׁה
inique	רָשָׁע
insensé	סָכָל
insolence	גֹּבַהּ ז׳
instruire	לִמֵּד
instrument	כְּלִי ז׳ כֵּלִים
intervenir	פָּקַד
intimider	יֵרֵא
invoquer	קָרָא
Isaac	יִצְחָק
Isaï	יִשַׁי
Ismaël	יִשְׁמָעֵאל
Ismaélite	יִשְׁמְעֵאלִי
Israël	יִשְׂרָאֵל
Issachar	יִשָּׂשכָר

J

Jacob	יַעֲקֹב
Jakhath	יַחַת
jaloux	קַנָּא
être jaloux	קִנֵּא
Japhet	יֶפֶת
jardin	גַּן ז׳ ou נ׳
javelot	רֹמַח ז׳
je	אֲנִי et אָנֹכִי ז׳ ou נ׳
Jérémie	יִרְמְיָהוּ
Jéroboam	יָרָבְעָם
Jérusalem	יְרוּשָׁלַיִם
jeune	צָעִיר
jeune fille	נַעֲרָה נ׳
Joab	יוֹאָב
Job	אִיּוֹב
joie	שִׂמְחָה נ׳
cris de joie	שִׂמְחָה נ׳
donner de la joie	שִׂמַּח
Joseph	יוֹסֵף
Josué	יְהוֹשֻׁעַ et יְהוֹשׁוּעַ
Jotam	יוֹתָם
joug	עֹל et עוֹל ז׳
jour	יוֹם ז׳ יָמִים
Jourdain (le)	יַרְדֵּן
joyeux	שָׂמֵחַ
Juda	יְהוּדָה
juge	שׁוֹפֵט ז׳
jugement	מִשְׁפָּט ז׳
juger	שָׁפַט
être jugé	נִשְׁפַּט
jurer	שָׁבַע, נִשְׁבַּע
faire jurer	הִשְׁבִּיעַ
jusque, jusqu'à	עַד
juste	צַדִּיק
être juste	צָדַק
se justifier	הִצְטַדֵּק

justice — צֶדֶק ז׳, צְדָקָה נ׳
  faire justice — שָׁפַט
  exercer la justice — נִשְׁפַּט

K

—

L

là — שָׁם
Laban — לָבָן
Lachis — לָכִישׁ
laisser — נָטַשׁ
  être laissé — הֻצַּג [יצג]
  laisser en vie — הֶחֱיָה
lait — חָלָב ז׳
lamenter (se) — הֵילִיל [ילל]
lampe — נֵר ז׳ נֵרוֹת
lance — רֹמַח ז׳
lancer — שִׁלַּח
  lancer des pierres — רָגַם
langue — שָׂפָה נ׳ ou ז׳ שְׂפָתוֹת
languir — נָמַק [מקק]
lapider — רָגַם
lapin — שָׁפָן ז׳
larmes — בְּכִי ז׳
las — עָיֵף
  être las — פִּגֵּר
léger — קַל
  être léger — קָלַל, נָקַל [קלל]
  rendre léger — הֵקַל [קלל]
lendemain (le) — מָחָר
lettre — סֵפֶר ז׳ סְפָרִים
levant (le) — מִזְרָח ז׳
lever — נָשָׂא, הֵרִים [רום]
  se lever — קוּם, הִתְנַשֵּׂא
  se lever de bon matin — הִשְׁכִּים
Lévi — לֵוִי
Lévite — לֵוִי לְוִיִּם
lèvre — שָׂפָה נ׳ שְׂפָתַיִם
libérer — גָּאַל
lieu — מָקוֹם ז׳ ou נ׳ מְקוֹמוֹת
  lieu fort — מְצַד ז׳ מְצָדוֹת
limite — גְּבוּל et גְּבֻל ז׳
lire — קָרָא
  être lu — נִקְרָא
livre — סֵפֶר ז׳ סְפָרִים
livrer — נָתַן
  être livré — נִתַּן [נתן]
loi — תּוֹרָה נ׳, חֹק ז׳ חֻקִּים, חֻקָּה נ׳
Lot — לוֹט
loué — בָּרוּךְ
louer — בָּרַךְ, הִלֵּל, בֵּרֵךְ, הִתְוַדָּה [ידה]
  être loué — הִתְהַלֵּל, בֹּרַךְ
  se louer — הִתְהַלֵּל
lourd — כָּבֵד
lui — הוּא
lumière — אוֹר ז׳, נֵר ז׳ נֵרוֹת
lutter — לָחַם

M

main — יָד נ׳ יָדַיִם
maintenant — עַתָּה
mais — אַךְ, אִם

maison	בַּיִת ז׳ בָּתִּים
maître	שַׂר ז׳ שָׂרִים
majestueux	אַדִּיר
mal	רַע ז׳, רָעָה נ׳
être mal	רָעַע
faire le mal	הֵרַע [רעע]
mâle (masculin)	זָכָר
malheur	רַע ז׳, רָעָה נ׳
Manassé	מְנַשֶּׁה
manger	אָכַל
être mangé	נֶאֱכַל
se manger	נֶאֱכַל
manière	דֶּרֶךְ נ׳ ou ז׳
de cette manière	כֹּה, כֵּן
manquer	חָסֵר, חָטָא, נִכְרַת
marcher	הָלַךְ, דָּרַךְ, הִלֵּךְ
marcher droit	יָשַׁר
matin	בֹּקֶר ז׳
maudire	אָרַר, קָבַב
mauvais	רַע
être mauvais	רָעַע
méchanceté	רָעָה נ׳
méchant	רָשָׁע
Médie	מָדַי
méditation	חֵקֶר ז׳
meilleur (le)	טוֹב ז׳
même	גַּם, עֶצֶם ז׳ et נ׳
mensonge	שֶׁקֶר ז׳
mépriser	מָאַס, הֵקַל [קלל]

mer	יָם ז׳ יַמִּים
la mer Rouge	יַם־סוּף
mère	אֵם נ׳
messager	מַלְאָךְ ז׳
messie	מָשִׁיחַ
mesurer	מָדַד
être mesuré	נָמַד [מדד]
mettre	שִׂים, נָתַן, סָמַךְ, הִצִּיב [יצב]
midi (direction)	נֶגֶב
miel	דְּבַשׁ ז׳
milieu	תָּוֶךְ ז׳ (תּוֹךְ), גֵּו ז׳
Milka	מִלְכָּה
mille	אֶלֶף ז׳ אֲלָפִים
dix mille	רְבָבָה נ׳, רִבּוֹ et רִבּוֹא נ׳
misère	עֳנִי ז׳
être réduit à la misère	נוֹרַשׁ [ירש]
miséricorde	רַחֲמִים ז׳ ר׳
faire miséricorde	רִחֵם
mission	מְלָאכָה נ׳
Mitspa	מִצְפָּה
Moab	מוֹאָב
moi	אֲנִי et אָנֹכִי ז׳ ou נ׳
mois	חֹדֶשׁ ז׳ חֳדָשִׁים
Moïse	מֹשֶׁה
monde	עוֹלָם ז׳
montagne	הַר ז׳ הָרִים
monter	עָלָה
faire monter	הֶעֱלָה
montrer	הֶרְאָה et הִרְאָה

morceau פַּת נ׳

mort (la) מָוֶת ז׳

mourir מֵת [מות]

  faire mourir הֵמִית [מות]

mulet פֶּרֶד ז׳

multitude קָהָל ז׳

mur חוֹמָה נ׳, קִיר ז׳ קִירוֹת

myriade רְבָבָה נ׳, רִבּוֹ et רִבּוֹא נ׳

N

Nahor נָחוֹר

naissance מוֹלֶדֶת נ׳

naître נוֹלַד [ילד]

Nathan נָתָן

nation גּוֹי ז׳ גּוֹיִם

ne...pas לֹא, אֵין

Néko נְכֹה et נְכוֹ

Nephtali נַפְתָּלִי

neuf תִּשְׁעָה ז׳, תֵּשַׁע נ׳

neuvième תְּשִׁיעִי ז׳, תְּשִׁיעִית נ׳

Noé נֹחַ

nom שֵׁם ז׳ שֵׁמוֹת

nombreux (pluriel) רַבִּים

nord צָפוֹן נ׳ ou ז׳

nourisson יוֹנֵק ז׳

nourriture לֶחֶם ז׳, אָכְלָה נ׳, מַאֲכָל ז׳

nous אֲנַחְנוּ et נַחְנוּ ז׳ ou נ׳

nouveau חָדָשׁ

nouvelle שְׁמוּעָה נ׳

nuage עָנָן ז׳ עֲנָנִים

nuée עָנָן ז׳ עֲנָנִים

nuit לַיְלָה ז׳ לֵילוֹת

  passer la nuit לָן [לין]

O

Obadiah עֹבַדְיָהוּ et עֹבַדְיָה

observer שָׁמַר

œil עַיִן נ׳ עֵינַיִם

œuvre מַעֲשֶׂה ז׳

offrande מִנְחָה נ׳, תְּרוּמָה נ׳

oindre מָשַׁח

oint מָשִׁיחַ

oiseau עוֹף ז׳

olivier זַיִת ז׳ זֵתִים (זֵיתִים)

oncle (frère du père) דּוֹד ז׳

onze אַחַד עָשָׂר ז׳, אַחַת עֶשְׂרֵה נ׳

opprimer דִּכֵּא

  être opprimé הֻדַּכָּא

or זָהָב ז׳

oracle נְאֻם ז׳

ordonner צִוָּה

ordre אֹמֶר ז׳

  en ordre de bataille חָמוּשׁ

oreille אֹזֶן נ׳ אָזְנַיִם

  prêter l'oreille הֶאֱזִין

orient (l') מִזְרָח ז׳, קֶדֶם

os עֶצֶם ז׳ et נ׳

ou אוֹ, אִם

où ? אֵיפֹה, אֵי et אַיֵּה

  d'où ? מֵאַיִן

oublier	שָׁכַח
être oublié	נִשְׁכַּח
outre	בִּלְעֲדֵי
ouvrage	מַעֲשֶׂה ז׳, מְלָאכָה נ׳
ouvrir	פָּתַח, גִּלָּה

P

pacte	אֲמָנָה נ׳
Padan-Aram	פַּדַּן אֲרָם
paille	תֶּבֶן ז׳
pain	לֶחֶם ז׳
paix	שָׁלוֹם ז׳
palais	הֵיכָל ז׳ ou נ׳
palper	לָפַת
par	בְּ
parce que	כִּי
pardonner	סָלַח
être pardonné	נִסְלַח, כֻּפַּר
prêt à pardonner	סַלָּח
parler	דִּבֶּר, דָּבַר, אָמַר
parmi	בְּ
parole	דָּבָר ז׳, אֹמֶר ז׳, אִמְרָה נ׳
part	חֵלֶק ז׳
de la part de	מֵעִם
partage	חֵלֶק ז׳, נַחֲלָה נ׳
parvenir	מָצָא
faire parvenir	הִמְצִיא
passer	עָבַר
faire passer	הֶעֱבִיר
passer la nuit	לָן [לין]
patrie	מוֹלֶדֶת נ׳
pauvre	דַּל דַּלִּים
être pauvre	דָּלַל
payer	שִׁלֵּם
être payé	שֻׁלַּם
pays	אֶרֶץ נ׳ אֲרָצוֹת
peau	עוֹר ז׳ עוֹרוֹת
péché	עָוֹן ז׳ עֲוֹנוֹת, חַטָּאת נ׳
pécher	חָטָא
Peniel, Penuel	פְּנִיאֵל et פְּנוּאֵל
perdre	אִבֵּד
se perdre	אָבַד
père	אָב ז׳ אָבוֹת
périr	אָבַד, מֵת [מות]
persister (à)	הוֹאִיל [יאל]
petit	קָטָן et קָטֹן, צָעִיר
peu	מְעַט et מְעָט
un peu	מְעַט et מְעָט
peuple	עַם ז׳ עַמִּים, גּוֹי ז׳
peur	יִרְאָה נ׳
avoir peur	יָרֵא
peut-être	אוּלַי
Pharaon	פַּרְעֹה
Philistin	פְּלִשְׁתִּי
Pichol	פִּיכֹל
pied	רֶגֶל נ׳ רַגְלַיִם
plante du pied	כַּף רֶגֶל נ׳
piège	מוֹקֵשׁ ז׳, פַּח ז׳
tomber dans un piège	נוֹקַשׁ [יקש]
tendre un piège	יָקֹשׁ
pierre	אֶבֶן נ׳ אֲבָנִים, צוּר ז׳

lancer des pierres	רָגַם
piller	בָּזַז
être pillé	נָבַז [בזז]
pitié	רַחֲמִים ז׳ ר׳
avoir pitié	רִחֵם
place	מָקוֹם ז׳ ou נ׳
à la place de	תַּחַת
placer	הֶעֱמִיד, יִשֵּׁב, הִצִּיב [יצב]
être placé	הָעֳמַד, נִצַּב [יצב]
être placé dessous	הֻצַּע [יצע]
se placer	הִתְיַצֵּב
plainte	שַׁוְעָה נ׳, זְעָקָה נ׳
plaire	יָטַב
plaisir	רָצוֹן ז׳, שִׂמְחָה נ׳
planche	קֶרֶשׁ ז׳
plante	צֶמַח ז׳
plante du pied	כַּף רֶגֶל נ׳
planter	נָטַע
être planté	הֻצַּב [יצב]
pleurer	בָּכָה
pleurs	בְּכִי ז׳
plier	כָּפַף
pluie	גֶּשֶׁם ז׳
point	בִּלְתִּי
porte	דֶּלֶת נ׳ דְּלָתוֹת
poser	שִׂים, הִצִּיק [יצק]
possession	רְכוּשׁ ז׳
prendre possession	יָרַשׁ, הוֹרִישׁ [ירשׁ]
Potiphar	פּוֹטִיפַר
pour	לְ, בַּעֲבוּר
pourquoi ?	לָמָה, לָמָּה, לָמֶה, מַדּוּעַ
poursuivre	רָדַף
pousser	הָדַף
pousser des cris	הִתְרֹנֵן, הֵרִיעַ [רוע]
poussière	עָפָר ז׳
pouvoir	יָכֹל
précepte	מִצְוָה נ׳
précieux	יָקָר, נֶחְמָד
prélever	הֵרִים [רום]
premier	רִאשׁוֹן
prendre	לָקַח
être pris	נִלְקַח, לֻקַּח
prendre en aversion	שָׂנֵא
prendre possession	יָרַשׁ, הוֹרִישׁ [ירשׁ]
préparer	הֵכִין
être préparé	נָכוֹן [כון]
préposer	הִפְקִיד
être préposé	הָפְקַד, נִצַּב [יצב]
près	קָרוֹב
près de	אֵצֶל
être près	קָרֵב et קָרַב
présent (à)	עַתָּה
présent	מִנְחָה נ׳, תְּרוּמָה נ׳
présenter	הִקְרִיב, הִצִּיג [יצג]
être présenté	הָעֳמַד
se présenter	הִתְיַצֵּב
pressoir	גַּת נ׳
prêt	נָכוֹן
prêt à pardonner	סַלָּח
prêter	הִשְׁאִיל

prêter l'oreille — הֶאֱזִין
prêtre — כֹּהֵן ז׳ כֹּהֲנִים
prière — תְּפִלָּה נ׳
prince — שַׂר ז׳ שָׂרִים, נָגִיד ז׳
prison — בֵּית סֹהַר ז׳
prisonnier — אָסִיר ז׳
faire prisonnier — שָׁבָה
priver — חִסֵּר
être privé — חָסֵר
probité — אֱמוּנָה נ׳
procès — מִשְׁפָּט ז׳
entrer en procès — הִתְוַכַּח [יכח]
proche — קָרוֹב
produit (de la terre) — תְּבוּאָה נ׳
profaner — חִלֵּל
promener (se) — הִתְהַלֵּךְ
prophète — נָבִיא ז׳
publier — סִפֵּר
puissance — מֶמְשָׁלָה נ׳
puissant — אַדִּיר, רַב
pur — טָהוֹר
être pur — קָדַשׁ
purifier — הֵבַר [ברר]
se purifier — הִתְקַדֵּשׁ, נָבַר [ברר]

Q

quadruple (au) — אַרְבַּעְתָּיִם
quand ? — מָתַי
quarante — אַרְבָּעִים ז׳ ou נ׳
quatorze — אַרְבָּעָה עָשָׂר ז׳, אַרְבַּע עֶשְׂרֵה נ׳
quatre — אַרְבָּעָה ז׳, אַרְבַּע נ׳
quatre-vingt dix — תִּשְׁעִים ז׳ ou נ׳
quatre-vingts — שְׁמֹנִים ז׳ ou נ׳
quatrième — רְבִיעִי ז׳, רְבִיעִית נ׳
que — אֲשֶׁר, כִּי
qu'est-ce que ? — מַה, מָה, מֶה
qui — אֲשֶׁר
qui ? — מִי
quinze — חֲמִשָּׁה עָשָׂר ז׳, חֲמֵשׁ עֶשְׂרֵה נ׳
quoi ? — מַה, מָה, מֶה
quoique — אִם

R

race — מוֹלֶדֶת נ׳, מִשְׁפָּחָה נ׳, דּוֹר ז׳
Rachel — רָחֵל
racheter — גָּאַל, פָּדָה
raconter — סִפֵּר, הִגִּיד [נגד]
rage — זַעַף ז׳
raison — שֵׂכֶל et שֶׂכֶל ז׳
avoir raison — צָדַק
ramener — הֵשִׁיב [שוב]
rapporter — הֵשִׁיב [שוב]
rare — יָקָר
rassasier — הִשְׂבִּיעַ
se rassasier — שָׂבַע
être rassasié — שָׂבַע
rassembler (se) — נִקְבַּץ, הִתְקַבֵּץ
rat des champs — עַכְבָּר ז׳
ravager — שִׁדֵּד
être ravagé — שֻׁדַּד
rebâtir — קוֹמֵם [קום]
Rébecca — רִבְקָה

recenser	פָּקַד
être recensé	הִתְפָּקֵד
recherche	חֵקֶר ז׳
rechercher	דָּרַשׁ, חָקַר
être recherché	נִדְרַשׁ
récompenser	שִׁלֵּם
être récompensé	שֻׁלַּם
reconnaître	יָדַע
être reconnu	נוֹדַע [ידע]
recueillir	קָבַץ
être recueilli	נִקְבַּץ
redouter	יָגֹר
redresser	זָקַף
réduire	הִקְטִין
être réduit à la misère	נוֹרַשׁ [ירשׁ]
règne	מַלְכוּת נ׳, מְלוּכָה נ׳
régner	מָלַךְ
rejeter	מָאַס
réjouir	שִׂמַּח
se réjouir	גּוּל et גִּיל, שִׂישׂ, שָׂמַח
relever	קוֹמֵם [קום], זָקַף
remplir	מִלֵּא
être rempli	מֻלָּא
ce qui remplit	מְלוֹא et מְלֹא ז׳
rencontre	מוֹעֵד ז׳
rendre	הֵשִׁיב
rendre un culte	עָבַד
rendre doux	חִנֵּן
rendre droit	יִשֵּׁר, הֵישִׁיר [ישׁר]
rendre dur	הִקְשָׁה

rendre léger	הֵקַל [קלל]
rendre sec	יִבֵּשׁ
renverser	הָרַס, הִפִּיל [נפל]
renvoyer	שִׁלַּח
répandre	שָׁפַךְ, יָצַק
se répandant	מִתְלַקַּחַת
réparer	חִזֵּק
répondre	עָנָה
restaurer	שׁוֹבֵב
être restauré	שׁוֹבַב [שׁוב]
reste (le)	שְׁאֵרִית et שֵׁרִית נ׳
rester	נוֹתַר [יתר], לָן [לין]
rester en vie	חָיָה
retenir	חָשַׂךְ
retentir	רָעַם
retirer	הִכְרִית
se retirer	סָר [סור]
retourner	שׁוּב, הָפַךְ, סִבֵּב
réunion	מוֹעֵד ז׳
rêve	חֲלוֹם ז׳ חֲלוֹמוֹת
révéler	גָּלָה
se révéler	נִגְלָה
revenir	שׁוּב
rêver	חָלַם
révérer	יָרֵא
être révéré	נוֹרָא [ירא]
revivre	חָיָה
faire revivre	הֶחֱיָה
riche, le riche	עָשִׁיר ז׳
richesse	עֹשֶׁר ז׳

richesses — נְכָסִים ז׳ ר׳
rocher — צוּר ז׳
roi — מֶלֶךְ ז׳ מְלָכִים
  être roi — מָלַךְ
  faire roi, établir roi — הִמְלִיךְ
  être établi roi — הָמְלַךְ
rompre — שִׁבֵּר
ronger — יֵרֵשׁ
roseau — קָנֶה ז׳
rouge — אָדֹם
  la mer Rouge — יַם־סוּף
route — דֶּרֶךְ ז׳ ou נ׳ דְּרָכִים
royaume — מַלְכוּת נ׳, מְלוּכָה נ׳
rude — קָשֶׁה
ruiner — הִכְרִית, שִׁדֵּד
ruines — בֶּדֶק ז׳
Ruth — רוּת

S

Sabbat — שַׁבָּת נ׳ ou ז׳ שַׁבָּתוֹת
saccager — שָׁדַד
sacrer — מָשַׁח
sacrifice — זֶבַח ז׳
sacrifier — זָבַח
sage — חָכָם חֲכָמִים
sagesse — חָכְמָה נ׳
saint — קָדוֹשׁ
  être saint — קָדַשׁ
sainteté — קֹדֶשׁ ז׳
saisir — לָקַח, צָלַח
Salomon — שְׁלֹמֹה

salut — יְשׁוּעָה נ׳
Samarie — שֹׁמְרוֹן
Samson — שִׁמְשׁוֹן
Samuel — שְׁמוּאֵל
sanctifier — קִדֵּשׁ
  être sanctifié — קֻדַּשׁ, נִקְדַּשׁ
  se sanctifier — הִתְקַדֵּשׁ
sang — דָּם ז׳
sans — בִּלְתִּי, בִּלְעֲדֵי, לְלוֹא et לְלֹא
  sans que — בִּלְתִּי
Saül — שָׁאוּל
sauver — פָּדָה, הִצִּיל [נצל]
  être sauvé — נִצַּל [נצל], הֻצַּל [נצל]
  se sauver — נִמְלַט
savoir — יָדַע
sceptre — מַטֶּה ז׳ ou נ׳ מַטּוֹת
science — דַּעַת ז׳ ou נ׳
sculpter — פָּסַל
sec — יָבֵשׁ
  être sec — יָבֵשׁ
  devenir sec — יָבֵשׁ
  rendre sec — יִבֵּשׁ
sécher — הוֹבִישׁ [יבשׁ]
secourir — עָזַר
secours — חֵזֶק ז׳
Sédécias — צִדְקִיָּהוּ
Seigneur — אֲדֹנָי
seize — שִׁשָּׁה עָשָׂר ז׳, שֵׁשׁ עֶשְׂרֵה נ׳
séjour — מָגוֹר ז׳
  séjour des morts — שְׁאוֹל ז׳ ou נ׳

séjourner	שָׁכַן, גָּר [גור]
selon	כְּ
Sem	שֵׁם
semence	זֶרַע ז׳
Sennachérib	סַנְחֵרִיב
sentinelle	שׁוֹמֵר ז׳
séparer	הִבְדִּיל
sept	שִׁבְעָה ז׳, שֶׁבַע נ׳
septième	שְׁבִיעִי ז׳, שְׁבִיעִית נ׳
septuple (au)	שִׁבְעָתַיִם
serpent	נָחָשׁ ז׳
servante	נַעֲרָה נ׳
service	עֲבֹדָה נ׳
servir	עָבַד
serviteur	נַעַר ז׳, עֶבֶד ז׳ עֲבָדִים
seuil	סַף ז׳
seul	לְבַד
seulement	לְבַד
si	אִם
siècles	עוֹלָם ז׳
siège	כִּסֵּא ז׳ כִּסְאוֹת
signe	אוֹת נ׳ ou ז׳
Sihon	סִיחֹן
Siloh	שִׁלוֹ, שִׁלֹה, שִׁילוֹ, שִׁילֹה
Siméon	שִׁמְעוֹן
Sion	צִיּוֹן
Sinaï	סִינַי
six	שִׁשָּׁה ז׳, שֵׁשׁ נ׳
sixième	שִׁשִּׁי ז׳, שִׁשִּׁית נ׳

socle	אֶדֶן ז׳
Sodome	סְדֹם
sœur	אָחוֹת נ׳ אֲחָיוֹת
soixante	שִׁשִּׁים ז׳ ou נ׳
soixante-dix	שִׁבְעִים ז׳ ou נ׳
solitude	יְשִׁימוֹן ז׳
sonder	חָקַר
être sondé	נֶחְקַר
songe	חֲלוֹם ז׳ חֲלוֹמוֹת
sonner (d'un instrument)	תָּקַע
sortir	יָצָא
faire sortir	הוֹצִיא [יצא]
soudain	פִּתְאֹם
souffle	רוּחַ נ׳, נֶפֶשׁ נ׳ ou ז׳ נְפָשׁוֹת
souffrance	מַכְאוֹב ז׳
souiller (se)	הִטַּמֵּא
soulager	נִחַם
souris	עַכְבָּר ז׳
sous	תַּחַת
soutenir	סָמַךְ
souvenir (se)	זָכַר
statue	פֶּסֶל ז׳
sucer	יָנַק
sud	נֶגֶב
suffisamment	דַּי
suivre	רָדַף
supplication	זְעָקָה נ׳, תְּפִלָּה נ׳
sur	עַל, בְּ, אֶל (אֶל־)

T

tabernacle	מִשְׁכָּן ז׳

table	שֻׁלְחָן ז׳ שֻׁלְחָנוֹת
table (sur laquelle on écrit)	לוּחַ ז׳ לֻחֹת
tailler	פָּסַל
tarder	אֵחַר
taureau	פַּר ז׳ פָּרִים
témoignage	עֵד ז׳
témoin	עֵד ז׳
temple	הֵיכָל ז׳ ou נ׳
temps	עֵת נ׳ ou ז׳ עִתִּים
tendre	הוֹשִׁיט [ישט]
tendre un piège	יָקֹשׁ
tente	אֹהֶל ז׳ אֹהָלִים (אֳהָלִים)
Térah	תֶּרַח
terre	אֲדָמָה נ׳, אֶרֶץ נ׳ אֲרָצוֹת
terreur	פַּחַד
tête	רֹאשׁ ז׳ רָאשִׁים
téter	יָנַק
donner à téter	הֵינִיק [ינק]
tige (d'épis)	קָנֶה ז׳
toi	אַתְּ נ׳, אַתָּה ז׳
tomber	נָפַל, יָרַד
faire tomber	הִפִּיל [נפל]
tomber dans un piège	נוֹקַשׁ [יקשׁ]
torrent	נַחַל ז׳
toucher	נָגַע
tour	
faire le tour	סָבַב
tourner	סָבַב
tourner autour	סוֹבֵב [סבב]
être tourné	נָסַב [סבב]
se tourner	פָּנָה
tourterelle	תֹּר et תּוֹר נ׳ ou ז׳
tout	כֹּל (כָּל־)
tranchant (d'une épée)	פֶּה ז׳ (פִּי־)
tranquille	שַׁאֲנָן
transférer	הֵסֵב [סבב]
transgresser	עָבַר
transgression	פֶּשַׁע ז׳
travail	מְלָאכָה נ׳, עֲבֹדָה נ׳
travailler	עָבַד
être travaillé	נֶעֱבַד
traverser	עָבַר
faire traverser	הֶעֱבִיר
treize	שְׁלשָׁה עָשָׂר ז׳, שְׁלשׁ עֶשְׂרֵה נ׳
trente	שְׁלשִׁים ז׳ ou נ׳
très	מְאֹד
tribu	שֵׁבֶט et שֶׁבֶט ז׳ שְׁבָטִים
tribut	מַס ז׳
triompher	עָלַץ
trois	שְׁלשָׁה ז׳, שָׁלשׁ נ׳
troisième	שְׁלִישִׁי ז׳, שְׁלִישִׁית נ׳
trompette	שׁוֹפָר ז׳
trône	כִּסֵּא ז׳ כִּסְאוֹת
trouver	מָצָא
être trouvé	נִמְצָא
se trouver	נִמְצָא
tu	אַתָּה ז׳, אַתְּ נ׳
tué	חָלָל ז׳
tuer	הָרַג, הֵמִית [מות], הִשְׁחִית
être tué	נֶהֱרַג

tumeurs à l'anus	עֳפָלִים, טְחוֹרִים

U

un	אֶחָד ז׳, אַחַת נ׳
une	אֶחָד ז׳, אַחַת נ׳
uni	
être uni	יָחַד
unique (singulier)	יָחִיד
unir (s')	יָחַד
univers	עוֹלָם ז׳
usage	חֹק ז׳ חֻקִּים
ustensile	כְּלִי ז׳ כֵּלִים

V

vaincre	כָּבַשׁ
être vaincu	נִכְבַּשׁ
vaisseau	אֳנִיָּה נ׳
valider	קִיֵּם [קום]
vallée	עֵמֶק ז׳
vase	כְּלִי ז׳ כֵּלִים
veau	עֵגֶל ז׳ עֲגָלִים
vendre	מָכַר
être vendu	נִמְכַּר
se vendre	נִמְכַּר
venir	בָּא [בוא]
vent	רוּחַ נ׳
vérité	אֱמֶת נ׳, אֱמוּנָה נ׳
verrou	בְּרִיחַ ז׳
vers	לְ, אֶל (אֶל־)
verser	שָׁפַךְ, יָצַק, הוֹצִיק [יצק]
être versé	הֻצַּק [יצק]
viande	בָּשָׂר ז׳
victime	זֶבַח ז׳
vie	חַיִּים ז׳ ר׳
rester en vie	חָיָה
laisser en vie	הֶחֱיָה
vieux	זָקֵן
être vieux	זָקֵן
devenir vieux	זָקֵן
vigne	כֶּרֶם ז׳ כְּרָמִים
vignoble	כֶּרֶם ז׳ כְּרָמִים
ville	עִיר נ׳ עָרִים
vingt	עֶשְׂרִים נ׳ ou ז׳
violer	חִלֵּל
visage	פָּנִים ז׳ ר׳
vis-à-vis	נֶגֶד , נֹכַח
vision	חָזוֹן ז׳
avoir des visions	חָזָה
visiter	פָּקַד
vivant	חַי
vivre	חָיָה
vivres	מַאֲכָל ז׳
voici	הִנֵּה
voir	רָאָה, חָזָה
faire voir	הֶרְאָה et הִרְאָה
voix	קוֹל ז׳ קוֹלוֹת
voler	גָּנַב
être volé	נִגְנַב
volonté	רָצוֹן ז׳
vouloir	בִּקֵּשׁ, חָפֵץ, אָבָה
vous	אַתֶּם ז׳, אַתֵּנָה et אַתֵּן נ׳
voyager	הִלֵּךְ

W

Wasthi	וַשְׁתִּי

X

–

Y

y	שָׁם
Yabech	יָבֵשׁ et יָבֵישׁ
Yahvé	יְהוָה
Yechimon	יְשִׁימוֹן ז׳

Z

zélé	
être zélé	קִנֵּא

Table des matières

Éléments bibliographiques

– Paul JOÜON, *Grammaire de l'hébreu biblique*, Rome, Institut Biblique Pontifical, 1982

– Mireille HADAS-LEBEL, *Histoire de la langue hébraïque*, Publications Orientalistes de France, 1986

– Abraham EVEN-SHOSHAN, *A New Concordance of the Old Testament*, Jérusalem, « Kiryat Sefer » Publishing House LTD, 1985

– N. Ph. SANDER et Isaac TRENEL, *Dictionnaire Hébreu-Français,* Slatkine, Genève-Paris, 1987

– Philippe REYMOND, *Dictionnaire d'Hébreu et d'Araméen Bibliques*, CERF/SBF, 1991

* * * * *

Nous recommandons aux étudiants de ce cours, déjà bien avancés ou sur le point de terminer, la publication du « Club des Hébraïsants ».

Cette revue publie trimestriellement des notes sur le texte de la Bible Hébraïque qui permettent une lecture cursive rapide. Cet ample contact avec le texte est stimulant et permet de progresser de façon encourageante dans la maîtrise de la langue. À l'occasion, des remarques concernant la traduction ou l'exégèse éclairent les points difficiles. Les réponses à des questions des lecteurs, des renseignements bibliographiques, informatiques, sur les lieux de formation, les cours, créent une communauté de lecteurs utile à chacun.

Pour tout renseignement complémentaire, la liste des textes mis en notes, les abonnements, veuillez vous adresser directement au secrétariat :

Club des Hébraïsants – A.L.B.H.
167 Rue Belliard
75018 PARIS

OUVRAGES PUBLIÉS PAR LES ÉDITIONS DE L'INSTITUT BIBLIQUE

Recueils de chants :

– À TOI LA GLOIRE (avec musique)
– SUR LES AILES DE LA FOI (avec et sans musique)

Précis, cours et manuels :

– PRÉCIS DE DOCTRINE CHRÉTIENNE, J.M. NICOLE
– PRÉCIS D'HISTOIRE DE l'ÉGLISE, J.M. NICOLE
– PRÉCIS D'HISTOIRE DES RELIGIONS, J.M. NICOLE
– PRÉCIS DE PRÉDICATION CHRÉTIENNE, J.M.NICOLE
– PRÉCIS D'HISTOIRE DES MISSIONS (Tome 1 : L'Évangélisation du Monde, des origines au XVIIIe siècle), J. BLOCHER, J. BLANDENIER
– COURS DE GRAMMAIRE GRECQUE DU NOUVEAU TESTAMENT, J.M.NICOLE
– LE CATHOLICISME À LA LUMIÈRE DE L'ÉCRITURE SAINTE, J.BLOCHER

Série « Orientations » :

– LA SCIENCE CHRÉTIENNE A-T-ELLE RAISON ? J.M. NICOLE
– QUE PENSER DE LA RÉINCARNATION ? J.M. NICOLE
– MALADIE ET GUÉRISON, J.M. NICOLE

Commentaires et études :

– LA MARCHE DANS L'OBÉISSANCE ET DANS L'AMOUR (Commentaire des épîtres de Jean), A. NICOLE
– CROIRE ET CONNAÎTRE, L. JAEGER
– POUR UNE PHILOSOPHIE CHRÉTIENNE DES SCIENCES, L. JAEGER

Divers :

– LIBÉRÉES PAR CHRIST POUR SON SERVICE, Mme A.BLOCHER-SAILLENS
– LES ENFANTS DE LA BIBLE, J.M. NICOLE
– CONTES DU DIMANCHE, R.SAILLENS